U0481638

中华优秀传统文化在现代管理中的创造性转化与创新性发展工程
"中华优秀传统文化与现代管理融合"丛书

企业家
中国文化修身

贾利军◎编著

企业管理出版社
ENTERPRISE MANAGEMENT PUBLISHING HOUSE

图书在版编目（CIP）数据

企业家中国文化修身 / 贾利军编著. -- 北京：企业管理出版社，2025.7

（"中华优秀传统文化与现代管理融合"丛书）

ISBN 978-7-5164-3006-4

Ⅰ．①企… Ⅱ．①贾… Ⅲ．①企业家-企业精神-文化研究-中国 Ⅳ．① F279.23

中国国家版本馆 CIP 数据核字（2024）第 000750 号

书　　名：	企业家中国文化修身
书　　号：	ISBN 978-7-5164-3006-4
作　　者：	贾利军
责任编辑：	刘玉双
特约设计：	李晶晶
出版发行：	企业管理出版社
经　　销：	新华书店
地　　址：	北京市海淀区紫竹院南路17号　　邮　　编：100048
网　　址：	http://www.emph.cn　　电子信箱：654552728@qq.com
电　　话：	编辑部（010）68701661　　发行部（010）68417763　68414644
印　　刷：	北京联兴盛业印刷股份有限公司
版　　次：	2025年7月第1版
印　　次：	2025年7月第1次印刷
开　　本：	710mm×1000mm　1/16
印　　张：	27
字　　数：	350千字
定　　价：	128.00元

版权所有　翻印必究·印装有误　负责调换

编委会

主　任：朱宏任　中国企业联合会、中国企业家协会党委书记、常务副会长兼秘书长

副主任：刘　鹏　中国企业联合会、中国企业家协会党委委员、副秘书长

　　　　孙庆生　《企业家》杂志主编

委　员：（按姓氏笔画排序）

丁荣贵　山东大学管理学院院长，国际项目管理协会副主席

马文军　山东女子学院工商管理学院教授

马德卫　山东国程置业有限公司董事长

王　伟　华北电力大学马克思主义学院院长、教授

王　庆　天津商业大学管理学院院长、教授

王文彬　中共团风县委平安办副主任

王心娟　山东理工大学管理学院教授

王仕斌　企业管理出版社副社长

王西胜　广东省蓝态幸福文化公益基金会学术委员会委员，菏泽市第十五届政协委员

王茂兴　寿光市政协原主席、关工委主任

王学秀　南开大学商学院现代管理研究所副所长

王建军　中国企业联合会企业文化工作部主任

王建斌　西安建正置业有限公司总经理

王俊清　大连理工大学财务部长

王新刚　中南财经政法大学工商管理学院教授

毛先华　江西大有科技有限公司创始人

方　军　安徽财经大学文学院院长、教授

邓汉成　万载诚济医院董事长兼院长

冯彦明	中央民族大学经济学院教授
巩见刚	大连理工大学公共管理学院副教授
毕建欣	宁波财经学院金融与信息学院金融工程系主任
吕　力	扬州大学商学院教授，扬州大学新工商文明与中国传统文化研究中心主任
刘文锦	宁夏民生房地产开发有限公司董事长
刘鹏凯	江苏黑松林粘合剂厂有限公司董事长
齐善鸿	南开大学商学院教授
江端预	株洲千金药业股份有限公司原党委书记、董事长
严家明	中国商业文化研究会范蠡文化研究分会执行会长兼秘书长
苏　勇	复旦大学管理学院教授，复旦大学东方管理研究院创始院长
李小虎	佛山市法萨建材有限公司董事长
李文明	江西财经大学工商管理学院教授
李景春	山西天元集团创始人
李曦辉	中央民族大学管理学院教授
吴通福	江西财经大学中国管理思想研究院教授
吴照云	江西财经大学原副校长、教授
吴满辉	广东鑫风风机有限公司董事长
余来明	武汉大学中国传统文化研究中心副主任
辛　杰	山东大学管理学院教授
张　华	广东省蓝态幸福文化公益基金会理事长
张卫东	太原学院管理系主任、教授
张正明	广州市伟正金属构件有限公司董事长
张守刚	江西财经大学工商管理学院市场营销系副主任
陈　中	扬州大学商学院副教授
陈　静	企业管理出版社社长兼总编辑
陈晓霞	孟子研究院党委书记、院长、研究员
范立方	广东省蓝态幸福文化公益基金会秘书长

范希春	中国商业文化研究会中华优秀传统文化传承发展分会专家委员会专家
林　嵩	中央财经大学商学院院长、教授
罗　敏	英德华粤艺术学校校长
周卫中	中央财经大学中国企业研究中心主任、商学院教授
周文生	范蠡文化研究（中国）联会秘书长，苏州干部学院特聘教授
郑俊飞	广州穗华口腔医院总裁
郑济洲	福建省委党校科学社会主义与政治学教研部副主任
赵德存	山东鲁泰建材科技集团有限公司党委书记、董事长
胡国栋	东北财经大学工商管理学院教授，中国管理思想研究院院长
胡海波	江西财经大学工商管理学院院长、教授
战　伟	广州叁谷文化传媒有限公司 CEO
钟　尉	江西财经大学工商管理学院讲师、系支部书记
宫玉振	北京大学国家发展研究院发树讲席教授、BiMBA 商学院副院长兼 EMBA 学术主任
姚咏梅	《企业家》杂志社企业文化研究中心主任
莫林虎	中央财经大学文化与传媒学院学术委员会副主任、教授
贾旭东	兰州大学管理学院教授，"中国管理 50 人"成员
贾利军	华东师范大学经济与管理学院教授
晁　罡	华南理工大学工商管理学院教授、CSR 研究中心主任
倪　春	江苏先锋党建研究院院长
徐立国	西安交通大学管理学院副教授
殷　雄	中国广核集团专职董事
凌　琳	广州德生智能信息技术有限公司总经理
郭　毅	华东理工大学商学院教授
郭国庆	中国人民大学商学院教授，中国人民大学中国市场营销研究中心主任

唐少清　北京联合大学管理学院教授，中国商业文化研究会企业创新文化分会会长
唐旭诚　嘉兴市新儒商企业创新与发展研究院理事长、执行院长
黄金枝　哈尔滨工程大学经济管理学院副教授
黄海啸　山东大学经济学院副教授，山东大学教育强国研究中心主任
曹振杰　温州商学院副教授
雪　漠　甘肃省作家协会副主席
阎继红　山西省老字号协会会长，太原六味斋实业有限公司董事长
梁　刚　北京邮电大学数字媒体与设计艺术学院副教授
程少川　西安交通大学管理学院副教授
谢佩洪　上海对外经贸大学学位评定委员会副主席，南泰品牌发展研究院首任执行院长、教授
谢泽辉　广东铁杆中医健康管理有限公司总裁
谢振芳　太原城市职业技术学院教授
蔡长运　福建林业技术学院教师，高级工程师
黎红雷　中山大学教授，全国新儒商团体联席会议秘书长
颜世富　上海交通大学东方管理研究中心主任

总编辑： 陈　静
副总编： 王仕斌
编　辑：（按姓氏笔画排序）
　　于湘怡　尤　颖　田　天　耳海燕　刘玉双　李雪松　杨慧芳
　　宋可力　张　丽　张　羿　张宝珠　陈　戈　赵喜勤　侯春霞
　　徐金凤　黄　爽　蒋舒娟　韩天放　解智龙

序 一

以中华优秀传统文化为源　启中国式现代管理新篇

中华优秀传统文化形成于中华民族漫长的历史发展过程中，不断被创造和丰富，不断推陈出新、与时俱进，成为滋养中国式现代化的不竭营养。它包含的丰富哲学思想、价值观念、艺术情趣和科学智慧，是中华民族的宝贵精神矿藏。党的十八大以来，以习近平同志为核心的党中央高度重视中华优秀传统文化的创造性转化和创新性发展。习近平总书记指出"中华优秀传统文化是中华民族的精神命脉，是涵养社会主义核心价值观的重要源泉，也是我们在世界文化激荡中站稳脚跟的坚实根基"。

管理既是人类的一项基本实践活动，也是一个理论研究领域。随着社会的发展，管理在各个领域变得越来越重要。从个体管理到组织管理，从经济管理到政务管理，从作坊管理到企业管理，管理不断被赋予新的意义和充实新的内容。而在历史进程中，一个国家的文化将不可避免地对管理产生巨大的影响，可以说，每一个重要时期的管理方式无不带有深深的文化印记。随着中国步入新时代，在管理领域实施中华优秀传统文化的创造性转化和创新性发展，已经成为一项应用面广、需求量大、题材丰富、潜力巨大的工作，在一些重要领域可能产生重大的理论突破和丰硕的实践成果。

第一，中华优秀传统文化中蕴含着丰富的管理思想。中华优秀传统文化源远流长、博大精深，在管理方面有着极为丰富的内涵等待提炼和转化。比如，儒家倡导"仁政"思想，强调执政者要以仁爱之心实施管理，尤其要注重道德感化与人文关怀。借助这种理念改善企业管理，将会推进构建和谐的组织人际关系，提升员工的忠诚度，增强其归属感。又如，道家的"无为而治"理念延伸到今天的企业管理之中，就是倡导顺应客观规律，避免过度干预，使组织在一种相对宽松自由的环境中实现自我调节与发展，管理者与员工可各安其位、各司其职，充分发挥个体的创造力。再如，法家的"法治"观念启示企业管理要建立健全规章制度，以严谨的体制机制确保组织运行的有序性与规范性，做到赏罚分明，激励员工积极进取。可以明确，中华优秀传统文化为现代管理提供了多元的探索视角与深厚的理论基石。

第二，现代管理越来越重视文化的功能和作用。现代管理是在人类社会工业化进程中产生并发展的科学工具，对人类经济社会发展起到了至关重要的推进作用。自近代西方工业革命前后，现代管理理念与方法不断创造革新，在推动企业从传统的小作坊模式向大规模、高效率的现代化企业，进而向数字化企业转型的过程中，文化的作用被空前强调，由此衍生的企业使命、愿景、价值观成为企业发展最为强劲的内生动力。以文化引导的科学管理，要求不仅要有合理的组织架构设计、生产流程优化等手段，而且要有周密的人力资源规划、奖惩激励机制等方法，这都极大地增强了员工在企业中的归属感并促进员工发挥能动作用，在创造更多的经济价值的同时体现重要的社会价值。以人为本的现代管理之所以在推动产业升级、促进经济增长、提升国际竞争力等方面须臾不可缺少，是因为其体现出企业的使命不仅是获取利润，更要注重社会责任与可持续发展，在环境保护、社会公平等方面发挥积极影响力，推动人类社会向着更加文明、和谐、包容、可持续的方向迈进。今天，管理又面临数字技术的挑战，更加需要更多元的思想基础和文化资源的支持。

第三，中华优秀传统文化与现代管理结合研究具有极强的必要性。 随着全球经济一体化进程的加速，文化多元化背景下的管理面临着前所未有的挑战与机遇。一方面，现代管理理论多源于西方，在应用于本土企业与组织时，往往会出现"水土不服"的现象，难以充分契合中国员工与生俱来的文化背景与社会心理。中华优秀传统文化所蕴含的价值观、思维方式与行为准则能够为现代管理面对中国员工时提供本土化的解决方案，使其更具适应性与生命力。另一方面，中华优秀传统文化因其指导性、亲和性、教化性而能够在现代企业中找到新的传承与发展路径，其与现代管理的结合能够为经济与社会注入新的活力，从而实现优秀传统文化在企业管理实践中的创造性转化和创新性发展。这种结合不仅有助于提升中国企业与组织的管理水平，增强文化自信，还能够为世界管理理论贡献独特的中国智慧与中国方案，促进不同文化的交流互鉴与共同发展。

近年来，中国企业在钢铁、建材、石化、高铁、电子、航空航天、新能源汽车等领域通过锻长板、补短板、强弱项，大步迈向全球产业链和价值链的中高端，成果显著。中国企业取得的每一个成就、每一项进步，离不开中国特色现代管理思想、理论、知识、方法的应用与创新。中国特色的现代管理既有"洋为中用"的丰富内容，也与中华优秀传统文化的"古为今用"密不可分。

"中华优秀传统文化与现代管理融合"丛书（以下简称"丛书"）正是在这一时代背景下应运而生的，旨在为中华优秀传统文化与现代管理的深度融合探寻路径、总结经验、提供借鉴，为推动中国特色现代管理事业贡献智慧与力量。

"丛书"汇聚了中国传统文化学者和实践专家双方的力量，尝试从现代管理领域常见、常用的知识、概念角度细分开来，在每个现代管理细分领域，回望追溯中华优秀传统文化中的对应领域，重在通过有强大生命力的思想和智慧精华，以"古今融会贯通"的方式，进行深入研究、探索，以期推出对我国现代管理有更强滋养力和更高使用价值的系列成果。

文化学者的治学之道，往往是深入研究经典文献，挖掘其中蕴含的智慧，并对其进行系统性的整理与理论升华。据此形成的中华优秀传统文化为现代管理提供了深厚的文化底蕴与理论支撑。研究者从浩瀚典籍中梳理出优秀传统文化在不同历史时期的管理实践案例，分析其成功经验与失败教训，为现代管理提供了宝贵的历史借鉴。

实践专家则将传统文化理念应用于实际管理工作中，通过在企业或组织内部开展文化建设、管理模式创新等实践活动，检验传统文化在现代管理中的可行性与有效性，并根据实践反馈不断调整与完善应用方法。他们从企业或组织运营的微观层面出发，为传统文化与现代管理的结合提供了丰富的实践经验与现实案例，使传统文化在现代管理中的应用更具操作性与针对性。

"丛书"涵盖了从传统文化与现代管理理论研究到不同行业、不同

序 一

领域应用实践案例分析等多方面内容，形成了一套较为完整的知识体系。"丛书"不仅是研究成果的结晶，更可看作传播中华优秀传统文化与现代管理理念的重要尝试。还可以将"丛书"看作一座丰富的知识宝库，它全方位、多层次地为广大读者提供了中华优秀传统文化在现代管理中应用与发展的工具包。

可以毫不夸张地说，每一本图书都凝聚着作者的智慧与心血，或是对某一传统管理思想在现代管理语境下的创新性解读，或是对某一行业或领域运用优秀传统文化提升管理效能的深度探索，或是对传统文化与现代管理融合实践中成功案例与经验教训的详细总结。"丛书"通过文字的力量，将传统文化的魅力与现代管理的智慧传递给广大读者。

在未来的发展征程中，我们将持续深入推进中华优秀传统文化在现代管理中的创造性转化和创新性发展工作。我们坚信，在全社会的共同努力下，中华优秀传统文化必将在现代管理的广阔舞台上绽放出更加绚丽多彩的光芒。在中华优秀传统文化与现代管理融合发展的道路上砥砺前行，为实现中华民族伟大复兴的中国梦做出更大的贡献！

是为序。

朱宏任

中国企业联合会、中国企业家协会
党委书记、常务副会长兼秘书长

序 二

/

文化传承　任重道远

财政部国资预算项目"中华优秀传统文化在现代管理中的创造性转化与创新性发展工程"系列成果——"中华优秀传统文化与现代管理融合"丛书和读者见面了。

一

这是一组可贵的成果，也是一组不够完美的成果。

说她可贵，因为这是大力弘扬中华优秀传统文化（以下简称优秀文化）、提升文化自信、"振民育德"的工作成果。

说她可贵，因为这套丛书汇集了国内该领域一批优秀专家学者的优秀研究成果和一批真心践行优秀文化的企业和社会机构的卓有成效的经验。

说她可贵，因为这套成果是近年来传统文化与现代管理有效融合的规模最大的成果之一。

说她可贵，还因为这个项目得到了财政部、国务院国资委、中国企业联合会等部门的宝贵指导和支持，得到了许多专家学者、企业家等朋友的无私帮助。

说她不够完美，因为学习践行传承发展优秀文化永无止境、永远在进步完善的路上，正如王阳明所讲"善无尽""未有止"。

说她不够完美，因为优秀文化在现代管理的创造性转化与创新性发展中，还需要更多的研究专家、社会力量投入其中。

说她不够完美，还因为在践行优秀文化过程中，很多单位尚处于摸索阶段，且需要更多真心践行优秀文化的个人和组织。

当然，项目结项时间紧、任务重，也是一个逆向推动的因素。

二

2022年，在征求多位管理专家和管理者意见的基础上，我们根据有关文件精神和要求，成立专门领导小组，认真准备，申报国资预算项目"中华优秀传统文化在现代管理中的创造性转化与创新性发展工程"。经过严格的评审筛选，我们荣幸地获准承担该项目的总运作任务。之后，我们就紧锣密鼓地开始了调研工作，走访研究机构和专家，考察践行优秀文化的企业和社会机构，寻找适合承担子项目的专家学者和实践单位。

最初我们的计划是，该项目分成"管理自己""管理他人""管理事务""实践案例"几部分，共由60多个子项目组成；且主要由专家学者的研究成果专著组成，再加上几个实践案例。但是，在调研的初期，我们发现一些新情况，于是基于客观现实，适时做出了调整。

第一，我们知道做好该项目的工作难度，因为我们预想，在优秀文

序 二

化和现代管理两个领域都有较深造诣并能融会贯通的专家学者不够多。在调研过程中，我们很快发现，实际上这样的专家学者比我们预想的更少。与此同时，我们在广东等地考察调研过程中，发现有一批真心践行优秀文化的企业和社会机构。经过慎重研究，我们决定适当提高践行案例比重，研究专著占比适当降低，但绝对数不一定减少，必要时可加大自有资金投入，支持更多优秀项目。

第二，对于子项目的具体设置，我们不执着于最初的设想，固定甚至限制在一些话题里，而是根据实际"供给方"和"需求方"情况，实事求是地做必要的调整，旨在吸引更多优秀专家、践行者参与项目，支持更多优秀文化与现代管理融合的优秀成果研发和实践案例创作的出版宣传，以利于文化传承发展。

第三，开始阶段，我们主要以推荐的方式选择承担子项目的专家、企业和社会机构。运作一段时间后，考虑到这个项目的重要性和影响力，我们觉得应该面向全社会吸纳优秀专家和机构参与这个项目。在请示有关方面同意后，我们于2023年9月开始公开征集研究人员、研究成果和实践案例，并得到了广泛响应，许多人主动申请参与承担子项目。

三

这个项目从开始就注重社会效益，我们按照有关文件精神，对子项目研发创作提出了不同于一般研究课题的建议，形成了这个项目自身的特点。

（一）重视情怀与担当

我们很重视参与项目的专家和机构在弘扬优秀文化方面的情怀和担当，比如，要求子项目承担人"发心要正，导人向善""充分体现优秀文化'优秀'二字内涵，对传统文化去粗取精、去伪存真"等。这一点与通常的课题项目有明显不同。

（二）子项目内容覆盖面广

一是众多专家学者从不同角度将优秀文化与现代管理有机融合。二是在确保质量的前提下，充分考虑到子项目的代表性和示范效果，聚合了企业、学校、社区、医院、培训机构及有地方政府背景的机构；其他还有民间传统智慧等内容。

（三）研究范式和叙述方式的创新

我们提倡"选择现代管理的一个领域，把与此密切相关的优秀文化高度融合、打成一片，再以现代人喜闻乐见的形式，与选择的现代管理领域实现融会贯通"，在传统文化方面不局限于某人、某家某派、某经典，以避免顾此失彼、支离散乱。尽管在研究范式创新方面的实际效果还不够理想，有的专家甚至不习惯突破既有的研究范式和纯学术叙述方式，但还是有很多子项目在一定程度上实现了研究范式和叙述方式的创新。另外，在创作形式上，我们尽量发挥创作者的才华智慧，不做形式上的硬性要求，不因形式伤害内容。

（四）强调本体意识

"本体观"是中华优秀传统文化的重要标志，相当于王阳明强调的"宗旨"和"头脑"。两千多年来，特别是近现代以来，很多学者在认知优秀文化方面往往失其本体，多在细枝末节上下功夫；于是，著述虽多，有的却如王阳明讲的"不明其本，而徒事其末"。这次很多子项目内容在优秀文化端本清源和体用一源方面有了宝贵的探索。

（五）实践丰富，案例创新

案例部分加强了践行优秀文化带来的生动事例和感人故事，给人以触动和启示。比如，有的地方践行优秀文化后，离婚率、刑事案件大幅度下降；有家房地产开发商，在企业最困难的时候，仍将大部分现金支付给建筑商，说"他们更难"；有的企业上新项目时，首先问的是"这个项目有没有公害？""符不符合国家发展大势？""能不能切实帮到一批人？"；有家民营职业学校，以前不少学生素质不高，后来他们以优秀文化教化学生，收到良好效果，学生素质明显提高，有的家长流着眼泪跟校长道谢："感谢学校救了我们全家！"；等等。

四

调研考察过程也是我们学习总结反省的过程。通过调研，我们学到了许多书本中学不到的东西，收获了满满的启发和感动。同时，我们发现，在学习阐释践行优秀文化上，有些基本问题还需要进一步厘清和重视。试举几点：

（一）"小学"与"大学"

这里的"小学"指的是传统意义上的文字学、音韵学、训诂学等，而"大学"是指"大学之道在明明德"的大学。现在，不少学者特别是文史哲背景的学者，在"小学"范畴苦苦用功，做出了很多学术成果，还需要在"大学"修身悟本上下功夫。陆九渊说："读书固不可不晓文义，然只以晓文义为是，只是儿童之学，须看意旨所在。"又说"血脉不明，沉溺章句何益？"

（二）王道与霸道

霸道更契合现代竞争理念，所以更为今人所看重。商学领域的很多人都偏爱霸道，认为王道是慢功夫、不现实，霸道更功利、见效快。孟子说："仲尼之徒无道桓、文之事者。"（桓、文指的是齐桓公和晋文公，春秋著名两霸）王阳明更说这是"孔门家法"。对于王道和霸道，王阳明在其"拔本塞源论"中有专门论述："三代之衰，王道熄而霸术焻……霸者之徒，窃取先王之近似者，假之于外，以内济其私己之欲，天下靡然而宗之，圣人之道遂以芜塞。相仿相效，日求所以富强之说，倾诈之谋，攻伐之计……既其久也，斗争劫夺，不胜其祸……而霸术亦有所不能行矣。"

其实，霸道思想在工业化以来的西方思想家和学者论著中体现得很多。虽然工业化确实给人类带来了福祉，但是也带来了许多不良后果。联合国《未来契约》（2024年）中指出："我们面临日益严峻、关乎存亡的灾难性风险"。

（三）小人儒与君子儒

在"小人儒与君子儒"方面，其实还是一个是否明白优秀文化的本体问题。陆九渊说："古之所谓小人儒者，亦不过依据末节细行以自律"，而君子儒简单来说是"修身上达"。现在很多真心践行优秀文化的个人和单位做得很好，但也有些人和机构，日常所做不少都还停留在小人儒层面。这些当然非常重要，因为我们在这方面严重缺课，需要好好补课，但是不能局限于或满足于小人儒，要时刻也不能忘了行"君子儒"。不可把小人儒当作优秀文化的究竟内涵，这样会误己误人。

（四）以财发身与以身发财

《大学》讲："仁者以财发身，不仁者以身发财"。以财发身的目的是修身做人，以身发财的目的是逐利。我们看到有的身家亿万的人活得很辛苦、焦虑不安，这在一定意义上讲就是以身发财。我们在调查过程中也发现有的企业家通过学习践行优秀文化，从办企业"焦虑多""压力大"到办企业"有欢喜心"。王阳明说："常快活便是功夫。""有欢喜心"的企业往往员工满足感、幸福感更强，事业也更顺利，因为他们不再贪婪自私甚至损人利己，而是充满善念和爱心，更符合天理，所谓"得道者多助"。

（五）喻义与喻利

子曰："君子喻于义，小人喻于利"。义利关系在传统文化中是一个很重要的话题，也是优秀文化与现代管理融合绕不开的话题。前面讲到的那家开发商，在企业困难的时候，仍坚持把大部分现金支付给建筑商，他们收获的是"做好事，好事来"。相反，在文化传承中，有的机构打着"文化搭台经济唱戏"的幌子，利用人们学习优秀文化的热情，搞媚俗的文化活动赚钱，歪曲了优秀文化的内涵和价值，影响很坏。我们发现，在义利观方面，一是很多情况下把义和利当作对立的两个方面；二是对义利观的认知似乎每况愈下，特别是在西方近代资本主义精神和人性恶假设背景下，对人性恶的利用和鼓励（所谓"私恶即公利"），出现了太多的重利轻义、危害社会的行为，以致产生了联合国《未来契约》中"可持续发展目标的实现岌岌可危"的情况。人类只有树立正确的义利观，才能共同构建人类命运共同体。

（六）笃行与空谈

党的十八大以来，党中央坚持把文化建设摆在治国理政突出位置，全国上下掀起了弘扬中华优秀传统文化的热潮，文化建设在正本清源、守正创新中取得了历史性成就。在大好形势下，有一些个人和机构在真心学习践行优秀文化方面存在不足，他们往往只停留在口头说教、走过场、做表面文章，缺乏真心真实笃行。他们这么做，是对群众学习传承优秀文化的误导，影响不好。

五

文化关乎国本、国运，是一个国家、一个民族发展中最基本、最深沉、最持久的力量。

中华文明源远流长，中华文化博大精深。弘扬中华优秀传统文化任重道远。

"中华优秀传统文化与现代管理融合"丛书的出版，不仅凝聚了子项目承担者的优秀研究成果和实践经验，同事们也付出了很大努力。我们在项目组织运作和编辑出版工作中，仍会存在这样那样的缺点和不足。成绩是我们进一步做好工作的动力，不足是我们今后努力的潜力。真诚期待广大专家学者、企业家、管理者、读者，对我们的工作提出批评指正，帮助我们改进、成长。

企业管理出版社国资预算项目领导小组

前　言

在快速变化的商业环境中，企业家常常面临复杂的挑战，并为了应对这些挑战而寻求智慧与定力。本书并不提供一套"即时应用"的管理技巧，而是邀请诸位企业家同道，回溯中华文明的源头，探索其中蕴含的深邃智慧如何滋养现代商业精神与领导力。

本书第一章从华夏文明的根基——"文"与"字"的起源与断代功能谈起，揭示其背后独特的宇宙观与思维模式；第二章深入解析汉字"制器尚象"的造字逻辑，让企业家读者领略其如何精准把握万物本质；第三章探讨诗词歌赋中的"天成之美"与"两仪思维"，通过"辨阴阳·养正气"等栏目的内容让企业家读者感悟调和言意、洞察阴阳的智慧结晶；第四章系统梳理了王官学术与诸子百家（易、道、儒、法、商、医、兵、农）的核心思想，并通过"纳百川·成智慧"等栏目的内容让传统思想赋能现代管理新思维；第五章和第六章则介绍"易文化"对时空规律的深刻把握。这些内容共同构成了中华优秀传统文化的核心框架。

我们深信，这些跨越千年的智慧，绝非尘封的古董。它们揭示的"天人合一"的整体观、"道器相生"的实践论、"阴阳五行"的辩证思维，以及对"人文化成"治理境界的追求，为身处复杂系统中的当代企业家提供了独特的参照系。理解并内化这些智慧，有助于企业家在战略决策、组织管理、文化塑造乃至个人心性修养上，获得更深厚的底蕴、更开阔的视野与更持久的定力。

所谓"修身"，于企业家而言，即以中华优秀传统文化精髓涵养自身，明大道、察时变、正己心、和众人，最终达致"替天行道"的商业实践。希望本书成为这一精进旅程上的一份思考札记，与诸位同仁共勉。

目 录

第一章 文字与华夏文明断代 1
第一节 "文"和"字" 3
第二节 "文"和"字"的文明断代指征 4
第三节 "文时代"和"字时代"的社会治理模式 5

第二章 制器尚象的中国汉字 15
第一节 汉字与六书 18
第二节 象形 19
第三节 指事 36
第四节 会意 43
第五节 形声 50

第三章 天成之美的诗词歌赋 55
第一节 诗词歌赋的起源与流变 57
第二节 诗词歌赋与《易经》两仪思维 60
第三节 诗词歌赋与情绪 68
第四节 历代诗词歌赋优秀作品修身 70

第四章 王官学术与诸子百家的智慧 181
第一节 易道一体的王官学术体系 183

第二节　道家　184

第三节　儒家　193

第四节　法家　274

第五节　商家　312

第六节　医家　343

第七节　兵家　353

第八节　农家　361

第五章　易文化：两仪四象与时间规律的把握　367

第一节　易文化中的万物发展变化规律　369

第二节　易有太极　369

第三节　是生两仪　370

第四节　两仪生四象　372

第五节　四象生八卦，八卦定吉凶，吉凶生大业　373

第六节　四象生八卦是一个变量引入和重新赋值、建模的过程　376

第六章　易文化：阴阳五行与空间规律的把握　379

第一节　流行的五行起源说　381

第二节　流行的五行演变说　388

第三节　五行基本的思想内涵　394

第四节　重探五行：万物可证的阴阳交合　397

第五节　基于五行的空间规律把握　403

第一章
文字与华夏文明断代

第一节 "文"和"字"

我们今天称为"文字"的范畴，在真正的中国文化中其实是两个概念，即"文"和"字"。所谓"文"，指的是以《易经》为代表的上古华夏先贤所创造出来承载宇宙大道的符号体系。"文"的创造者有很多，典籍中的伏羲是最典型的代表；上古时期的"文"符号系统也有很多，但是最成熟的就是我们今天仍然在使用的《易经》符号系统。这也就是《易·系辞传》中所说："古者庖牺氏之王天下也，仰则观象于天，俯则观法于地，观鸟兽之文与地之宜，近取诸身，远取诸物，于是始作八卦，以通神明之德，以类万物之情。"

"字"肇始于黄帝令仓颉造字，关于这一点，诸多典籍都有描述。《淮南子·本经训》中说"昔者仓颉作书，而天雨粟，鬼夜哭"，《荀子·解蔽》中说"好书者众矣，而仓颉独传者，一也"，《世本·作篇》《韩非子·五蠹》《吕氏春秋·君守》中都有仓颉作书的记载。从以上典籍描述中不难看出，造字的人肯定不止一位，但是仓颉是集大成者。仓颉之所以能够集大成，就在于他传承了从"文时代"一以贯之的华夏先贤创造符号的本质逻辑，也就是制器尚象。汉字的制器尚象指的是用汉字来拟象需要表达的世间万物，这种拟象要尽可能地传达出事物的本质特征，也就是古人所说"圣人有以见天下之赜，而拟诸其形容，象其物宜，是故谓之象"（《易·系辞传》）。这里的"赜"原意是指深奥的道理，这里的"物宜"是事物本质的意思。就汉字的造字而言，先贤造字不是对世间万物进行简单的符号化指代，而是探究万事万物背后深刻的道理，用尽可能相匹配的符号来表达出事物的本质特征。直至今天，汉字辗转变迁，但是其造字的逻辑从未改变，所以，今天的人仍然可以阅读理解古人的篇章、典籍。

第二节 "文"和"字"的文明断代指征

综上,"文"和"字"分别对应一个宏阔久远的历史时期,也就是中华文明的"文阶段"和"字阶段"。换句话说,如果我们对整个华夏文明做一个简单的划分,就可以划分为"文阶段"和"字阶段"。"文阶段"从伏羲画卦成文一直到黄帝令仓颉造字,这是一个非常久远的历史阶段;而从黄帝令仓颉造字一直到今天,都可以称为"字阶段"。

但是必须指出的是,从"文"到"字"是一个长期过程,是"文"逐步内隐,而"字"逐步普及的阶段。这个阶段有从黄帝令仓颉造字到秦始皇统一当时的文字这样一个大的历史跨度,在这样一个历史跨度里,社会历史叙事中,"文逻辑"叙事和"字逻辑"叙事并行。越久远的历史时期越倾向于"文逻辑",而越靠近当代社会越倾向于"字逻辑",这是一个基本的发展进程,但其间因为地域分布、亚文明层级等因素,错综复杂,混杂发展。这样的"文""字"交融是当代考古对这个历史时期感到迷惑的原因。这是因为,用"字逻辑"去反推"文逻辑"时代的社会发展状况,甚而用"字逻辑"去反推"文逻辑"和"字逻辑"混杂发展历史时期的状况,就如同用婴儿的思维去思考一位政治家伟大政治举措的深刻原因,非常容易南辕北辙,常常不知所措。

三星堆考古就非常直观地展示了这种困惑。比如,三星堆发掘过程中经常有专家和网友感慨:这么发达的文明,为什么我们没有发现它的文字?但了解上述对"文""字"的界定后,大家一定会明白:在三星堆遗址只是没有发现"字"(但有"文")。事实上,在遗址发掘过程中出现的"文"有很多,比如被网友们戏称为"外星文物"的状如汽车方向盘的器物(见图1-1),极有可能就是一个重要的"文"概念——五行的实物表征。根据这个"文"的实物大致可以推断,三星堆文明使用十月太阳历。这也就可以解释专家和网民的一系列困惑，比如，三星堆文明怎么突然中断了，三星堆文明为什么有大量的祭祀坑……。同时我们也就可以对三星堆文明进行一个大致的历史断代：三星堆文明应该是黄帝令仓颉造字之前的文明。后续的考古科学探测大致与这种断代吻合，即三星堆文明是距今 3000～5000 年的文明，这个时期大致是中原地区的黄帝文明的前后。这也从一个侧面证明了"文""字"的断代功能。

图 1-1　三星堆遗址出土的青铜太阳轮

当今社会，夏、商、周的历史断代为什么这么困难？根源也在于"以小博大"，以"字逻辑"揣度"文时代"，更兼过去很长一段时间我们采用西方的考古标准来推演中国的考古发现，必然是南辕北辙，必然是不知所云。

第三节　"文时代"和"字时代"的社会治理模式

"文时代"的社会治理和"字时代"也有着本质的不同。在"文时代"，整个社会分为三个功能集团——天师集团、王权集团和百姓集团。在这个历史时期，天师集团负责为整个社会提供智慧支持，是具体的"文系统"的创造者。天师集团在不同的华夏亚文明里有不同的称谓，比如在某些民间传说中被称为"巫"。这个"巫"和当代西方概念"女巫"中的"巫"有着本质的不同。从造字而言，"巫"字上下两横代表天地宇宙，中间一竖表示贯通天地宇宙规律，所以巫就是贯通天地宇宙规律的人，就是天师，类似当代社会的国家智囊。王权系统负责行政实施，百姓集团进行具体的工作。这样，人类的智慧、人类的管理、人类的实践就构成了一个有机朴素的整体。这种关系、这种社会治理模式在《黄帝内经》之类的典籍中可以得到相应的佐证。这样的社会不会有太多的世俗功能，但是整个社会的治理高度未必比后世"字时代"低，甚至在某些方面，由于没有世俗的侵扰，反而更加高明。《商君书·画策》中的"神农之世，男耕而食，妇织而衣，刑政不用而治，甲兵不起而王"，描述的就是这样一个朴素通达的"文时代"。

当代社会受西方进化论假说[1]影响较大，总是喜欢用"茹毛饮血"这样的描述去揣度人类的上古社会。其实不同的文明有不同的发起模式，的确存在一些从"茹毛饮血"发展进化而来的文明，但是华夏文明，据典籍记载和考古佐证，大概率是一种生而高明甚至是生而巅峰的文明起源模式。这种文明从一开始就具备了框架的完整性和高度，此后的发展则是在内容上的充实。

我们之所以是这样一种生而巅峰的文明发展模式，就在于中国人有独特的探究世界的世界观和方法论。简而言之，中国人探究世界的世界观是以"道"为核心的整体论世界观，它囊括了人类社会据以进行科学研究的各种世界观，如原子论世界观、结构整体论世界观、有机整体论世界观。关于这一点，老子《道德经》中有非常清晰的描述，即"道生一，一生二，二生三，三生万物"。所谓"一"就是太极。事物处于这个发展阶段时，因为处于太极态，整体与局部具有同质性，所以采用原子论世界观、还原论方法论和抽样的方法是可行的，这就像如果想知道一锅粥的味道，只要舀一勺尝尝就可以了。所谓"二"就是两仪、四象。事

---

[1] 西方进化论仅仅是一种科学假说，并没有得到证实，却被人在很多场合以证实了的科学理论传播，误导颇深。

物处于这个发展阶段,就已经具备了基于线性逻辑的复杂结构,这个时候,简单的抽样是不可取的,进行建模研究是比较妥当的。由于处于这个发展阶段的事物仍然是以可拆解的思维进行研究,所以结构整体论可以看作复杂的原子论,是原子论按照一定的逻辑的组合,它的方法论依然是还原论方法论。所谓"三"就是阴阳五行,事物发展到有机复杂阶段,无论是抽样还是建模其实都无法获得事物的本质属性。这是因为,基于还原论方法论的任何方法都会破坏事物的有机整体性。当事物的有机整体性被破坏时,事物的本质属性就不再显现,这就如同人死了,人之为人的精神属性就荡然无存了。所以,传统中国社会把人类的认知自上而下分为"道""象""器"三个层次。"器"探讨的是一事一物之理,"象"探讨的是一类事物背后的规律,而"道"探究的是万事万物共通的规律。也就是说,中国人的科学研究是一种分层科学研究,越往上,探究的规律普适性就越强,直至可以解释一切事物的终极科学规律——道。

与之形成鲜明对比的是,西方的科学是分科科学(Science),这种科学的"科"等同于中国科举考试的"科",它把一个完整的世界分割成不同的功能模块,据此进行研究,所以这种科学所能达到的规律性认知仅仅等同于中国文化中的"器学"认知。近年来,人类社会发展的有机性前所未有地提高,人类社会与大自然之间的关系越来越倾向于必须遵从大自然本身的规律,西方学术界的"可重复性危机"日趋严重,这才促成了他们呼吁学科融合研究、跨学科研究。但其实这种自发的科学研究追求在西方世界里是不能自我完成的,这是因为当前人类研究的对象更多地呈现出有机整体的属性,这种有机整体性其实是无法用组合的方式获得的。这就好像我们杀了一头猪做了一千根火腿肠,但是我们无法反过来用一千根火腿肠拼出一头活猪来。这其实就是还原论方法论对于作为有机整体的研究对象的致命缺陷。这也是爱因斯坦"未竟之梦"的根由。爱因斯坦晚年试图将当时的物理学认知用比较简洁的物理学规律统一起来,由于他是西方世界公认的最聪明的人,所以整个西方世界信心百倍,《纽约时报》不惜使用了耸人听闻的标题——"爱因斯坦将统一所有的物理学认知"。但是众所周知,直到去世,这个西方世界公认的最聪明的人也没有找到达成他理想的任何希望。

与之相反,比爱因斯坦时代早两千多年的中国春秋时期,儒家学派的创始人孔子在读懂中国的经典《易经》之后,发出了"《易》与天地准,故能弥纶天地之道"的感慨。这之间巨大的反差不是说明爱因斯坦不够聪明,而是反映了世界观和方法论差异造成的巨大鸿沟。这就好像一个走路快的人,如果他走错了方向,他的优点就成为致命的缺点,他走得越快,离目标就越远。

在人类社会发展的初级阶段,我们需要研究的对象并不复杂,还没有达到有机复杂的地步,或者说我们和这个世界的关系还比较简单、粗线条,这个时候,使用原子论世界观或结构整体论世界观似乎是有效的。但是人类社会发展到今天,我们所处的世界并非我们想象的那样简单。这个时候,除了升级世界观、方法论,没有其他办法。这也是西方世界近年来自发兴起质性研究的原因。质性研究其实就是以人这样一个有机的巨系统为研究的工具,研究具有有机整体属性的研究对象。但西方产生这样一种研究范式是一件非常奇怪的事情,因为在以原子论世界观、还原论方法论为基础的文明里是生长不出真正具有实效的整体论世界观和方法论的,这就如同鸡蛋孵化不出大象那样。这不是表象的不同,而是文化基因的不同。所以你会发现质性研究对于世界观、方法论没有任何清晰自洽的论述,这大概率是从中国的经典科研范式——《易经》范式中获得了部分灵感而拼凑出来的四不像研究。

第一章　文字与华夏文明断代

我们中国人从文明之初，就确立了以道为核心的整体论世界观、以天人合一方法论为基础的《易经》科学范式[1]。关于这一点，在《庄子·天道》中有精准的描述："水静则明烛须眉，平中准，大匠取法焉。水静犹明，而况精神！圣人之心静乎！天地之鉴也，万物之镜也。夫虚静恬淡寂漠无为者，天地之平而道德之至，故帝王圣人休焉。"在人类的上古时期，典籍中记载的华夏先祖伏羲创制《易经》，神农开创农业、中医药，轩辕黄帝开创华夏民族的雏形，都基于这样一种范式，所以他们被称为"圣人"，从"圣"字的造字我们就能够明白，这是指可以和天地相通的人，这就是天人合一。天人合一绝不仅仅是一个哲学概念，它还是一个科学规律。这是因为华夏先贤早就发现：整个宇宙是一个五行嵌套系统，宇宙是最大的五行系统，而人也是一个五行系统；人与宇宙之间可以形成全息映射的关系，这就是天人合一。当代人谈的量子纠缠不过是天人合一的另一种表现形式。《黄帝内经》中有这样的描述："天有四时五行，以生长收藏，以生寒暑燥湿风。人有五脏化五气，以生喜怒悲忧恐。故喜怒伤气，寒暑伤形，暴怒伤阴，暴喜伤阳。厥气上行，满脉去形。喜怒不节，寒暑过度，生乃不固。故重阴必阳，重阳必阴。故曰'冬伤于寒，春必温病；春伤于风，夏生飧泄；夏伤于暑，秋必痎疟；秋伤于湿，冬生咳嗽'。"这就是典型的天人相应。从严格意义上说，整个《黄帝内经》或整个中医药体系都是天人合一思想的具体应用。所以，整个华夏文明就是以"道"为核心的整体论、以天人合一为标尺的方法论所构成的文明系统，这就是我们说华夏文明是替天行道的文明、是天人合一的文明的由来。

---

[1] 贾利军，徐韵. 东方科研范式解读——基于易文化的视角[J]. 南京社会科学，2012：130-136.

华夏文明"文时代"的社会治理本质上是一种替天行道的"人文化成"模式。这种治理模式在《易·象传》中有详细的描述:"刚柔交错,天文也;文明以止,人文也。观乎天文,以察时变;观乎人文,以化成天下。"这里的"刚柔交错"就是指阴阳交,就是老子所说的"三生万物","三生万物"成就人类得以存续的宇宙,其背后的规律就是"天文","天文"就是道。人类明白宇宙大道就叫作"文明"(明文),依据宇宙大道知所进退,就是"人文"。所以说,明白了宇宙大道就知道了寒来暑往、宇宙变迁的道理;明白了宇宙大道,将其用于造福人类就是"人文化成"。我们中国人所说的"文化"就是"人文化成"四个字的缩写,意思就是按照宇宙大道造福人类社会,就是替天行道。

从西方科研范式由量化转质性的历程,我们就不难理解,华夏先贤以天人合一的路径达到的"明心见性"其实是最高级别的质性研究。这个阶段的华夏科学研究对宇宙大道理解的结构深度和框架广度代表着迄今为止的人类认知巅峰。为什么当今社会术科学如此发达,人们却比以往更加迷恋《易经》这一华夏上古科学巨著?为什么后来的《易经》通俗版本《道德经》也令全世界着迷?这是因为后来的人类科学研究乃至世俗生活仅仅是在某一个层面,在某一类内容的框架下向前发展。

黄帝令仓颉造字之后,"人文化成"的基础发生了巨变。荀子用"仓颉造字"而"鬼夜哭"进行了隐喻,这个隐喻《淮南子·本经训》中这样解释:"(造字之后,人们)能愈多而德愈薄矣。故周鼎著倕,使衔其指,以明大巧之不可为也。"汉代高诱则进一步解释:"仓颉始视鸟迹之文造书契,则诈伪萌生,诈伪萌生则去本趋末,弃耕作之业而务锥刀之利。"

以上,他们共同言说的是这样一个事实,目不识丁的百姓掌握了知识之后,就会从过去无条件服从圣人、君王号令的集体,变成具有独立自我价值判断的个体集合，这样，圣人、君王的指令就会因个体的"自我意识觉醒"而不能尽善尽美地贯彻。这可以看作人类社会发展否定之否定、螺旋式上升过程中的第一个"否定"和"下降"。这也就是《史记》中所说"轩辕之时……诸侯相侵伐，暴虐百姓""天下有不顺者，黄帝从而征之。平者去之，披山通道，未尝宁居"。这个时期，过往朴素而平静的生活因为"字"的引入而不复存在。这也是从黄帝开始，华夏文明的社会治理方式发生巨变的根本原因。

自轩辕黄帝开始，过往的天师集团、君王系统和百姓的关系发生了较大的改变。在轩辕黄帝之前，天师集团承担着整个社会治理的核心职责；轩辕黄帝之后，君王系统逐渐成为社会治理的主体，天师集团成为附属，而整个百姓群体则分化为各路诸侯。这是一个世俗君王系统把天师集团权力纳入自己统治能力的过程。自此以后，替天行道的华夏文明中，"大道"的解释权就从过往的天师集团（巫集团）转移到君王系统。整个过程被后世史书称为"绝地天通"。例如，《尚书·孔氏传》中说："帝命羲、和世掌天地四时之官，使人神不扰，各得其序，是谓绝地天通。"《史记·太史公自序》中说："昔在颛顼，命南正重以司天，北正黎以司地。唐虞之际，绍重黎之后，使复典之，至于夏商，故重黎氏世序天地。"其中，对这个过程记载比较详细的是《国语·楚语》："昭王问于观射父曰：'《周书》所谓重、黎实使天地不通者，何也？若无然，民将能登天乎？'对曰：'非此之谓也。古者民神不杂。民之精爽不携贰者，而又能齐肃衷正，其智能上下比义，其圣能光远宣朗，其明能光照之，其聪能听彻之，如是则明神降之，在男曰觋，在女曰巫。……于是乎有天地神民类物之官，是谓五官，各司其序，不相乱也。民是以能有忠信，神是以能有明德，民神异业，敬而不渎，故神降之嘉生，民以物享，祸灾不至，求用不匮。及少皞之衰也，九黎乱德，民神杂糅，不可方物。……嘉生不降，无物以享；祸灾荐臻，莫尽其气。颛顼受之，乃命南正重司天以属神，命火正黎司地以属民，使复旧常，无相侵渎，是谓绝地天通。'"

这里必须明晰一个概念，上古华夏文化中的"神"的概念，并不是西方文化中的人格神，它指的是天地宇宙大道的具体功用。在过往的"文时代"，宇宙规律、天地大道的具体表现方式就是"文系统"，而"文系统"又是由天师（巫）集团掌控的，所以一切依照宇宙规律、天地大道进行的人类社会实践都是由这个集团主导的，在这个时代，整个社会的运转因为有绝对的权威，所以显得朴素而有序。但是"字"产生以后，"文""字"相传，民间的聪明人或多或少知晓了一部分宇宙规律、天地大道，成为各自区域自发的天师或巫，但因为他们一知半解，造成了对整个社会规则的抵触或误解，整个社会就呈现出"民神杂糅，不可方物"的混乱局面。在这样的背景下，过往"人文化成"朴素的社会治理模式逐渐失效，整个社会从以"知晓天道"为唯一中心发展到不仅要"知晓天道"还要通过"管控"保证人们按照天道生活发展，也就是"颛顼受之，乃命南正重司天以属神，命火正黎司地以属民，使复旧常，无相侵渎，是谓绝地天通"。所以，整个社会的治理核心就从天师集团转为君王系统。但是这个时期的君王系统已经融合了天师集团，具有了"二合一"功能：知晓大道和践行大道。而天师集团也内隐成为君王系统的一个构成部分。

其实，"绝地天通"是一个长期的过程——这是一个争夺天地大道、宇宙规律的解释权的过程。这个过程自黄帝令仓颉造字到东周末年，一直在不同程度上发生、发展着，并影响此后的历朝历代，这其实就是中国历史上伴随朝代更迭的各种封禅、祭天以及盛大祭祀的真正含义。

东周末年，源于这个时期的君王系统再次式微，内隐于这个君王系统的天师集团从一个集团溃散为多个个体，散落民间。这就是春秋战国时期纷乱的根由和诸子百家的真正由来。其中，天师集团最后一代的集大成者——老子的归隐可以说是天师集团以内隐的方式消亡的标志性事件。老子所著的《道德经》则是"字以载道"的经典版本，它可以被看作"文系统"或《易经》的"字"版本。

自东周末年，到秦始皇"书同文、车同轨"，统一六国，其间发生的各种纷乱可能与黄帝令仓颉造字后社会"民神杂糅"的局面如出一辙。我们可以把秦"书同文、车同轨"，统一六国看作第二次"绝地天通"，秦始皇自称"始皇帝"的勇气也源于此。后世董仲舒的"罢黜百家、独尊儒术"则可以说是第三次"绝地天通"，这也是汉兴盛一时的原因。

形声字的普及则把华夏文明带入了真正意义上的"字时代"，世俗生活不仅可以形成文字记录，而且可以在更大范围内口耳传播、交流，"字"真正成为老百姓的生活工具，老百姓的世俗生活极大丰富起来。

"字时代"到来，民智开启，这对于个体的成长无疑是有益的，但是个体心智的提升又给社会治理带来了永无止歇的新问题、新难题。这就是老子"古之善为道者，非以明民，将以愚之。民之难治，以其智多"（《道德经》第六十五章），孔子"民可使由之，不可使知之"（《论语·泰伯》）等话语的本质。学界往往将其等同于当下社会所理解的"愚民统治"，而忽略了手段与目的之间的关系属性。其实想想自工业革命以来，我们赖以生存的地球因为所谓的"科技昌明"而加速危机演进的过程，我们也许可以对这个手段赋予新的理解。

但无论如何，人类不可能回到"无字时代"。"文时代"可以说是华夏文明的"道生一"时期；而蓬勃发展的"字时代"则可以说是华夏文明的"一生二"时期，这个时期的一切纷争都可以说是基于"字"的发展产生的各种思想分歧。结束这种纷争、纷乱的唯一出路就是"二生三",即中国的历朝历代先贤们提供的人类重回宇宙大道的方式——教化万民,也就是"文""字"合流,"六亿神州尽舜尧"[1]。只有这样,我们才有可能在更高的基础上天人合一。所以我们历来强调大一统,无论是组织形式还是思想意识。因为宇宙大道是一个有机整体,只有我们在组织形式、心智模式上形成一个有机整体,才有可能替天行道而天人合一,这就是我们这个文明自称"国家"的原因,一个国必须发展到像一个有血缘纽带、人伦关系的家那样,才能成为一个有机整体,才能具备替天行道的真正能力。

---

[1] 出自毛泽东《七律二首·送瘟神·其二》,原诗为:"春风杨柳万千条,六亿神州尽舜尧。红雨随心翻作浪,青山着意化为桥。天连五岭银锄落,地动三河铁臂摇。借问瘟君欲何往,纸船明烛照天烧。"

第二章
制器尚象的中国汉字

第二章　制器尚象的中国汉字

中华民族是唯一一个拥有两套符号体系作为文明表征的民族。"文系统"是以《易经》为代表的用以表示宇宙大道的符号体系，"字系统"则是以汉字为代表的指向世俗生活的符号体系。"文系统"的发明者和使用者主要是中国文化中的圣人群体；"字系统"的发明者依然是圣人群体，但是它的发展者和使用者则是百姓群体。从"文系统"到"字系统"是华夏文明逐步充盈的过程。

"文"和"字"的造字逻辑都在于制器尚象，这一点可以在很多典籍中得到佐证：

关于伏羲造文，《通鉴纲目》说伏羲"画八卦，造书契"。关于如何"画八卦，造书契"，《史记》中这样解释："太昊（伏羲）德合上下。天应以鸟兽文（纹）章，地应以龙马负图。于是仰观象于天，俯观法于地，中观万物之宜。始画八卦，卦有三爻，因而重之，为六十有四，以通神明之德。造书契以代结绳之政。"

关于仓颉造字，纬书《春秋元命苞》中描述为："于是穷天地之变，仰观奎星圆曲之势，俯察龟文、鸟羽、山川，指掌而创文字。"

从以上关于上古造"文""字"的描述中，我们不难发现它们的共通之处，就是上文提到的为圣四道之一的制器尚象。文中的"仰观象于天，俯观法于地，中观万物之宜"和"穷天地之变，仰观奎星圆曲之势，俯察龟文、鸟羽、山川"都是制器尚象的具体表现。制器尚象也就是我们通常所说的观象制器。观象制器不专属于汉字造字，如前所述，八卦的形成也是制器尚象的结果。

制器尚象是中国古人进行科学实践的基本范式，用当下的语言说就是根据科学规律进行社会实践。社会实践可大可小，小而言之可以是具体事物的发明创造，大而言之可以是社会制度的设计。

当然，必须强调的是，"文""字"的具体内涵存在着巨大的不同：相对于"字"，"文"是人类所处世界背后规律的表征；"字"则是这个规律统御之下世间的一切拟象。所以从严格意义上说，汉字是一种拟象文字。这个拟象是对宇宙大道创生出的世界中的万物的本质的把握与无限逼近，所以，汉字是一种"日新月异"、无限发展的文字。

因为万物的本质又是宇宙大道在具体时空下的表象，所以汉字造字的另外一个源泉就是"文系统"。可以说，汉字是在"文系统"意旨统御下，在对周遭世界有充分认知的前提下创造出来的以民众生活发展为方向的符号系统。

——

第一节　汉字与六书

提到汉字，不得不提六书。六书是如此普及，以至于我们普遍认为它是先贤造字的具体方法。事实上，六书更多的是后人对汉字的一种归类。"六书"的说法始见于《周礼·地官·保氏》："保氏掌谏王恶，而养国子以道。乃教之六艺：一曰五礼，二曰六乐，三曰五射，四曰五驭，五曰六书，六曰九数。"

不过《周礼》中并没有明确六书的具体内容。到了汉代，学者将汉字分为六类，总称"六书"，其中许慎的分类和班固的排序逐渐普及。到了今天，我们耳熟能详的六书就是：象形、指事、会意、形声、转注、假借。

如上所述，六书的本质是后人对汉字的一种分类方法，并非汉字创始之初的造字方法；当然，后世之人以此分类造字，不失为一种行之有效的次优之法。但是，因为六书是依据制器尚象造字之后的分类，是一个下位分类，所以它并不能将汉字详尽、准确地归类。学者唐兰在其《中国文字学》中说："六书从来没有明确的界说，各人可有各人的说法。每个文字如用六书来分类，常常不能断定它应属于哪一类。"[1]

不过必须强调的是，六书的分类自从汉代以来逐渐成为民众共识，自然有其存在的合理性，所以在这里我们依然沿用六书的次序来介绍汉字。

第二节　象形

汉字的制器尚象，可以理解为用汉字拟象天地万物。所谓天地万物，当然不局限于目之所及，人事自然的造化都在其中。所谓拟象，正如现实世界的镜像，并非在符号系统中完美复刻事物的原初面貌，而是在本质上与客观现实形成对应。汉字非绝对形似，能在神似层面让使用者"心有灵犀一点通"，从根本上说，汉字符号系统是客观现实的事物体系和主观精神的认知体系两相叠加的产物。

需要注意的是，汉字既然是以民众生活发展为方向的符号系统，其传播和教育需要适应人类生存和发展的需要，同时需要契合人类学习和认知的升级次第。基于这个道理，那些表示与人类生活基础密切相关、具象可观事物的汉字，在汉字系统中更可能占据先导性地位。

---

[1] 唐兰. 中国文字学 [M]. 上海：上海古籍出版社，2001.

象形字就具有这样的特征。在早期族群交流时，某些客观事物，如虫鱼鸟兽、山川沼泽，构成了人类原初生存图景的基本要素，对人类认知而言，它们具有跨族群共通的视觉形象。这些事物经常见于原始图画中，之后原始图画逐渐字化，形成象形字。

唐兰在《中国文字学》中提到原始图画与象形字的渊源："最古老的洞穴艺术，只画出（或刻出）动物的绝对投影，它们是在静止的状态下，所以四足的动物，总只画两足，我们的文字，就是如此。洞穴图画里所常见的有野牛、大象、驯鹿、马、野猪等，而我们的原始文字，也以这些动物的象形字为最多。"

从原始图画中脱离，象形愈发成熟精简。这种脱离并非本质上的脱离，而是表现形式上的分道而行。周有光先生认为，文字起源于图画，原始图画向两方面发展，一方面成为图画艺术，另一方面成为文字。[1]象形字与图画艺术之所以同源异流，是因为象形字拟象事物，是对本质视觉特征进行提炼和概括，以完成沟通符号化的使命。象形字与图画艺术之所以殊途同归，是因为两者都离不开对事物本真的追求，能够做到形神兼备、形意统一。南朝颜延之曾提出"图画非止艺行，成当与《易》象同体"[2]，将图所载意分为"图理"（即卦象）、"图识"（即字学）、"图形"（即绘画）[3]，指出文、字、画共融共生，自成一体，这亦解释了中国文化中的"书画同源"。以殷契古文为例，其体制架构既是书法，又是图画，近人郑午昌说"是可谓书画混合时代"。

为了更好地理解象形字，此处按照自然环境、人类生活两个方面来

---

[1] 周有光. 世界字母简史[M]. 上海：上海教育出版社，1990.
[2] 王微《叙画》，载：俞剑华. 中国画论类编[M]. 北京：人民美术出版社，2016：585.
[3] 张彦远. 历代名画记[M]. 杭州：浙江人民美术出版社，2011：2.

举例。这两个方面之所以是象形字较为集聚的领域，是因为其承载了客观现实与早期人类认知交互的诸多细节。

一、自然环境

世界演化，始于太极，此时万物浑沦；然后阴阳分化，万物演进有"迹"可循。从浑沦中寻得破晓的契机，离不开对原始自然次序的探索和构建。这种原始次序最初依赖亘古不变、周行不殆的天体。从天象到地观，构成了早期象形的基本形态。

原始次序的构建最初来自立表测影的实践。所谓立表测影，指的是通过观测日影盈缩确定一日白昼的时间变化，这体现了太阳运行的规律对文明演进次序的规制。

太阳在象形字中表示为⊙，《说文解字》（或简称《说文》）有言："实也。太阳之精不亏。"外圆如太阳光圈，内部一短线如内有精光，按今日语，应作太阳内部的剧烈核聚变，是天地万物生化发展的能量源。

相较于象形"日"字的形象，儿童画中的太阳形象☀更为人所熟知。在富有童趣的描摹中，太阳是一个浑圆的球体，正面观之，是一个完整饱满的圆形，在圆形的外围，是状如小三角的图样，模拟太阳光的照射，从光的集中区域向四周散发，渐远渐弱。显然，儿童画中的太阳形象基于地面观察者的直观所见，象形"日"字则更像腾空而上在太空俯视太阳的视角，尤其是日中一点的确定，在某种程度上表现了天文学的考量。

"日"字由写实样式的圆形演化为便于书写的方正字态，呈现了较为完整的符号化过程。这种符号化过程并非一鼓作气，其间或多或少存在着构形的回溯性，甚至存在不容忽视的异变，比如，部分金文相较于甲骨文而言写实意味更浓，宛如一幅小型的原始图画。日字的金文（另有金文版本，圆中不见一点）就是典型字例，它具有比初文更加明显的圆满视觉形象。从战国文字开始，“日”字（、、）开始出现明显的字体变形，不再单纯依赖视觉形象来传达意蕴。篆文字形基本稳定，呈方正状，这一特征基本沿袭至现代“日”字。

说起“日”字，自然可以联想到“月”字。古语“日月同辉”，指的是一种日月同时出现在天空的现象，从地理学的角度解释，这是地球绕太阳与月球绕地球的转动周期不同造成的，在中国大部分地区一般可以在秋高气爽、晴空万里的时节观测到。

与“日”字相对，《说文解字》这样解释“月”字：“阙也。大阴之精。”“月”字的亏缺既体现在日月出现时间的差异上，也与两者在人们生活视野中所展现的面貌不同有关。“日”所代表的太阳出现在白天，阳气充足，且太阳常呈浑圆之状，故为“不亏”；“月”所代表的月亮出现在夜晚，阳气衰退，且月亮常呈弯钩之状，故为“亏”。此处提及一日的阴阳变化，从中医角度来看，对应的是平旦、日中、日西、夜半。俗语常言“子午觉”，子时指的是夜 11 点至 1 点，午时指的是上午 11 点至下午 1 点，前者是大阴，后者是大阳。这与《说文解字》中“大阴之精”“太阳之精”正好契合。

再说“月”字的弯钩形态，亦是顺从了对月钩的观察。自古观月相，有“晦朔望弦”，其中阴晴圆缺，弯月形状为多数。所以“月”字取象弯钩，是合乎生活常理的。

“月”字的演变很有趣味。金文依然呈现出更具有图画意味的弯钩状。与金文“日”字如出一辙，“月”字同样存在无中心一点的面貌

⠀。此后演变，正如日月之间的默契，同样佐证了"日"字演变的规律。战国时期的"月"字正如同时期的"日"字一般，出现了左侧开口的形状⠀。相比于同期的"日"字，"月"字的形态更像是对线条的极致夸张，以至于形成一个倾斜的弯钩，开口部分逐渐朝下，脱离了初文的形态。此处可以略作猜测，字形的夸张、倾斜，可能铺垫了字体由婉转流畅的曲折变为方正的曲折的过程。篆文⠀、隶书⠀、楷书月无不在迭代这种方正化，直到字体呈现出平衡中和的美感。

日月是地球昼夜的光源，从反向可以联想到一些遮月蔽日的事物，比如云⠀。祥云是人们所熟知的意象，其中云卷云舒、流动翻滚、层层叠叠，在象形"云"字中就有所体现：尾部悠然垂坠，微微倾斜，既有云气缥缈的形态，又有清风吹拂的动感。"云"字顶端的结构，与"天"的甲骨文⠀异曲同工。"天"字是指事，其顶端两横线是一种指示符号，指示人之上的位置为天。在"云"字的结构中，由天引出一条卷曲的动线，似一串水珠，但又并非雨象⠀，因为这条动线的尾端又轻微勾起，缠卷并悬浮于半空。

"云"字的金文⠀简化了天的部分，强化了云层本身的动态刻画。战国文字⠀似乎给"云"字解析带来了新的谜团。如果我们参照"日""月"两字的演变来解释这种变形，似乎可以看出这一时期"云"字的夸张和倾斜，尤其是右下角延绵的曲线，延伸到极低的位置，已然脱离了"悬于空中的轻盈"想象。一些古书或许可以给出某种解释，如《素问·阴阳应象大论》中说"地气上为云"，《说文解字》说"云，山川气也"，可见，许多古书对"云"字的解释都是围绕云之生成于地展开的。从这个角度考虑,"云"字字形所表现出的与低处相接,似乎又是可解的。从篆文开始,"云"字的字形发生了回溯性的变化,似乎是在战国文字演化历史的反刍之中回归到了更加容易理解的字体构造。目前所收集"云"字篆文的主要形态,既有对甲骨文、金文的简化( ),也有对云核心特征的提取(,从此篆文曲线源于下似乎也可看出其中对云之生成的判别),还有对云之生成的局部复原 。隶书 和楷书 在其中一个篆文字例基础上进行方正化规范,最后呈现的"云"字保有了云朵原貌,定型为最为精简又有平衡中和美感的版本。

　　自然事物的生成模式很大程度上构成了字体演变的一环。除了"云"字,"电"字 也是生动字例。《谷梁传·隐公九年》中有"三月癸酉,大雨震电。震,雷也,电,霆也",疏曰"霆者,霹雳之别名。有霆必有电,故传云'电,霆也'"。可以想象,电作为视觉的存在,是具有光彩特征的。我们常说"雷电"一词,其实雷(,会意)为声,表现其声震天;电为光,表现其霆光万丈。

　　在电的生成上,《说文·雨部》称:"电,阴阳激耀也。"所谓"阴阳激耀",我们可以用与之相似的"化"字 (会意)理解。"电"字与"化"字的初文皆体现了两相背离又互相牵扯的情状,其本质都是阴阳变化。另外,"电"字的阴阳,又投射至近现代科学对正负电荷的研究中。

　　"电"字的演变是较为独特的。其初文象闪电之形,后因为假借用于干支,转注为从雨从申的"电"字,保留本义。需要注意的是,后世如此解释"电"字的演变,主要依赖对"电"字初文与现代写法的差异观察，尤其是《说文解字》中对"电"字的解释。但我们观察"电"字的金文、战国文字乃至篆文、隶书、楷书，有一条线索贯穿其中。金文的 ▨，在原有构形上辅以"雨"，表达了"电"字的具体情境，更能使人身临其境、心领神会；再看战国文字 ▨，保持了"雨"的构形，将闪电形态压缩成了更为紧凑的字形，形似"申"；到了篆文，出现了回溯性的字版本 ▨，保留了横竖的方正表达，延续了初文中倾斜的曲线构造，这种倾斜构造在另一篆文版本 ▨ 中亦可循迹；到了隶书 ▨、楷书 ▨，这种倾斜构造与对称方正的复合表达基本定型，直到后续顺应书写简化要求，演变为与"云"字一样省略了雨字头的字形 电。可见，"电"字演化的独特线索，就是在不断追求工整方正的表达中，始终保留不安定和活跃的因素，这实则反映了一种属于"电"字的"阴阳激耀"的造字底色。

与天象相比，地观的象形更加平易近人。

植物一支，最为典型的当属花与木。

先观"花"，古通"华"，金文写作 ▨。这个字形包含着典型的天地对称的指示：根部有两条短横线，可理解为标示土之下的位置，花从土下冒出，生长于土上，开枝散叶，分支顶端有短线标识，似花蕊，象其繁荣茂盛。演变至战国文字 ▨，可观其上有 艹，标示属类和生长环境。至篆文 ▨，土下根部基本保留，主要变动集中在花簇的表达，更显花朵重叠簇拥，这在隶书 ▨ 中也有所体现。

从篆文开始直至隶书,"花""华"同步演变,且字形极接近现代简体字"萼"（形声）的写法。"萼"字本义为花盛开,现代意为托承花朵的叶状薄片。此处可以理解为,现代义对本义形成一种指示,即以托承花朵盛开的叶片指向花盛开的意蕴。

汉字演变中不乏跨时间的巧遇,正如此处"花"字演变的某个阶段似乎与另一个汉字"萼"非常相似,使人不禁思考两者是否存在命运般的羁绊。或许,在最原初的语境中,汉字演变本身就在不同的时空结构中被注入了新鲜的灵魂。正如"花"字的演变,它可能最初"生长"在观察者般考究的眼中,后来"生长"在感性与审美的眼中,由此支撑了构形上的细节转变。又或许,缘于后世发现的更为细分的结构,尤其是植物科学的开辟和传播,拆分式的命名得以如雨后春笋般孕育于世,这种被摘选的汉字,携带着当时的情境基因,在新的事物中重生了。

从隶书演变至现代简化汉字,"花"与"华"分离,"花"字演变为今时之花,"华"字演变为華,后简化为华。"花"与"华"同构演变,亦可见两者在一定程度上的通用和语境中可能存在的混淆情况。最为经典的莫过于陕西名山华山之名,其读音多变,平仄皆有,多通"花"音,从此处可解。

再观"木"字。"木"字为象形,其甲骨文 ✶ 结构分明,下如树根盘桓深扎,中如树干笔直挺立,上如树枝繁茂生长。"木"字的造字艺术在于,从甲骨文开始,其字结构足够精妙,难以做出大幅度的删改,而且已可看出平衡中和的字体美感。需要注意的是,"木"字上部与下部极为相似,难以区分,后续字体的演变主要从细节的明确和刻画来展开。金文 ✶ 除了与甲骨文极为相似的构形外,发展出了一种有

区分性的构形 ![]。上端变为一用笔很深的圆点，彰显树叶团簇的茂盛之状，同时区别于根部盘根错节的形态。战国文字 ![] 进一步夸张，使"木"字的上下部分更加紧凑，树干的渠道角色被弱化，将"木"字的意蕴浓缩为植物根部到末端的转化。篆文的"木"字 ![] 回返到甲骨文、金文的字形，通过调整上下部分长短的差异程度加以区分，根部长而下垂，枝叶末端短而发散。从植物生长的角度看，根部需要不断扎得更深以获取源源不断的养分，养分传输到枝叶末端，枝叶笔直生长的动力日渐衰弱，且因生长带来的重力自然地偏向两侧。隶书 ![] 将这种树木生长的自然形态进一步夸张并简化，使字体变得舒张有度。此时的"木"字已基本定型，与楷书 ![] 及现代简化汉字并无明显差异。

动物一支，其象形更可以看作栩栩如生的原始图画。

"龟"字是典型代表。"龟"字 ![]，头出，四足伸展，龟甲明显；观察视角为俯视，可能是在水边观察龟的动态情状得来。"龟"字象形亦有侧视视角 ![]，"龟"字的后续演变字形亦与侧视视角下的初文相似。金文 ![]、![] 呈现更为生动，尤其是对龟的四脚的细节刻画，不如说就是一幅龟的简笔画。战国文字 ![] 仍体现了字体突变的特征，具象程度减弱，可模糊推测为侧视视角，动物的形象局部被夸张，倾斜，同时整体形象受到压缩。篆文对甲骨文、金文回溯，既有基于侧视视角的演变󰀀，也有基于俯视视角的提炼󰀀。篆文可以明显感受到"龟"字的符号化，圆滑的曲线大量缩减，方正的曲折以及平衡中和的形态已经有所体现，此时"龟"字的形态基本定型。后续隶书󰀀、楷书󰀀稍有变化，但大体延续篆文的写法，直到现代进一步简省笔画，演化为简体"龟"字。

二、人类生活

在人类历史发展牙牙学语的阶段，象形字已然如启蒙书一般存在，通过近取诸身、远取诸物，将生命、身体和加持所有生命与身体活动的事物娓娓道来。

生而为人，何为人？当我们从天象地观的审视中抽离，反观自身时，这个问题不可避免。

我们观察一下甲骨文的"人"字󰀀。为什么在千变万化的动态影像中，"人"字最终定格在一个直立、微微前倾，且有明显弯曲（弯腰）的形象呢？上文所提到的"龟"字󰀀，或者其他动物，譬如"虎"字󰀀、"象"字󰀀，似乎都与我们习惯认知的形象无所偏移，但从动物本身的视角来看或许成了一种"刻板"印象。同理，在人类的视角里，弯腰所蕴含的意义并不局限于动作本身，而在于这个动作所携带的，在精神层面体现的不尖锐、不倨傲的和平姿态，由此构成了在刻板表面之下的本质性区别特征。人的弯腰区别于其他动物形态，是一种原生性的修养天赋，而非外界强加的驯服。这种天赋表明，人类先天具有与动物不同的学习智慧，这种智慧是超越生存本身需求的。正如古人所说："禽、兽、草、木皆天地所生，而不得为天地之心；惟人为天地之心。故天地之生此为极贵。"

"人"字的演变非常容易理解。正如我们上文分析其他字演变时提到的，"人"字的甲骨文已经非常精练，其构形框架已然明确。金文 是一个更加图画式的表达；战国文字 则是通过夸张和倾斜，铺垫方正化的趋势；篆文为 ，隶书 和楷书 人 则充分展现舒张的形态，赋予了文字更多美学的性质。

反观"尸"字 ，与"人"字很像，区别在于"尸"字呈现人之蜷缩状。《说文·尸部》言："陈也。象卧之形"。"尸"字象形的微弯僵直，似在描摹身体蜷缩与僵硬并存的情态。金文 ，身体佝偻，膝盖靠近胸口且蜷缩，卧躺之态。战国"尸"字有较大的形变 ，依然呈现了很明显的夸张和倾斜，表示膝盖和胸口之间的空间被极度压缩。从战国文字开始，"尸"字基本定型，后续篆文 、隶书 、楷书 尸 在此基础上进行方正规范。

状态的不同往往体现在对同一事物的细节刻画的微妙差异上。除了"人"字和"尸"字，我们常用的"女"字和"母"字也可以形成一组鲜明的对照。"女"字的象形为 ，可想象一女子跪坐席上，似多居室内。《说文·女部》中说"女，妇人也。象形。王育说。凡女之属皆从女"。"女"字的金文 更是生动，在保持跪坐姿态的基础上，增

29

添了女子头部的发簪。战国文字產生了较大的变形，初文所呈现的女子跪坐的姿态被弱化，保留了双手合于身前的姿态。在一些战国文字示例中，"女"字的中部出现了圆点 或者圆圈 ，和初文中跪坐身体部分的位置基本齐平，可能是对跪坐姿态的一种指示。战国文字的变形特征仍较为明显，有一定的夸张和倾斜。篆文 体现了回溯性的特征，"女"字的基本形态与甲骨文、金文的形态相似，细节的刻画有所简省，整体体现了书写的精练和流畅，逐渐有了方正化的特点。隶书 到楷书女阶段，"女"字基本定型，呈现出较为方正的书写和平衡中和的字体形态。

再观"母"字 ，与"女"字形态异曲同工，其点睛应为被刻意突出的两点，似胸前双乳，表现其哺乳、养育子女的行为，可以理解为女子成为母亲的本质变化。与"女"字金文类似，这个阶段的"母"字 也出现了头戴发簪的字例。"母"字的战国文字出现了两种变形：一是 ，与"女"字战国文字类似，保持一定的倾斜，简省了部分细节；一是 ，锁定了双乳的特征，去掉了身体其他部分，这个字例已经与现代"母"字大同小异。篆文阶段 ，整体形态与甲骨文、金文相似，书写笔画舒展延长，方正化趋势明显。隶书母和楷书母阶段，"母"字基本定型，相对于篆文，字体有了很大倾斜，保留了双乳这一核心特征，更加精简凝练。

由"母"字进一步迁移，可以联想到"子"字 ，如小儿在襁褓中，有头、身、臂膀，两足并起的模样。"子"字的金文 ✦ 图画性更强，用流畅的曲折来描绘形态，彰显了小儿柔软、微蜷缩的形态。战国文字 ✦ 呈现了倾斜的特点，小儿头部的形态有一定压缩，这时出现了左侧开口的字例 ✦、✦。篆文 ✦ 回返到了与甲骨文、金文相似的形态，在原有小儿形态描摹的基础上，将整体字形方正化。隶书 ✦、✦ 承接战国文字，进一步方正化，使得字形基本定型，直到楷书子，字体没有明显的调整。

人类对自身的审视还有更多细节值得考究，按照对人体从外到内、从上到下的观察顺序，我们选取一些汉字来介绍它们有趣的演变过程。

"眉"字 ✦ 在"目"字 ✦ 上加表示毛发的笔画来表示眉毛。《说文解字》中说："目上毛也。从目，象眉之形。"后聚焦于人的眉毛，在原有的 ✦ 下面加上了"人"字 ✦，形成了 ✦，由此完成人类眉毛的符号化，即象形文字化。

"自"字 ✦，本义为鼻子，由他人视角正视观之；上有三条竖线，内部有两条短横线，可从美术素描角度观察出其中塑形、立体之意。在日常生活中，向别人说明自己有时会伴随手指鼻子的动作，可能因为这一点，后来"自"字演变出"自己"的含义。"自"字的初文已然与现代写法相似，在金文 ✦、战国文字 ✦、篆文 ✦、隶书 ✦、楷书 ✦ 的演变中，并无大幅调整。细微的调整体现在通过倾斜、夸张和压缩，代表鼻梁的三条塑形线三位一体，以一条线表达；字体本身更加方正，最后形成了较为完整无缺口的形态。

随着字义变化，表示鼻子之意的字空缺下来，人们开始使用新演化汉字✶进行符号表达的功能取替：上为"自"字；下从"畀"，意为给予、付与。上下结合，表示一呼一吸，自相给予。"鼻"字的战国文字✶更加生动地表达了这层含义，上部为"自"字的演化，下部用两重曲折表达气体的收敛（吸气）与放松（呼气），《说文》言"鼻，主臭者也"。从篆文鼻开始，直至隶书鼻、楷书鼻，"鼻"字的整体形态基本定型。从六书看，现代写法的汉字"鼻"应为会意兼形声。

线条化是象形文字化的重要因素。线条化指的是字体构形从具体的形状中脱离，而以线条表达事物本身及其所处关系。如上文提到的"鼻"字，鼻梁的部分从三条塑形线精简到一条，使得原本的立体构形转化为符号化构形。又如"牙"字✶，上下交错之状，竖直线条正如牙，而其交错之状指向了牙的咬合功能。《说文》言"牙，牡齿也。象上下相错之形"，段玉裁《说文解字注》修正为"牡齿也"："前当唇者称齿，后在辅车者称牙……非有牝牡也。"由此推知，"牙"字可能指的是槽牙，或称臼齿，处于口腔靠内位置，通常用其咀嚼和研磨食物。与"牙"相关，"齿"字✶状似口中门牙，平整对称。

观察"牙"字的演变，其与"齿"字亦有千丝万缕的联系。战国文字的"牙"字✶相较金文而言有了重要的增添，在原有部分的下端加入了齿的元素，指示了有咬合功能的牙与并列排布的齿之间的关系，进一步明确了牙的特征。利用差异区隔含义是以文字标识相似事物的重要方法，同理可见于"齿"字的战国文字✶。"牙"字的篆文✶在战国文字的基础上更加工整和方正。其中有字例 ⿺ 已经呈现出对"齿"字部分的弱化，仅仅保留了牙咬合的特征。从隶书 牙 到楷书 牙，"牙"字基本定型。

如前所述，汉字总是呈现出平衡中和的构形，这种结构自发有一种安稳并自成一体的气质。部分象形的初文已经有了这样的特点，比如"日"字、"木"字等，初文已经具有相对稳定和精练的构形，后续演变只需进行方正化和细节调整。另有一类象形字是在演变中逐渐出现了反向的发展，即从较为平衡中和的结构中突破，形成了安定中包含着不安定的复合结构。这种突破并非随意为之，更多是顺应了字义精确、关系情境构造等需求做出增减或改变，使得原初的形态受到破坏，由此开启演变的历程，比如前文的"电"字，再如"心"字 ♡。

"心"字的初文和今天网络表情包以及一些流行手势中的"比心"相似。所谓"比心"，就是用动作比画心形，表达喜爱、感激等情感。从"心"字初文平衡对称的结构中，我们基本可察心脏的大体形状。《说文》有言："心，人心……在身之中，象形。"从生理学角度看，心脏外形看上去并非如"心"字初文一般具有完美对称性，金文 ⿻ 、战国文字 ⿻ 、篆文 ⿻ ，均似梨状，更加写实。

人类在远取诸物方面也有很多有趣的描摹，尤其在精简字体、相关字联想方面有很有趣的创造。此处分析两个典型案例，一是"车"字，是精简的范例；二是"册"字，是相关字联想的范例。两字的初文写实程度都较高，令人印象深刻。

车 ⿻，所谓"舆轮之总名"，意为对舆、轮的总称。车轮指向车的

33

驱动能力，是车所承载交通功能的本质表征。这解释了甲骨文"车"字中出现的仅有车轮的字例。金文的"车"字在甲骨文的基础上进一步细化，不仅车盖、车轴、车轮俱全，还标示了车上所悬置的鞙，可以比照图 2-1 体会其中细节。非常重要的一点在于，金文除了图画性的还原外，已经出现了一个车轮的字例车，基本确定了后续"车"字演变的方向（战国文字车、篆文車、隶书車、楷书車）。这种演变暗含了对车的战争工具属性的弱化。有趣的是，篆文阶段还出现了回溯性的构形。与其他象形字不同，这一阶段的"车"字并未回归初文的象形中，而仍然基于单轮"车"字，只不过对车在战争中的功能有所强调。该字例以左车車右戈戈（戈，象形，此处选用与"车"字同期的篆文字例）的形式，上下复合呈现（见图 2-2 车戈并用情境）。后续顺应字体简化的需求，"车"字简化为车。

图 2-1　上古的车　　　　图 2-2　车戈并用情境

再看"册"字⿕，状似细绳编书简。《说文》有言："册，符命也。诸侯进受于王者。象其札，一长一短，中有二编之形。""诸侯进受于王者"指明"册"乃诸侯觐见天子时所领受的写于简册之上的符信凭证、告谕、指示，所呈为君王命令。

"册"字的演变基本继承了初文的精髓。金文⿕、战国文字⿕、篆文⿕，在顶端加上标识，其意义内核并未改变。从形态上来看，"册"字的重心逐渐移动到中央，书写各部分力量均衡。发展到隶书⿕和楷书⿕，"冊"字（"册"的异体字）形态出现，后演化为现代"册"字。

《尚书·多士》云"有册有典"，册与典仿若一对兄弟，相互关联，印证各自的本质特征。"册"字本义与符命关联，其重要程度可想而知；而双手奉册，足可见尊贵经典（"典"字⿕，会意）。

总体而言，象形承载了早期人类原始的观察视角，包括外部探索和内部省视。外部探索主要着眼于对生存环境和环境中其他事物的认知，内部省视主要着眼于对自身生存状态和进一步发展需求的确认。尽管所观所象之物千变万化，但所基于的视角是相通的，这也构成了象形字演变的底层逻辑：内涵上去繁就简，保留核心本质特征；书写形式上通过倾斜、夸张、压缩等化曲为直，使字体本身趋向工整和方正，同时保持字体整体形态的平衡和中和美感。这种形式的调整既顺应了提升书写效率的需要，也体现了艺术审美的追求。

第三节　指事

在原始生活的描摹中，随着人们开始与具体可观的事物进行交互，这些事物逐渐衍生出更加复杂、抽象、难以直接观察的现实，它们作为汉字系统所要拟象的新要素，迫切需要对应的沟通符号来表示。这意味着这一类符号或多或少带着象形的影子，可能还有原初手势、记号等留下的痕迹。指事正是在日益复杂的现实拟象中应运而生的。

所谓指事，依《说文解字》所说："指事者，视而可识，察而见意，上下是也。"指事字的字形所表示的是一种抽象的事理，它与象形字相通，大多为独体字，但在细节处存在精妙的差异。从制器尚象的形式来看，象形字是通过临摹事物的外形，或其具有特征性的部分来成字，由此表达人类最初需要表达的世界中有较明确视觉形象的客观事物；指事字则不同，指事字中的标指符号并非以形见意，它完全可以被其他形状的符号取代[1]，由此表达人类最初需要表达的客观世界中较难用图形进行表达的事物。具体而言，呈现空间关系（"上""下"）、呈现局部之于整体的关系（"刃"相对于"刀"）等，都可以纳入指事的范围。

关于象形和指事的发生发展顺序，学界历来有三种不同的看法：象形先于指事；指事先于象形；象形、指事不分先后。从考古发掘的角度来看，现有的考古成果还无法有效支持其中的任何一种；但从另外一个角度来说，这似乎也证明了象形指事不分先后说。后世学者之所以对象形、指事的分类和演变顺序见仁见智，其根本原因在于就制器尚象而言，象形和指事表达同一类象的不同方面。从这个意义上说，象形和指事，一阳一阴构成了人类最初的文字交流工具，正如徐锴的"六书三

---

[1] 黄德宽.汉字理论丛稿[M].北京：商务印书馆，2006：130.

耦"所认为的"象形实而指事虚"(《说文解字系传》)。

我们可以从象形和指事千丝万缕的关联中寻找能够更加精准切入指事内核的线索。

古代有的学者认为指事字"谓物之虚无",所谓"物之虚无",指的是跳脱事物具体可视形貌,从其具有的抽象意味的符号或记号出发逐步形成对意义的诠释[1]。此处尤其需要注意记号在指事字思维中的重要作用:"在任何一个自由设计的记号中,人的精神既理解它的对象同时又理解它自身以及它自己的构造规则。"[2]换言之,记号是来自具体生活实践的简约表达,指向日积月累形成的共识,自然而然具有集体约定性。这与象形字对客观世界的共识描摹异曲同工,都体现了汉字所具有的沟通符号的本质。

除此之外,一些研究指出了指事字相对于象形字所具有的超越性。在文字研究历史中,关于指事主要形成了三种不同角度和层次的理解,分别是"象事""处事""指事"。其中,"象事"仍处于象形之"象"的思维系统中,强调化不可象之物为可象之物;"处事"蕴含着"身临其中"的情境性和时空性,可引导出一种活动和行为,展示了汉字的叙事功能;"指事"是由此"事"指向更为广泛的彼"事","指"被认为亦是一种"事"的表达。骆冬青在指事字的研究[3]中指出,指事包含了一种超越性和动态语言学的特点,可以理解为,指事本身构成了无法被完全拆解的完美嵌套。从这个角度看,指事兼具"象事""处事"的汉字

---

[1] 商中."指事字"于"六书"中之次第[J].河南师范大学学报(哲学社会科学版),2004(02):129-130.

[2] 恩斯特·卡西尔.语言与神话[M].丁晓,等译.北京:生活·读书·新知三联书店,1988:198.

[3] 骆冬青.论指事:汉字图象的形上之维[J].江海学刊,2022(03):15-25.

底蕴，并实现了对两者的超越和动态演变。另外，"指"的凝练传神之处还在于，其本义是手指，所承载的"指"的动作具有一定的方向性和聚焦性，这契合了"指事"置于情境性行为中并体现出抽象思维的核心特征。

可见，指事与象形，都是制器尚象的体现。指事取材于具象之上的抽象，巧妙借力于记号思维，使沟通符号的形成天然具有集体共识的特征。在某种意义上说，指事是基于象形的衍生，是一定情境中的聚焦、一定客观中的主观。

根据指事字形成的两大契机，此处围绕象形的衍生、记号思维的应用两个方面来列举和分析指事字。

关系是指事字常常需要表示的意义范畴。在关系的表达中，一些简明的线条如横线，是常用的元素，其往往可以指代天或地。这种元素的应用在空间关系表达中最为典型，其中天、地都是具有基准性的事物，可以看作恒常不变的比较标准。

在"上"字 ⼆ 中，较长的笔画表示地平线，较短的笔画是指事符号。甲骨文的"上"字 ⼆ 形似汉字"二" ⼆ ，在书写上存在一定的混淆。金文的"上"字已经出现了更具区别性特征的版本 上，形成了现代"上"字写法的雏形。这个版本的写法优化了指事符号，更贴合字义的表达。战国文字 上 依循金文章法，篆文 ⊥ 、 上 通过简省和扭曲使字体形态在保持大体形状的基础上产生了微妙的变化。隶书 上 和楷书 上 依循金文版本，在书法上规范为更加方正的写法，更具平衡中和的美感。

同理，"下"的甲骨文写作 ⌒ ，与"上"字相反，长线在上，短线在下，标示下部位置。"上"字和"下"字的演变几乎精准地对应，足可见两者应用之频繁，成对应用的场景应该十分丰富。两者在现实中形成了空间上的镜像，在字体构成和演变上也形成了符号中的镜像。"上"字和"下"字的演变比较如下，按照甲骨文、金文、战国文字、篆文、隶书、楷书的顺序排列。

上：二 上 上 丄（上）上 上

下：一 下 下 丅（下）下 下

指事字还常用来表示局部和整体之间的关系，如"刀"字和"刃"字。与表示空间关系的"上"字和"下"字同态演变类似，"刀"字和"刃"字也具有相似的演变。"刀"字和"刃"字的演变比较如下，按照甲骨文、金文（"刃"字缺少）、战国文字、篆文、隶书、楷书的顺序排列。

刀：

刃：

"刀"字为象形，选取了刀的本质功用属性，着重体现了其尖锐的特征：上部可以看作刀尖，左部可以看作刀面，右部可以看作刀背。从"刀"字的甲骨文与金文图画性更强的表达比对，也可以看出其截取了尖锐部分的侧写来表达含义。从篆文开始，"刀"字的字体形态基本形成。在此基础上，观察"刃"字的演变。"刃"字是在"刀"字象形上做指事，标注了刀面一侧的位置，此处主要用于切割。从战国文字开始，"刃"字的指事简化为一点，直接体现在左侧"刀面"上，目标更加明确。

事物表里关系也可以用指事表示，如"朱"。《说文》有言："朱，赤心木，松柏属。""朱"字以"木"字象形为基础，聚焦木心，木心纯赤。此处比较"木"字和"朱"字的演变，按照甲骨文、金文、战国文字、篆文、隶书、楷书的顺序排列。

木：

朱：

可以看出，"朱"字从战国文字阶段开始，用于指事的点转变为横线，顺应了字体方正化的要求。从篆文到隶书，"木"字上部变为平直的横线；"朱"字由于中间一点变为横线，上部形态的弯曲演变为不同的笔画形态。

"朱"字与"木"字演变方向的分化也可以在"末"字中找到痕迹。《说文》言"木上曰末"，"末"字的指事符号标注在"木"的上部，对应的是树木的枝丫，契合了细枝末节的特点。此处同样展示"末"字的演变，按照金文、战国文字、篆文、隶书、楷书的顺序排列。

末：

说起"末"字，我们自然想起"本"字。与"上"字和"下"字相似，"本"字和"末"字也包含了关系层面的对称含义。此处展示"本"字的演变，按照金文、战国文字、篆文、隶书、楷书的顺序排列。

本：

"本"依托"木"字，初文的指事意味不明显；到战国时期，指事意味更加清晰，尤其见于其中图画性的表达。《说文》有"木下为本",与扎根落实有关。《诗·大雅·荡》曰"人亦有言:颠沛之揭,枝叶未有害,本实先拨",已然显出"本"字"根本、根基"的含义。"本"字的演变基本顺应了简明、方正的发展规律,除了部分阶段出现了回溯性偏图画的字样,基本延续了初文精练的字形。

依托同一象形展开指事,除了上述所言"木"字,"口"字也是典型例子。此处展示"口"字、"甘"字、"曰"字、"只"字的演变,按照甲骨文、金文、战国文字、篆文、隶书、楷书的顺序排列("只"字缺少甲骨文、金文例子)。

先看"甘"，美也。外轮廓似口,内部一短横线,表示口中含物。段玉裁注:"甘,美也……五味之可口皆曰甘。从口含一。一,道也。食物不一,而道则一。所谓味道之腴也。"

若把内部短横取出,置于口之上,该为何字?可参考"曰"，短横线象口气出也,有声发出。同样是表示气体发出位置,再看"只"，口仍象说话器官,"口"的下部象气下引之形,表现声音和气流的下沉。

常用的指事字往往通过增加符号来标识象形基础上的特殊部分,但增加符号并非指事构成的范式要求。比如"夕"字,它是建立在象形基础上的指事字,但它以减少符号标识区别于原象形。此处比较"月"字和"夕"字的演变,按照甲骨文、金文、战国文字、篆文、隶书、楷书的顺序排列。

月：🌒（🌒）🌙（🌒）🌙 月 月

夕：🌒 🌒 🌒 🌒 🌒 夕

从"月"字和"夕"字的演变来看，两者在早期阶段存在混用情况，或者其中一方由另一方衍生而来。从两者相区别的角度来看，"月"字的中间有一点，而"夕"字的中间缺少一点。可以想象，"月"字代表恒常的天体，是有光线集聚的；"夕"字所代表的时段和对应的天象是光线渐弱，是日月交替，故而淡化了表示光线聚集的一点。正如段玉裁《说文解字注》中所说："暮者，日且冥也。日且冥而月且生矣，故字从月半见。旦者，日全见地上。莫者，日在茻中。夕者，月半见。"另外，"夕"字以暮景指时辰，更契合指事之意。

除了上述有方向性和聚焦性的汉字，指事字还包含部分数字表达，比如"一"一、"二"二、"三"三等，上述汉字的初文与现代书写法基本一致。在对汉字中数字的研究中，"一""二""三"以及"四"三、"五"X 都被认为是较为特殊的指事字。"一"代表浑然整体；"二"代表混沌分化，天地两极由此开辟；"三"代表天、地、人之道。"四"的初文原属于前序数字"积画成数"的计数系统，与"一""二""三"相似，从商到汉形成演变的一支；另一写法 ⊗ 或 ⊠ 从春秋开始，与现代书写法类似，其构形历代说法不一，有言是将金文写法 三 的横向计数改为竖向计数，同时与"二"并用，强调两者的倍数关系。

"五"与"四"相似，最初也有记号性的表征，见于商朝时 三 和战国文字三；另一演变亦是从商朝开始，✕（✕）代表天地交合，《说文解字》中有"五，五行也。从二，阴阳在天地间交午也。凡五之属皆从五"。可以看出，在汉字数字的构形中，制器尚象的造字逻辑与相较于象形而言更加抽象的思维指向被展现得淋漓尽致。

在制器尚象系统中，指事字是象形字的升维。象形字拟象可识之象，指事字拟象不可识之象。指事字所拟象的不可识之象，并非抽离于可识之象的拟象，而是对可识之象的衍生和发展。指事字的构形往往出现象形或者原初手势、记号辅助，就是指事字与象形字两者关联的证实。指事字中所蕴含的象形衍生或原初手势、记号，都代表一种集体共识。集体共识的引入，确立指事字作为符号所需要承载的事物本质特征，由此推动指事字的符号化发展。

第四节　会意

人类交流沟通的内容远不限于外部客观现实，随着人类精神的丰富发展，基于客观现实的思维、情感表达成为人类交流沟通的新内容。这类表达显然具有主观性和个性化的特征。当我们尝试将这类内容符号化时，与象形、指事相通，同样需要寻找集体共识以使这类内容在个性化中寻找群体意识的交会，从而完成符号化进程。

会意字就是表示这一类内容的汉字。关于会意造字，许慎说："会意者，比类合谊，以见指㧑，武信是也。"对于这种定义，《说文解字系传》中说："会意者，人事也，无形无势，取义垂训，故作会意。"

也就是说，会意字主要的目的在于表达人事，而这种人事是没有形、势的，既无法象形表达也无法指事反映，所以产生了新的造字法会意。而会意的基本方法首先是"比类合谊"。所谓"比类"就是按类排比的意思，章学诚《文史通义·礼教》中"礼家讲求于纂辑比类"即是此意。在此基础上，"比类"还有调查研究、整理材料之意（谢觉哉《不惑集》中说"比类，拿现在话讲，是调查研究，是整理材料"）。而"合谊"，根据段玉裁注"先郑《周礼》注曰：今人用'义'，古书用'谊'。'谊'者本字，'义'者叚借字……"，亦作"合义"。至此，"比类合谊"的意思就比较清晰了。比如"休"，用人依靠在树上这样一种组合表达休憩的意思，也就是许慎所说的"以见指㧑"。清人戴震对此评价为："比类合义，灿然端委毕著矣。"

由此我们如此理解：会意字在于表达人事，这种人事表达的首要在于对世间万物的属性进行研究、分类、比较，对它们本身的属性进行组合，体现出想要表达的意思。其中，事物属性的组合和意义衍生往往是情境化和可想象的。这种情境化想象和人类生活息息相关，使人们在联想过程中能够感知情境所蕴含的思维和情感。会意字实际上可以看作将不同使用者置于同一情境中，由此具有集体共识，确立沟通符号的本质。

解码会意字，我们需要将自身置于情境中。这种情境或想象投入并非基于天马行空的想象，或者漫无边际的猜测，而是需要回归会意的本质"比类合谊"，即通过搜集资料寻找到最具集体约定性的情境。

"明"，初文作 ，《说文》言"明，照也"。日、月为昼夜自然光彩之物，昼夜更迭，日月轮替，各得其位。从"明"的汉字构形分析，日月并出，光辉可见，万物通明，足以想象"明"所昭示的光照至强以洞破黑暗，以及天物齐聚的神圣奇遇。在"明"字的演变中，主流的变化是"日""月"的方正化，其间也出现字体部分的异变。比如金文出现了从囧从月的字体形态，多被理解为月入窗使居室明朗的意思。这种异变在篆文、隶书中都有出现。

"光明"是现代汉语中的常见词。《说文》言"光，明也"，提示我们关注另一个表达明亮的会意字——"光"。状似人跽坐（双膝着地，上身挺直），头上顶戴为火炬形，强调照明、照远。

从这个"光"字出发，我们顺势想到另外两个有趣的会意字。一个是"坐"，正如"光"的初文所展示的一般，人双膝着地，上身挺直。《说文》言"止（停下歇息）也。从土，从畱（留）省"，指出"坐"表示人的一种止息方式，其中的"土"可理解为休息的地方。回溯至古代席地而坐时，人们的坐姿大致有三种：一是"跌坐"，即盘腿，双足交叠；二是"箕踞"，即两腿前伸，全身形似簸箕；三是"跽"，即跪坐，臀部压在后曲的腿、脚之上。表示庄重和礼貌时，采用第三种坐姿，即"坐"初文所示。

另一个是"灾"，可观初文一，状似房中起火，对火的描摹正如同"光"的初文；再观初文二，与"水"相比，可谓水多成患；另观初文三，仿佛兵戈相交（"兵"为会意，"戈"为象形），预警战乱。火灾、水灾、兵灾等乃是伤害大的灾害，从典籍中关于"灾"的描述中可见一斑。《周礼》有"祸烖杀礼（减省礼仪）"，注"新有兵寇水火也"；又有"国有大故天烖"，注"疫疠水旱也"。"灾"字直到后续字体演变中才以房中着火的形式展现。《说文》言"天火曰栽，从火，弐声"，此火非彼火，程度差异见《公羊传·襄公九年》"大者曰灾，小者曰火"，另《左传·宣公十六年》中有"凡火，人火曰火，天火曰灾"。

和"火"有关的会意字还有"炙"及和"炎"。"炙"状似火（甲骨文、）烤肉（甲骨文、战国文字），《说文》有言："炙，炮肉也。从肉，在火上。""炎"状似火上加火，火光上升，火苗升腾，表现火旺，《说文》言"火光上也。从重火"。

再如"林"，《说文》言"林，平土有丛木曰林"，从二木构形。将"林"溯源至"木"，扎根完全于地，生长完全于天。《说文》言"冒也。冒地而生。东方之行。从屮，下象其根。凡木之属皆从木"。"木"自得天地精华，故丛木成林亦可想见一派聚拢汇合景象。与之关联，"森"，《说文》言"森，木多貌"，从三木，或并列，或呈"品"字分布。

与"木"有关，"困"，"故庐也"，根不扎于土地，枝丫探寻不到天空，无族群共生，独处于四壁之内，旺盛的生命力不得激发，无所遁形亦无所出路，郁结其中，其意自明。

同是有阻挡、遮掩的意思，再看"莫（暮）"字，《说文》言"莫，日且冥也。从日在茻中，茻亦声"，段玉裁注"且冥者，将冥也。木部曰'杳者，冥也'，夕部曰'夕，莫也'。引申之义为有无之无"，由此，又与前文指事字"夕"联系在一起。与"夕"的侧重不同，"暮"更倾向于以日没林中表现日落之境和对应的时间，"夕"则倾向于以日月交替表现时间。

我们将两者放进成语中考虑。"晨钟暮鼓"指寺里晚上打鼓，早上敲钟，引申为表示让人警醒的话语。在此处，"晨"与"暮"相对应。其中，"晨"为形声字，其甲骨文有"蟲"字，从林，辰声，后金文演变为从臼，辰声。不论"晨"字如何演变，不变的是"辰"字，为象形字，所绘为侧视蚌蛤之形。《史记·律书》有"辰者，言万物之蜃也"，那么何为"蜃"？"雉入大水为蜃"，另有立冬三候"水始冰，地始冻，雉入大水为蜃"，这意味着在特殊的节气，天地阴阳之气开始转化，生命在不同形态之中轮回运作。回到"晨"字，其被解释为"早昧爽也"，"昧爽"指的正是破晓，其所蕴含的不就是阴阳转化、明暗交叠的态势？由此，"晨"所对应的"暮"亦是阴阳轮换、明暗交叠的另一时间，由此可解。

同理，再看含有"夕"的成语，如"朝发夕至""危在旦夕"。"朝"为会意字，被解释为"旦也""早也"，观其初文，日出草木之间，残月悬于天空，晦明变化者，朝也，可谓与"晨"字异曲同工。与"朝"字对应，"夕"可反向理解为日没于草木、月初升之景，此时日有余晖，月迎初明。

不同于困顿之情境，我们再看"苗"（一作"圃"）。《说文》言"苗，艸生于田者，从艸从田"；《仓颉篇》曰"苗者，禾之未秀者也"，虽为初生之态，却生机勃勃。提到"苗"，观察其构形中的"田"，我们还可联想至"男"。回顾前文，"女"为象形，"对文则处子曰女，适人曰妇"亦是对女子生命状态的一种划分。奇妙之处在于，现代语境中，与"女"对应的一个字是"男"㊒，作会意。《说文》言"从田从力，言男力于田也"。再看"妇"字，原指"帚"，后指代持家妇人。此字演变至金文可以看出与女性家庭角色的关联，此字亦作会意。现代词语中有"夫妇"一词，我们按图索骥分析"夫"字，此字为象形，为头戴冠簪的直立人形，指向成年男子的形象。从"女"到"妇"，虽然寓意生命状态的质变，但不变的是在汉字中围绕地位及角色展开构形，如"女"时跪坐，"妇"时持家，都表现为较为内敛的属性。再观"男"与"夫"，基于成年男子这一现实基础，描绘了不同的角色侧面："男"表现担当、阳刚、主外的属性；"夫"则标志了男子成长的阶段，表现出了一种仪式感。观察"夫"字，我们可以联想到另一个指事字——"天"，下部从大，大即为人，上部为人头顶天。"夫"与"天"两者初文的形似，是否与"顶天立地大丈夫"这一俗语内里相关呢？

我们再分析一些看上去颇具构形之美的会意字。"从"，双人相随，从彳，彳为道路，表示行走，《说文》言"从，随行也"。与之相似，"比"，似二人屈体相昵，《说文》言"密也。二人为从，反从为比"，段玉裁注"其本义谓相亲密也"，我们熟知的"比翼双飞"将这一字的基本含义展现得淋漓尽致。

"从""比"都是左右类同的结构，再看"出"，现代写法是上下类同。"出"的初文与现代写法相异，更场景化。下部状似掘地而居的半穴居住所；上部深入穴口的为"止"，本义为脚掌，此处表示行走、行动。初文构形正如脚跨出穴口，作外出状，表示出门离开。有趣的是，《说文》关于"出"的解释为"出，进也。象草木益滋，上出达也"，倒有象形之意，且似乎与草木生长有关。我们联想到另一个包含"出"的字——"茁"（形声）。《说文》言"茁，草初生出地貌"，倒与前文提到的对于"出"的解释相近。或猜测，"出"所蕴含的草木生长出地貌之意，后分配给"茁"，可解其中之意。

另一组可对照的会意字是"看"和"相"。"看"始于篆文，从目，上有手，即以手遮蔽日光以远望的样子。《说文》言"看，睎也（睎，望也）"。与之相关，另一个会意字"见"，就是坐而视之，是静态的、距离也较近的。另外值得一提的是，"见"初文也呈现跪坐，但与前文所提"坐"不同，该字强调的是眼部发出的动作，而"坐"强调的是身体的动作以及该动作发生的地方（即土，休息的地方）。再分析"相"，《说文》言："相，省视也。从目从木。《易》曰：'地可观者，莫可观于木。'"故"相"字本身包含着端详、揣摩的意味，我们在词语"相中"中可以瞥见该字本义。

会意字的表达，其底层构形元素来自天地万物，常见为象形重组。象形重组之所以能迭代出层出不穷的新意，在于象形本身遵循制器尚象的规律，是可象之万物本质特征的捕捉。如此说来，"日"不仅为天上之日，"木"不仅为土中冒生，其形意合一，在自然描摹与提炼之中养育叙事与诗意的功用。在此基础上，由本质推演自然可得不同维度、不同层次的意蕴，为会意的创制提供了强大的滋养。

第五节　形声

从象形、指事到会意，我们已经形成了一个由外及内的意义表达系统，然而造字的终极目的不仅在于表达，还在于沟通，甚至可以说沟通是更重要的目的。而沟通又不局限于文字沟通，更多的是口头语言沟通。口头语言沟通面临的则是无法避免的文字发音，这个时候，形声字就应运而生了。

关于形声字，许慎定义为"以事为名，取譬相成。江河是也"。

形声字并非一蹴而就。清代学者陈澧说："盖天下事物之象，人目见之则心有意，意欲达之则口有声。意者，象乎事物而构之者也；声者，象乎意而宣之者也。声不能传于异地，流于异时，于是乎书之为文字。文字者，所以为意与声之迹也。"

换言之，形声字是以"形＋音"对文字映射对象本真进行表达。这是一个逐步磨合的过程。这个过程也是六书中转注和假借的发展过程。众所周知，从严格意义上说，转注和假借并不是造字法而是用字法，根本原因是需要表达的事物、概念无穷无尽，而造字的速度总是相对较慢，这个时候就产生了给原有字赋予新的意义的造字/用字法。

这也就是孙诒让所说的："盖天下之事无穷，造字之初苟无假借一例，则逐事而为之字，而字有不可胜造之数，此必穷之数也。故依声而托以事焉，视而不必是其字，而言之则其声也，闻之足以相喻，用之可以不尽。是假借可以救造字之穷而通其变。"[1]

孙诒让所说的是假借的来源，转注也大抵如此。其间的不同在于转

---

[1]《续修四库全书》编纂委员会.续修四库全书：一一六四 [M].上海：上海古籍出版社，2002：284.

注是"异字同义",而假借是"异义同字"。后世之所以对转注和假借的定义莫衷一是,根源在于历史变迁,母字和孳乳出来的转注字、假借字在历史的变迁中,母子失序,难以溯源。中国著名文字学家裘锡圭先生就认为:"在今天研究汉字,根本不用去管转注这个术语。不讲转注,完全能够把汉字的构造讲清楚。……总之,我们完全没有必要卷入无休无止的关于转注定义的争论中去。"(《文字学概要》)

但是在彼时彼地,转注和假借带来的困惑是不言而喻的。这个时候,人们开始考虑从音和形两个维度复合的角度对新生事物进行描摹,也就是东汉许慎所说的"以事为名,取譬相成"和"形声相益"的努力。

对于"以事为名"的"名",《说文解字·口部》有"名,自命也。从口从夕,夕者,冥也,冥不相见,故以口自名",而《春秋繁露·深察名号》中则说"鸣而施命谓之名,名之为言,鸣与命也"。换言之,对于形声字而言,名就是发音。所谓"取譬相成"指的是字的意符,也就是汉字的意义表征,但事实上,汉字是音形义相统一的文字,"字之有形声义也,犹人之有形影神也"(《说文释例》)。因此要"形声相益",把音义和形义复合,起到一加一大于二的效果。

从某种意义上说,形声字之前的文字应该叫"文",主要功能在于记载,而形声字出现后才算有了"字",更有利于口语化交流。"文"和"字"共同构成了华夏民族的书面和口头交流系统,也就是我们的文字系统。

春秋中期之后,形声字在用字方面占据了主流,这也为后来的大一统奠定了文字基础。

说到这里,相信大家已经明白,如果说汉字的书写形式具有一定的客观性而不能随意更改的话,汉字读音同样具有一定的客观性,音也表意。汉字的读音就是一块活化石，它的变迁是客观世界和人类社会耦合的产物。

此处列举一些形声字辅助理解。

"材"从木，才声，《说文》言"木梃也"。观察其构形，"木""才"皆为象形，"木"为冒地而生，"才"指草木之初，拟形土下嫩芽发端。"木""才"皆原指植物生发之势，也铺垫了"材"的底蕴，延伸出原料、才能等含义。

同样与"木"有关，我们再分析"渠"字。"渠"字的金文、战国文字、篆文之字形皆从水、榘省声（"榘"同"矩"，出自《楚辞·九辩》"灭规矩而改凿"，意为画直线或方形的曲尺；一说柜声）。关于"渠"字的本义，古书有多种解释，如"渠，水所居""渠，坑也""水所停积处，谓之渠"。我们所熟知的红旗渠，是20世纪60年代林县人民在极其艰难的环境下，从太行山腰修建的引漳入林的水利工程，被称为"人工天河"。

另一个有趣的形声字是"花"，是它的金文。从初文来看，所象之物就是土壤中生长出来的植物，呈花形，这亦是"华"的初文。我们所熟知的华山别称为"花山"，从此处可寻依据。由金文一路演变，战国字、篆书、隶书，多沿用初文形态，直至楷书，简化为花，取战国字的草字头，下部写作"化"，似与前代更迭有较大差异。追溯简体"花"字的原初构形，我们方可察觉这种简化的妙处。"艸"或"艹"都源于"屮"，形似草丛，将我们引入芳草地的情境中。贴近地面，草丛之中偶得零星花朵，它们是大自然造化之物，阴阳变化寓意其中。"化"为会意字，初文为 ⺉⺉，似二人相背，而人本就是阴阳相交，"化"的深意其中自见。"花"之魅力，亦源于此，它已然超越了类的束缚，容纳了生命变化之道。从这一点看，"花"简化至此，虽与初文形态不尽相同，但内涵精华仍保留完好。反观上述形声字，所从声部皆构成了这些汉字意蕴的点睛之笔，正体现了音亦表意的功用。

我们一直都在讨论汉字，那么汉字中的"汉" 灘、"字" 字又如何？两者皆为形声字，其中，"汉"的初文从水，难声，本义为水名，《说文》言"汉，汉水也。上流曰漾"。汉水是长江最长的支流，发源于陕西，流经陕西南部及湖北，在武汉入长江，"上流曰漾"指的是汉水其中一源。现代水文认为有三源，即中源漾水、北源沮水、南源玉带河，故可解。

"字"从宀，从子，子亦声。《说文解字》言"字，乳也"，《广雅》言"字，生也"。从"字"的构形可以想象屋内有幼儿的场景，本义为生孩子。从"字"的本义出发，"字者，言孳乳而浸多也"便容易理解，而字也可看成创制系统所生育繁衍的生命单位。

据统计，形声字在《说文解字》中约占80%，到宋朝超过了90%。上述举例只是冰山一角，形声字的形旁和声旁结合的方式多样，如左形右声（清、松、城）、左声右形（功、领、救）、上形下声（露、花、岗）、上声下形（烈、忘、警）、内形外声（闻、闷、辩）、外形内声（圆、阁、衷）等。

形声字在我们生活中覆盖很广，"秀才认字认半边"，本是讽刺主观臆断、粗枝大叶，但也从侧面反映了汉字的神妙之处。有人如此解释"秀才认字认半边"的原因：一是形声字乃声符与意符结合，为汉字识读提供了自然便利；二是朝代变迁，官话更迭，汉语的语音慢慢发生变

53

化，以致最后较为定型的语音不能仅凭声符来定，例如从"者"的形声字，"堵、赌"今读音 dǔ，"褚"今读 chǔ，"煮"今读 zhǔ。

形声字可以理解为在象形、指事、会意所构成的意义表达系统基础上衍生出了音的系统。音义之所以浑然天成：一方面是字的读法（声调、口型等）是以人的身体感知拟象"物宜"，我们常会发现，表达昂扬意思的汉字读起来也是向上的，表达低沉意思的汉字读起来也是压抑的；另一方面是部分形声字本就基于音义混同体的字衍生而来，包含了作为元素的字的内涵，同时在读音上与其同构，如同样的活水养出形态相异的植物，却拥有同样的先天气质，从这一点看，形声字的演变亦遵循了制器尚象的底层逻辑，音和义是人类意义表达中相辅相成的一对存在。

第三章
天成之美的诗词歌赋

第一节　诗词歌赋的起源与流变

诗词歌赋这套表达体系包含了四种有代表性的表达类型：诗言志，将声、情、志有机融合，句式整齐，便于吟诵；词又称为"诗余"，句式不齐，长短句排布灵活，展露日常生活情感，故有"诗庄词媚"之说；歌，旨在咏言，强调声音的发出；赋在于富，诗文两栖，叙事丰富。

诗、词、歌、赋一脉相传，其发展过程与文明发展阶段相契合。但是，"诗词歌赋"作为传统文学体裁统称出现的时间较晚，大约在清代小说《玉娇梨》中首次出现这四种文学体裁并称的词语。需要明确，祖先在中华文明的肇始阶段便十分重视文学体裁的体系建设，《尚书》所载《赓歌》《五子之歌》等古诗被文学界认为是诗赋一体的滥觞[1]……至周代，《诗经》作为中华民族第一部诗歌总集问世，成为诗词歌赋发展史上最重要的事件。《诗经》确立的内容上的风、雅、颂与写作手法上的赋、比、兴，被后世称为"诗六义"，为言志与永歌确立规范[2]。

在汉字还未成熟的时期，人们主要通过声音的发出来释放讴咏性情、感物言志的天性。这种表达最初出现在原始群体中，属于一种群体创作。从方便传播的角度看，这种表达并不依赖复杂的表达技巧，更侧重对人类状态的自然本真进行自由抒发，体现出非文本化的特点。这一时期的表达我们可以称其为歌谣，"歌咏所兴，宜自生民始"[3]，这是诗

---

[1] 漆子扬，马智全. 从《文章正宗》的编选体例看真德秀的选学观[J]. 湖南大学学报（社会科学版），2008（02）：88-91.

[2] 施议对. 声学与艳科——千年词学的两个关键词[J]. 吉林大学社会科学学报，2020，60（05）：182-193+239-240.

[3] 沈约. 宋书·谢灵运传论[M]. 北京：中华书局，1974：1778.

的孕育和前序,《诗经》所载"十五国风"便是这种文学艺术形式的具体体现,起初这些歌谣是人民群众基于自然与生活有感而发,并不常见于文字。周代专设采诗之官,《汉书》记载了周代采诗制度,描绘了采诗官孟春遍访民间,摇木铎采集诗歌,并交由太师编译,最终呈现给天子:"孟春三月,群居者将散,行人振木铎徇于路,以采诗,献之大师,比其音律,以闻于天子。"《汉书·艺文志》进一步说明这种采诗制度的核心是周代统治者体察民情的一种具体手段:"哀乐之心感而歌咏之声发,诵其言谓之诗,咏其声谓之歌。故古有采诗之官,王者所以观风俗、知得失、自考正也。"历经这一流程,歌谣"比其音律"完成了向乐章的转变。

乐章是与歌谣一般悠久的表达。乐章可以理解为入乐歌词,是一种配合舞蹈和器乐演奏的诗歌。乐章的"章"字标识了其与歌谣的不同。《说文解字》中解释,"乐竟为一章"。古代音乐的起源可能与黄帝时代制十二律吕息息相关:埋竹管于地下,内填葭灰,采用"吹灰候气法"(又名"葭灰占律")测度节气变化,最后形成一套天文历法。《后汉书·律历志》中提及:"……则十九年七闰时刻分毫不差,与太阳年相合,是谓一章也。"由此可见,"章"字包含"乐竟为一章"对完整性和稳定性的标识,也包含与文明秩序、国家权力的紧密联系。

乐章相对于歌谣,首先是标识了作品的完整性和稳定性,采诗之官等专业人士的加入,使歌谣入乐后形成了相对稳定、更有艺术性的传播版本;乐章同时包含了权力认同的趋势,歌谣入乐后为宗庙朝廷所用,形成诗教和学诗之风;乐章也成为"王者不窥牖而知天下"的信息渠道。从"诗言志"、诗教与乐教相融,到战国时期礼崩乐坏,聘问歌咏不行,学诗之士开启了"恻隐古诗之义"的贤人失志之赋,所谓"不歌而诵谓之赋",赋的萌芽已然出现。

从歌谣到乐章，诗进入了统治阶层，此时的诗仍代表群体之志，同时，它的音乐性仍强于文学性；从乐章到徒诗，诗聚焦于个体，代表个体之志，此时，它的文学性凸显出来，标志着文人创作条件的成熟。

汉代文人仿写《诗经》，到乐府五言的仿写，再到建安时个人现实与文学表达的极度纠缠，形成了"五言腾踊"的创作风气，徒诗系统已然开启。相对于"诗言志"的旨意，"吟咏情性""惜诵以致愍兮，发愤以抒情"将徒诗的内核表达得更为贴切。我们现今熟悉的诗，其中有很多都可以归属于徒诗的分野。

唐诗宋词标识了诗词融合和变化的阶段。词又称"诗余"，已可见两者关系的端倪。词的孕育和发展，汲取了诗的养分。随着隋唐音乐文化新变，诗乐出现分离，词应运而生，实为诗乐的新延续。唐五代时期，配合燕乐曲调歌唱而"倚声填词"，是一种将声、乐、舞糅合的艺术形态。发展到宋，词的文学性从音乐性中脱离，形成了以曲谱为基的格律形式，我们熟知的"念奴娇""水调歌头"最初就是一种曲调。相比于诗的庄重整齐，词长短句结合，音律性更强，所以我们常说"诗庄词媚"。尽管诗、词的写作细节、风格多变，但"庄""媚"仍分别是两者区别性的特征。

我们前文已经提到"不歌而诵谓之赋"，反映了赋与诗的息息相关。班固在《两都赋序》中所言"赋者，古诗之流也"，进一步揭示了赋与诗的关系。早期的赋主要来自诗的变体和诗文杂糅的变体，整个发展过程展现出诗与文的协调和平衡，体现为诗的文化和文的诗化，在诗的修辞、句式、艺术想象等方面都有创新性发展。所以说，赋可以看作诗的流变，成为一种诗文两栖的文体。

可以看出，诗词歌赋实际上同源同生，在发展过程中不断交织，演变出新的变体。

59

第二节　诗词歌赋与《易经》两仪思维

诗词歌赋是"言–意"表达体系。所谓言，是指诗词歌赋的言语本身，落脚于文学性；所谓意，不仅指向情志怀抱，代表群体或个体的抒发，更在本质上指向道，代表写作者对宇宙大道的探索。其中，人法天地是诗词歌赋通达于道的核心[1]。天地以两仪言说道，人亦以两仪言说道，在诗词歌赋中，最基本的两仪就是言、意，它奠定了诗词歌赋"辨阴阳"的两仪思维。从这一点来看，诗词歌赋不仅是"言–意"表达体系，也是一个"辨阴阳"的两仪表达体系。

从前文阐发中可以发现，诗词歌赋同源异变，仍常被人并举，缘于四者存在共同的文类性特征，体现了言说者的共同思维特征[2]，这一共同思维特征便是两仪思维。

什么是两仪？两仪就是《道德经》中"道生一，一生二，二生三，三生万物"中的"二"。我们可以这样理解：事物发展演化的过程都遵循一个终极规律和真理，也就是"道"，"道"派生出万物起源，这个起源是一种混沌的状态，这种混沌状态就是"一"，此时阴阳交叠，不分彼此；随着"一"继续演化，逐渐分化出两种基本力量，也就是"一生二"，由此产生两仪，两仪相互独立又相互依存，正如我们理解的推动事物发展的矛盾，我们常说的阴阳正是两仪的下位概念。两仪交合，原本平衡的两相对峙状态转化为多元变化的状态，即"二生三"，也正是所谓的"阴阳交"。"五，五行也。从二，阴阳在天地间交午也。"阴阳交合，亦可得到五行。

---

[1] 李建中.《周易》与中国文论的诗性之源[J].江海学刊，2006（01）：172-178.
[2] 张思齐.诗意栖居与对诗词歌赋的文类观照[J].广东社会科学，2009（03）：128-135.

第三章 天成之美的诗词歌赋

可见，两仪就是在事物发展演化过程中的一对相互独立、相互依存的基本力量，可以把两仪简化理解为推动事物发展的基本矛盾。

那么，什么是两仪思维呢？两仪思维就是依据两仪的指引，体悟世间演化的规律。在两仪思维指导下，我们的实践和创造将会是统一而不割裂、和谐而不偏移、深邃广阔而又可平易近人的。

两仪思维根植于诗词歌赋的本质，通过意象、章法、音律、吟诵表现出来。从本质到意象、章法、音律、吟诵，遵循的是"意——象——言"的过程，这是诗词歌赋本身的维度；从意象、章法、音律、吟诵到本质，是"言——象——意"的过程，这是写作者和读者的维度，写作者和读者的天赋表现在"言——象——意"的阶段浑然天成。

诗词歌赋的本质就是"意"。诗词歌赋，实际上是以言达意、以言尽意的实践。意旨深邃，言辞精妙，两相交合，生成和谐佳作，正是两仪思维发挥作用的机制。关于诗词歌赋"言"与"意"的调和，历来有两种说法：道家的"忘言说"和儒家的"立象说"。两者都旨在研究"言"与"意"的通达，提出了两种异途同归的路径。

道家"忘言说"指向一种个体体悟的激发。这种个体体悟首先需要保持一种恬淡虚静的心灵状态，抛却世俗属性，回归天人合一，也就是庄子《齐物论》中的"故恒无欲也，以观其眇"，实现超越言说本身，与"意"的浑然一体。但言说并非可以完全抛弃的。所谓"道本无名，圣人强名；道本无言，圣人强言耳"，"意"通过"言"在普世传播，在传播中被层层剖析和降维，即"道可道，非常道"。

儒家"立象说"指向象爻卦辞的语言系统，实际上是根据宇宙大道的映射嵌套来建立由言到意的通达路径，即所谓"圣人立象以尽意，设卦以尽情伪，系辞焉以尽其言"。所谓象，可以理解为对道或者自然规律的映射和镜像，是对宇宙这一复杂系统的模型化；爻集合世间阴阳统一的基本矛盾力量，阴爻和阳爻可以看作这一模型的基础单位；每三爻为一卦，由此来描摹更加生动丰富的事物变化，以天道来传情达意；辞则为这一符号表征模型创建了开放式的文本解释，由此可见"圣人强言"。如若把"立象说"置于诗词歌赋的语境中，可以理解为根据宇宙大道的映射之象构思言辞，由此搭建言辞通达于意的桥梁。后来王弼提出"立象尽意"而又"超以象外"，则是将"立象说"与"忘言说"联系起来，指向了言超越象而通达意的路径。

"忘言说"与"立象说"可以看成言意调和的一体两用：前者指出了以圣人为代表的天赋型主体不可言说的言意通达路径，后者指出了天赋型主体在言意通达上做出的贡献；两者共同指出了言意和谐的内核，即由言到意的过程，实际上是得意忘言、以道驭言的螺旋式发展过程，是从言通达意，又由意构思言的叠加。

言意的调和突出体现在诗词歌赋中意象的设置上。关于意象的"意想论"和"情景论"，本质是处理写作者主观意识和客观事物之间的关系。所谓"窥情风景之上，钻貌草木之中"，又如"意翻空而易奇，言征实而难巧""寻声律以定墨，窥意象而运斤"，正是对言与意、所言之象与所言之意的思考。我们常说"状难写之景如在目前，含不尽之意见于言外"，其实就是对主观与客观之间中和的解答：一方面能"近取诸身"，如依神来之笔；另一方面能"与物冥"，使主观与客观心心相印。

诗词歌赋从本质、意象中进一步向言语表达脱胎，进入章法的环节，尤其体现出写作者在言意转化中的价值，这一过程并非机械式的逻辑推理，而是人的生命综合体悟。在这一过程中，写作者依靠自身的生命体察来调和言意转化。

因此提起章法，难免提起作品生命化的比喻：汉末魏晋时代，人们开始比照人体来考察作品。北宋文学家李廌在《答赵士舞德茂宣义论宏词书》中说："凡文章之不可无者有四：一曰体，二曰志，三曰气，四曰韵。"此观点亦可运用到诗、词、歌、赋不同的表达类型上。所谓"体"，指的是作品之言，强调言对意的承载功能；所谓"志"，指的是写作者心之所向、情志怀抱；所谓"气"，指的是作品所具有的生命能量，强调意对言的根基作用；所谓"韵"，指的是作品的言与意，作品与写作者的情志怀抱相互辉映、共融共生，自然而然流露出的风采和韵味使读者回味悠长。

作品的生命与章法的介入如何联系？王充《论衡·正说》曰："夫经之有篇也，犹有章句；有章句也，犹有文字也。文字有意以立句，句有数以连章，章有体以成篇，篇则章句之大者也。"换言之，章是作品中具有相对完整独立性、言意转化的生命单位。章作为生命单位，其言意的调和具有对整体作品的构建作用，也体现了两仪思维的运用，所谓章法应运而生。

章法集中体现了言意转化，包括形式于外、意蕴于内的两种力量的协调。其中，外在形式主要体现在言的部分，如字句的声音、色彩，长短句子组合的节奏以及篇幅的大小等形成的体制；内在意蕴主要体现在意的部分，如作品的义脉或血脉贯通和体势流畅。同时，从"章法"造词的角度看："章"字本义与印记有关，是相对稳定、有标志性，或是属于内核的部分；"法"字本义是人法天地以探索大道，体现了较为灵活自由、主观探索的特点。可见，"章法"从一开始就包含了作品内在和外在两个方向，也正是前文所言"体志气韵"。我们常说的"章法"，如律诗中的起承转合属于外在程式，"草蛇灰线"是行文意脉，属于内在意蕴。

诗词歌赋在章法内在两种力量的加持下，实现了言意初步转化。到此时，诗词歌赋作为作品本身的发展主干基本完整，接下来需要考虑在文学性和义理性之外的艺术性问题。这种艺术性传播与诗词歌赋的音律和吟诵息息相关。在这方面，诗词歌赋仍保留着原初时代"讴咏性情、感物言志"的本真属性，也就是写作者灵感迸发而不吐不快之时，用吟咏统摄诗情和音律，使作品从内到外，从静默到有声，做到浑然天成。

关于诗词歌赋的音律和吟诵，首先需要补充诗词歌赋本质的另一源头，即以乐象沟通和调和言意关系。"乐象说"发端于《荀子·乐论》，其云"君子以钟鼓道志，以琴瑟乐心，动以干戚，饰以羽旄，从以磬管。故其清明象天，其广大象地，其俯仰周旋有似于四时。故乐行而志清，礼修而行成，耳目聪明，血气和平，移风易俗，天下皆宁"。可见，音乐亦具有效法天地四时的属性和使人"耳目聪明，血气和平"的养生功能，这同样是人法天地、天人合一的体现。关于乐象，《礼记·乐记》中说："乐者，心之动也；声者，乐之象也。文采节奏，声之饰也。"可见，乐象实际上是人心发动的表征。

那么，乐象如何沟通和调和言意关系？乐象无疑能带给人美好的审美体验，由此触达言背后的意的真谛。这种审美体验可以通过诗词歌赋的音律和人的吟诵得到加强和升华。诗词歌赋的音律可以体现在音象的阴阳性质上，表现在语音和语义在不同场合，以不同条件和程度来连接心理、生理，如音义阴阳同构现象、音义级阶同构现象、音义象声同构现象等。简单而言，我们熟知的天地、大小、高低等，都是音义同构且阴阳相随的例子。辜正坤认为："一般而言，意义相对昂扬奋发、时空关系及含义指向都呈正向扩张型的字，其读音多响亮、厚壮，双唇发其音时的开口度都相对较大；反之，凡意思相对收缩、压抑、呈负向退降的字，其读音多沉钝、拘谨，发音时双唇开口度都相对较小。"[1]可以说，

---

[1] 辜正坤.人类语言音义同构现象与人类文化模式——兼论汉诗音象美[J].北京大学学报（哲学社会科学版），1995（06）：87-95+108+128.

音象的阴阳能很好地辅助意象和情志的抒发,由此实现言与意的和谐。

诗词歌赋的音律常常在吟诵中得到确认。最为典型的案例是贾岛苦吟、以辨推敲的故事。"推""敲"都是平声,若单是平仄协调,差别甚微。但两者音象效应大不相同:"敲"的意象必定伴随响声音象,如咚咚的叩门声,更能反衬出月夜佛寺环境的宁静,而"推"则效果不佳。显然,推敲之辨,在于其中诗意,亦在于诗人心所发动是否能使言意贯通与和谐。

诗词歌赋的音律天然与情感相连。唐《元和韵谱》所载《四声歌诀》云:"平声哀而安,上声厉而举,去声清而远,入声直而促。"依据刘勰和徐师曾的方法可以将作品的情感概括为豪放、深惋、悲慨、愉悦,与之对应有四种不同的音象。以下是本书依据音象特点选取最具代表性的作品供读者参阅。

一、豪放类音象

蜀道难

李白

噫吁嚱,危乎高哉!蜀道之难,难于上青天!
蚕丛及鱼凫,开国何茫然!
尔来四万八千岁,不与秦塞通人烟。
西当太白有鸟道,可以横绝峨眉巅。
地崩山摧壮士死,然后天梯石栈相钩连。
上有六龙回日之高标,下有冲波逆折之回川。
黄鹤之飞尚不得过,猿猱欲度愁攀援。
青泥何盘盘,百步九折萦岩峦。
扪参历井仰胁息,以手抚膺坐长叹。

问君西游何时还，畏途巉岩不可攀。

但见悲鸟号古木，雄飞雌从绕林间。

又闻子规啼夜月，愁空山。

蜀道之难，难于上青天，使人听此凋朱颜。

连峰去天不盈尺，枯松倒挂倚绝壁。

飞湍瀑流争喧豗，砯崖转石万壑雷。

其险也如此，嗟尔远道之人胡为乎来哉！

剑阁峥嵘而崔嵬，一夫当关，万夫莫开。

所守或匪亲，化为狼与豺。

朝避猛虎，夕避长蛇。

磨牙吮血，杀人如麻。

锦城虽云乐，不如早还家。

蜀道之难，难于上青天，侧身西望长咨嗟。

【音象解析】多平声韵和开口呼，音象响亮，与蜀道横亘时空的意象完美呼应，吟诵便能感知山河之壮阔。

二、深惋类音象

声声慢

李清照

寻寻觅觅，冷冷清清，凄凄惨惨戚戚。

乍暖还寒时候，最难将息。

三杯两盏淡酒，怎敌他晚来风急！

雁过也，正伤心，却是旧时相识。

满地黄花堆积，憔悴损，如今有谁堪摘？

守着窗儿,独自怎生得黑!

梧桐更兼细雨,到黄昏,点点滴滴。

这次第,怎一个愁字了得!

【音象解析】开篇"寻寻觅觅,冷冷清清,凄凄惨惨戚戚",多为阴性字,给人以压抑、低沉的情感体验。

三、悲慨类音象

登幽州台歌

陈子昂

前不见古人,后不见来者。

念天地之悠悠,独怆然而涕下。

【音象解析】押仄上声"马"韵,其音象特征是"厉而举",其中压抑、悲怆直入人心。

四、愉悦类音象

鸟鸣涧

王维

人闲桂花落,夜静春山空。

月出惊山鸟,时鸣春涧中。

【音象解析】押上平"东"部,音象清亮,渲染出空寂宁静的意境,使人心神宁静而安适。

第三节 诗词歌赋与情绪

诗词歌赋基于言、意自成一套完整的表达体系，以意象、章法、音律、吟诵等形式调集人的感官，由内而外宣泄而出，以至意以生言、言中达意的自然流露。这一自然流露的过程可比于自然万物的沉浮升降，以作者之意孕育字句工巧，再以字句工巧承托读者的情绪共鸣，甚而以读者之想象力反哺字句。于诗词歌赋之外的人而言，一面是笔补造化，一面是神来之交；于诗词歌赋本身，则是"文章本天成，妙手偶得之"，表现为人与天成之美的诗词歌赋具有的天然关联。

情绪是人类最本真的情感体验，与诗词歌赋所蕴含的人类讴歌性情、感物言志的天性紧密相连。如前所述，诗词歌赋是阴阳交的产物，阴阳交合而生五行。在古代中国，人们认为宇宙万物都由阴阳五行构成，诗词歌赋的创作过程也体现了这种阴阳交合的理念。作者与作品、言与意、作品与读者、读者与作者等多维交合，生成了五行情绪，即喜、怒、思、忧、恐，正与人体的五行系统相对应。可见，诗词歌赋无疑是调节情绪的极佳媒介，有利于促进实现人之身心的统一与和谐。

诗词歌赋调节情绪以调理身心的事实，可追溯至比诗词歌赋出现得更早的汉字。此处以汉字中的"乐"与"药"为例，两字的相似为更好地探索先民的生活智慧和情感世界提供线索。先观前者"乐"字，其初文写作，上端如"丝"而去掉头尾的繁杂，束于"木"上。后发展至两丝之中孕育似"曰"又似"白"的部分：前者可解释为且有乐声，且有人声，先寓于其中，又娓娓道来；后者则可解释为圆鼓，弦弦切切之中加入节奏而更加丰富多彩。无论是人乐相伴，还是人对乐的创作和加工，在汉字传递给人的生动画面中，音乐任君想象，情绪润物无声，这种糅合以意、声、韵等多元素的表达，传递出作品与情绪复合的功能，在先民的原始生活中可窥见一斑。此时再观"药"已豁然开朗，其保留了"丝"的繁杂，呈现更加原生和自然的草本状态，延续不变的则是以"乐"为土的滋养。

"乐"与"药"千丝万缕的关联，似乎让另一个真相浮出水面，那便是以"药"为典型手段的治疗，其核心和基底为"乐"，即达成"内化于心、外化于形"的身心统一的愉悦和舒适，这又何尝不是简易的养生之道？《黄帝内经》中已有"五音疗疾"的理论，正如《荀子·乐论》所言"乐行而伦清……耳目聪明，血气平和，天下皆宁"，又如《左传·昭公二十一年》："故和声入于耳而藏于心，心亿则乐。窕则不咸，槬则不容，心是以感，感实生疾。今钟槬矣，王心弗堪，其能久乎？"以"乐"（yuè）入"药"甚而以"乐"（yuè）作"药"早已有所实践，"药"以达"乐"（lè）亦不失为一种殊途同归。

诗词歌赋与"乐"的功能一脉相承，贯通阴阳交合的过程之中，首先以作者的个体情感与身外之物相合，甚而以"立象见意"的手法追求对客观的超越，直抵宇宙和生命的本真；因其相合，可涵养天地万物，此为作品"言－意"由己及人，此中意不再局限于个人的语境，而变化为传递的媒介、教化的工具、美学的享受、疗愈的良药……。最初，诗词歌赋中的情绪遵循"发乎情，止乎礼义"；随着对情绪的认识有重大的发展和深化，"诗言志"逐渐转向"诗缘情"、情志并举，"诗不匿情"已然彰显了情绪于诗词歌赋的重要地位。

笔者在此精选诗词歌赋，结合本书的主题进行解读，以期企业家读者在阅读、朗诵的过程中体验诗词歌赋的强大生命力及其对情绪及身心的调养。

第四节 历代诗词歌赋优秀作品修身

一、民歌

有狐

诗经·国风·卫风

有狐绥绥，在彼淇梁。心之忧矣，之子无裳。
有狐绥绥，在彼淇厉。心之忧矣，之子无带。
有狐绥绥，在彼淇侧。心之忧矣，之子无服。

概说：

心中有所念，触景牵作情。此诗凭一人之眼，由一只形单影只的狐狸连接起所牵挂之人。

注释[1]**：**

①狐：狐狸。②绥（suí）绥：慢走貌。③之子：这个人，那个人。④厉：水深及腰，可以涉过之处。⑤侧：这里指水边。

解读：

那儿有一只狐狸，漫行在淇水桥畔。惦记着心里的那个人，不知他的衣服是否能够御寒。

那儿有一只狐狸，漫行在淇水浅滩。惦记着心里的那个人，不知他的衣服是否合身妥当。

那儿有一只狐狸，漫行在淇水岸边。惦记着心里的那个人，不知他的衣服是否端正完整。

---

[1] 所注词语按在原文中出现次序排序，下同。

辨阴阳·养正气：

爱之深，思之切，往往并非表现在轰轰烈烈的言辞中，而是寄托在对所爱之人日常生活的细微关怀里。一件单薄的衣裳、一根松散的腰带，都能牵动挂念之人的心弦。这首诗告诉我们，真挚的情感往往藏在有关平凡琐事的牵挂中。

子衿

诗经·国风·郑风

青青子衿，悠悠我心。纵我不往，子宁不嗣音？

青青子佩，悠悠我思。纵我不往，子宁不来？

挑兮达兮，在城阙兮。一日不见，如三月兮！

概说：

关于此诗的主旨和背景，历代学者众说纷纭，莫衷一是，主要有四种观点：一为刺学校废说，二为因刺学校废说衍生的师友之间相责相勉说，三为淫奔说，四为由淫奔说衍生的男女爱情说。

注释：

① 子，男子的美称。② 衿，衣服的交领。③ 悠悠：忧思不断的样子。④ 嗣：接续，继续。⑤ 挑（tiāo）兮达（tà）兮：独自徘徊的样子。

解读：

一想起你青青的衣领，我便心意交缠。纵然我不曾问候，难道你不能主动与我传递音讯？

一想起你青青的佩带，我便忧思缠绵。纵然我不曾问候，难道你不能主动前来？

高高城楼，踽踽独行，徘徊左右，仍不见你。一日之隔，如同几月已去！

辨阴阳·养正气：

心随念起，所托皆为相思。所相思者，又何止于衿、佩一两物件？不过是世间纷繁中的微茫线索，能在余光一瞥中寻求重逢的契机。《子衿》展示了美好重逢之前的焦灼等待和忧戚思念。这首诗告诉我们，若心意交通，则难免"一日不见，如三月兮"，与其静待，不如奔赴。

3. 华山畿·其一

南朝民歌

华山畿，华山畿，

君既为侬死，独生为谁施？

欢若见怜时，棺木为侬开。

概说：

这首南朝民歌通过一位女子对逝去爱人的哀悼，表达了深沉的情感和生死相随的悲壮。

注释：

① 畿（jī）：山边。② 侬：我，吴地方言。③ 为谁施：为谁而活。施，施用。④ 欢：可理解为爱人。

解读：

华山畿啊，华山畿，（巍峨的山边空留我一人凄切回响）……我深爱的人哪，你既已为我而死，又何苦让我独自苟活？若你怜惜，就请开棺相迎，我愿与你共赴黄泉。

辨阴阳·养正气：

相契者相依，相依者生死无惧。《华山畿》难独生、难独死的悲歌，就像过往种种塌陷而致的"奇点"，容纳了一切美好的共生瞬间。这首诗告诉我们，和光同尘而与万物生，曾状似分离，然终会团聚。

越人歌

先秦民歌

今夕何夕兮，搴舟中流。

今日何日兮，得与王子同舟。

蒙羞被好兮，不訾诟耻。

心几烦而不绝兮，得知王子。

山有木兮木有枝，心悦君兮君不知。

概说：

这是一首先秦时期的民歌，借舟子与王子同舟之机，隐喻了底层对高贵者的默默倾慕。

注释：

①搴（qiān）：拔。搴舟，犹言荡舟。②被（pī）：同"披"，覆盖。③訾（zǐ）：说坏话。④诟耻：耻辱。⑤几（jī）：同"机"。

解读：

今夜是怎样的良夜啊，今夜我驾舟漫游。今日是如何的幸日啊，今日我竟与王子同舟！承蒙王子看得起，不因我是舟子而嫌弃责骂。此时我的心纷乱不止，只因与王子相遇……山上有木，木上有枝，我心中的爱慕如万物复苏，悄无声息而你却不知。

辨阴阳·养正气：

相传《越人歌》取材自楚国鄂君子皙与摇船越人的故事，突出表现了其中跨越民族、语言、阶级等的纯朴情感。这首诗告诉我们，彼此吸引的真情足以超越你来我往的世故。

上邪

乐府民歌

上邪！
我欲与君相知，长命无绝衰。
山无陵，江水为竭，
冬雷震震，夏雨雪，
天地合，乃敢与君绝。

概说：

这是《铙歌十八曲》之一，以夸张的手法和深情的语调，表达了对爱人坚定不移的爱情。

注释：

① 上邪（yé）：天啊！上，指天。邪，语气助词，表示感叹。② 相知：相爱。③ 命：古与"令"字通，使。④ 陵：山峰、山头。⑤ 雨（yù）雪：降雪。

解读：

天啊！（我深爱的人！）我愿与你相爱相知，就让我们之间的情意永不衰绝……直到山峰化平，江流枯竭，凛冬雷震，酷暑飞雪——直到天地相合，（万物归墟……）直到那时，我才带着我的深情厚谊与你相诀！

辨阴阳·养正气：

情意所至，置于山海皆平而愈发蓬勃，万般变化而矢志不渝。得益于天地生，复归于天地合，则此情此意无所遗憾。《上邪》的珍贵，在于"存档"了世间随即发生又随即流逝、随即澎湃又随即崩溃的本真爱意。

陇头歌辞三首

南北朝民歌

陇头流水，流离山下。

念吾一身，飘然旷野。

朝发欣城，暮宿陇头。

寒不能语，舌卷入喉。

陇头流水，鸣声呜咽。

遥望秦川，心肝断绝。

概说：

南北朝民歌，结合陇山的景象，反映了南北朝时期人们流离失所的生活和对故乡的深切思念。

注释：

① 陇头：陇山顶上。一说"陇山"（平凉、庆阳一带），古代陇山指六盘山。

解读：

陇山流水，水流离山，（似与）我孤身出走旷野，不知何方所至。我早上从欣城出发，晚上睡在陇山，只觉得天寒地冻，言语不能。我听这陇山流水，也发出呜咽鸣声，荒凉之中，唯此共鸣。我远望秦川，仿若肝肠寸断，痛彻不能自已。

辨阴阳·养正气：

漂泊之时，若身无定处，心无安处，则身心摇晃。身心摇晃，难免不安郁结。人的故乡，连接着身心，似血肉之外的脐带，翻山越岭依然勾连。这首诗提醒我们，在那些身心不安定的时刻，故乡亦是温暖的归处。

大风歌

刘邦

大风起兮云飞扬，
威加海内兮归故乡，
安得猛士兮守四方！

概说：

西汉开国皇帝刘邦击破英布军后凯旋，胸怀对勇士的渴望。

注释：

① 加：施加。② 海内：四海之内，即天下。③ 安得：怎样才能得到。安，哪里，怎样。

解读：

大风雄起，层云翻涌起来！以威武平定天下，我回到久违的故乡，不禁想：怎样才能得到真正的勇士啊，镇守国家四方！

辨阴阳·养正气：

汉高祖刘邦在击破英布军后，回长安途经故乡（沛县）时，邀集父老乡亲饮酒。酣畅淋漓之中，击筑高歌，唱了这首《大风歌》。气概如风起，形势如云涌。这首诗告诉我们，英雄威武，志在天下，所思自然周全长远。

回车驾言迈

佚名

回车驾言迈，悠悠涉长道。
四顾何茫茫，东风摇百草。
所遇无故物，焉得不速老？
盛衰各有时，立身苦不早。
人生非金石，岂能长寿考？
奄忽随物化，荣名以为宝。

概说：

两汉时期的作品；通过对驾车远行的描写，反映了作者对人生无常和生命短暂的感慨。

注释：

① 回：转。② 驾：象声词，车行声。③ 言：语助词。④ 迈：远行；一说喻声音悠长。⑤ 悠悠：远而未至之貌。⑥ 涉长道：犹言"历长道"。⑦ 百草：新生的草。⑧ 故：旧。⑨ 焉得：何尝。⑩ 各有时：各有其时。⑪ 立身：树立一生的基础。⑫ 寿考：犹言老寿。考，老也。⑬ 奄忽：急遽（jù）。⑭ 随物化："随物而化"，指死亡。⑮ 荣名：美名；一说指荣禄和声名。

解读：

驾车转向，一路跋涉，渐行渐远。四野茫茫，春风吹拂，新草丛生。此时之景物，（即便熟悉也）并非彼时之景物，悄然更替，正如人生，已是老之将至。生命的繁盛与衰落，各有各的时节，只苦叹立身不早。毕竟人非金石，即便长寿，亦有终焉。倏忽生命随物而化，堪堪留下美名能当作恒久的宝物了。

辨阴阳·养正气：

万事万物的运动变化是世间恒常规律，人亦如此。《回车驾言迈》所洞察的智慧在于，于生命更迭的"有限"之中，发展出超越"有限"的价值而实现"无限"的境地，便有希望天长地久，生生不息。

客从远方来

佚名

客从远方来，遗我一端绮。
相去万余里，故人心尚尔。
文采双鸳鸯，裁为合欢被。
著以长相思，缘以结不解。
以胶投漆中，谁能别离此？

概说：

两汉诗歌，通过写客人从远方带来的礼物，表达了对远方亲人的思念和对爱情的忠贞。

注释：

①遗：给予、馈赠的意思。②一端：即半匹。古人以两丈为一端，两端为一匹。③故人：古时多指代旧友，此指久别的丈夫。④尔：如此。⑤著：往衣被中填装丝绵叫"著"。绵为长丝，"丝"谐音"思"。⑥缘：饰边，镶边。缘与"姻缘"的"缘"音同。

解读：

客人造访，从远方捎带夫君送的一端锦缎。我与夫君相隔万里，却仍被夫君记挂（其中情真意切，让我感动不已）。绮缎之上，鸳鸯双栖，我便将它裁作合欢被。被中填长丝，如道长相思；镶边饰缕缎，此谓缘不解。（此时夫君仿佛回到我的身边，）我愿短时的温存如胶似漆，再没有什么将我与夫君分离。

辨阴阳·养正气：

《客从远方来》展现了情意在身心之间自然流淌的状态，物与人交感共鸣，回忆与现实相互包裹，人与人遥相感应，聊以慰藉。从日常生活的角度看，人与人之间的情意，往往可以借助于羁绊之物来有效维系。

桓灵时童谣

佚名

举秀才，不知书。
察孝廉，父别居。
寒素清白浊如泥，
高第良将怯如鸡。

概说：

东汉末年的童谣，讽刺了当时政治腐败和社会道德的沦丧。

注释：

① 寒素：汉晋时举拔士人的科目名；一说指出身清贫。② 清白：汉代选拔士人的科目名；一说指为官清廉。③ 高第：汉代选拔士人的科目名；一说指出身豪门。

解读：

被推举作秀才的不识字，被荐举作孝廉的不赡养，被选拔为寒素、清白的反倒如污泥，被称为干吏良将的竟像鸡一样胆小。

辨阴阳·养正气：

汉武帝元光元年，朝廷开始逐步实行举孝廉制度，然而，东汉后期政治环境恶化，外戚与宦官势力交替掌权，正直之士备受排挤，这首童谣正是对腐败社会的深刻讽刺。可见，局部发展的特征是整体发展特征的投射。良好的制度建立和实施，离不开健康环境的承托。

二、魏晋南北朝诗

杂诗七首·其四

曹植

南国有佳人，容华若桃李。
朝游江北岸，夕宿潇湘沚。
时俗薄朱颜，谁为发皓齿？
俯仰岁将暮，荣耀难久恃。

概说：

曹植，字子建，沛国谯人，三国时期著名文学家。此诗以美人比喻贤才，表达了对不被时代所重视的才智之士的同情。

注释：

① 沚：水中小洲。朝游北岸，夕宿湘沚，是以湘水女神自喻，应取意于屈原《九歌》。② 薄朱颜：不重视美貌的人，这里指不重视有才德的人。③ 发皓齿：指唱歌或说话，这里是指推荐、介绍。④ 俯仰：低头扬头之间，极言时间之短。⑤ 荣耀：花开绚艳的样子，这里指人的青春盛颜。⑥ 久恃：久留，久待。

解读：

南方有佳人如桃李，早晨她到江北岸游玩，夜晚她到潇湘小洲休憩。如此佳人，时世轻视，她又能为谁歌唱，向谁自荐？俯仰之间，时光流转，美好（未曾得到赏识）终将逝去。

辨阴阳·养正气：

在我国古典文学作品中，从屈原的辞赋开始，就形成了以美人香草比喻贤能之士的传统，这在此诗中也可得见一二。这首诗告诉我们，正如千里马常有而伯乐不常有，亦如高山流水觅知音，美好的人、事、物往往需要匹配以相当的价值挖掘、价值发挥机制，才能更好地施展其价值。

咏怀八十二首·其一

阮籍

夜中不能寐，起坐弹鸣琴。
薄帷鉴明月，清风吹我襟。
孤鸿号外野，翔鸟鸣北林。
徘徊将何见？忧思独伤心。

概说：

阮籍，字嗣宗，陈留尉氏人，魏晋时期"竹林七贤"之一；此诗抒发了他在动荡时代中的孤独和忧思。

注释：

①薄帷：薄薄的帐幔。②鉴：照。③孤鸿：失群的大雁。④翔鸟：飞翔盘旋着的鸟。⑤北林：《诗经·秦风·晨风》中有"鴥（yù）彼晨风，郁彼北林。未见君子，忧心钦钦。如何如何，忘我实多！"，后人往往用"北林"一词表示忧伤。

解读：

半夜难入眠，起身弹琴。明亮的月光透过薄薄的帐幔照进来，夜半清风吹拂我的衣襟。（本是安宁静谧之情境，）却又听闻失群大雁在野外哀号，飞翔盘旋着的鸟悲怆鸣叫，这便是表面风平浪静，汹涌暗涛从远处传来。此时徘徊会看到些什么呢？（即使对屋外的风云变化心知肚明，似乎也束手无措，）不过是独自伤心罢了。

辨阴阳·养正气：

阮籍生活在魏晋之际，原有雄心壮志，不想曹魏后期，司马氏和曹氏争夺政权，大肆屠杀异己，人心惶惶。阮籍为避政治险恶，佯狂不顾世事。他在一个夜晚有感而发，写下此诗。从这首诗可以看出，孤独个体在时代大势面前正如沧海之一粟，不如"天下有道则见，无道则隐"。

思吴江歌

张翰

秋风起兮木叶飞，吴江水兮鲈正肥。
三千里兮家未归，恨难禁兮仰天悲。

概说：

张翰，字季鹰，吴郡人，魏晋时期文学家；此诗借秋风起和鲈鱼肥的景象，表达了对故乡的深切思念。

注释：

①木叶：树叶。②鲈鱼：即桂花鱼，古名银鲈、玉花鲈。

解读：

秋风乍起，落叶飘飞，这个时节的故乡，该是吴江鲈鱼新鲜肥美，令人回味无穷。只恨我如今离家千里难回，舌尖惦记乡味，心里难耐乡愁，无可奈何，只得仰天悲叹！

辨阴阳·养正气：

我们所熟知的"秋风鲈脍""莼羹鲈脍"等成语，均出自作者张翰辞官归乡的典故。这首诗巧妙融入故乡的鲈鱼，思乡情切，近人心扉。作者从季节与当季吃食忆及家乡，正是一种时令性的生活习惯自然涌现，可见，人的生活方式、行为特征等，往往体现了故乡水土的深厚滋养。

读山海经十三首·其十

陶渊明

精卫衔微木，将以填沧海。
刑天舞干戚，猛志固常在。
同物既无虑，化去不复悔。
徒设在昔心，良辰讵可待。

概说：

陶渊明，字元亮，浔阳柴桑人，东晋时期著名诗人；此诗通过神话人物精卫和刑天的故事，表达了对不屈不挠精神的深思。

注释：

①刑天：神话人物，因和天帝争权，失败后被砍去了头，埋在常羊山，但他不甘屈服，以两乳为目，以肚脐当嘴，仍然挥舞着盾牌和板斧。(《山海经·海外西经》) ②干戚：干，盾牌（风神盾）；戚，古代兵器，像斧。③在昔心：过去的壮志雄心。④讵：岂。

解读：

精卫衔着小木块，要用它填平沧海。刑天挥舞着盾斧，勇猛的意志始终存在。与天地万物同，心中已无忧虑与余哀，他们的生命形态变化不复如初，却并无悔意。可空有过去的初心志向，美好时光又怎会待人呢?

辨阴阳·养正气：

相传此诗作于刘裕篡晋之后，蕴含陶渊明少壮时代之济世抱负，对刘裕篡晋之痛愤，及复仇雪恨之悲愿。这首诗在极具张力的对照中写不甘屈服的精神，饱含赞叹又不乏悲剧色彩：目的的达成纵然失败，但行为的付出已然是胜利本身；结果的失落固然令人扼腕，然了却初心便已精神圆满，并无可悔。

酌贪泉
吴隐之

古人云此水，一歃怀千金。
试使夷齐饮，终当不易心。

概说：

吴隐之，字处默，东晋濮阳鄄城人，为官以清廉著称；此诗表达了他清廉自守的决心。

注释：

① 歃（shà）：用嘴吸取。② 怀：思，想念。③ 千金：钱财多，形容人的贪婪。④ 夷齐：指伯夷、叔齐，两人以"义不食周粟，隐于首阳山"被公认为道德高尚的典范。

解读：

古人皆言此泉，一饮心生贪。如果让伯夷、叔齐饮，应终不改本心。

辨阴阳·养正气：

吴隐之在上任广州刺史途中，行至距离广州三十里地的石门，听闻此地有一眼清澈见底的泉水，唤作"贪泉"，即便是品性清廉之士，一旦饮用此水，亦会蜕变为贪婪无度之人。吴隐之小酌之中，抒发清廉决心。这首诗告诉我们："道德当身，故不以物惑"，真正坚守正道者，不会因外界利诱而偏移；饮泉而贪者，非泉之故，心性不定，人之贪也。

夜夜曲

沈约

河汉纵且横，北斗横复直。
星汉空如此，宁知心有忆？
孤灯暧不明，寒机晓犹织。
零泪向谁道，鸡鸣徒叹息。

概说：

沈约，字休文，吴兴武康人，南北朝时期文学家；此诗通过写夜晚的景象，描绘了一位妇人对远方亲人的思念和内心的寂寞。

注释：

①河汉：这里指银河。②暧：不明朗。③寒机：寒夜的织布机。

解读：

银河纵横穿流，星斗横竖交错。银河星斗只是无情变幻，（时间一晃而过）怎知我心中有所想念？（独守空房）孤灯半明，天寒地冻，晨晓织机（日复一日，不曾停歇）。重复的日子里，泪流不止，可又能向谁诉说呢？鸡鸣声起（又是新的一天），而我却只能发出一声声叹息。

辨阴阳·养正气：

佛说"物随心转，境由心造"，正如此诗所写，星汉灿烂如故，不见人间思妇悲。斗转星移，空房独守，日复一日，心结难解。可见，境与心纠缠愈甚，愈使人深陷于情绪之中，难以自拔。

入若耶溪

王籍

舸艎何泛泛，空水共悠悠。
阴霞生远岫，阳景逐回流。
蝉噪林逾静，鸟鸣山更幽。
此地动归念，长年悲倦游。

概说：

王籍，字文海，南北朝时期诗人；此诗描绘了若耶溪的景色，表达了作者对归隐生活的向往和对仕途的厌倦。

注释：

① 舸艎（yúhuáng）：古时一种木船。② 泛泛：船行无阻。③ 空：指天空。④ 阴霞：山北面的云霞。⑤ 远岫（xiù）：远处的峰峦。⑥ 阳景：指太阳在水中的影子；"景"是"影"的本字。⑦ 回流：船向上游行进时岸边倒流的水。⑧ 逾：同"愈"，更加。⑨ 归念：归隐的念头。⑩ 倦游：厌倦仕途。

解读：

船畅行在若耶溪中，溪水映天，一片辽阔悠远。山北面云雾缭绕之间生出远山影，船溯流而上，水中日影追逐身后的回流。蝉噪阵阵，林间愈显寂静；鸟鸣声声，山中更觉幽深。此地此景，更让我萌生归隐的念头，心底也滋生出长久以来仕途不顺、倦而未抽身的悲伤。

辨阴阳·养正气：

《入若耶溪》生动展示了大自然对于人的一种天然而神奇的吸引力。与其说人泛舟其上，不如说人入其境地，人与自然和合一体，本真如此。行走尘世，难免坎坷不顺，心灵疲惫，走进大自然不失为一种绝佳的放松身心的形式，所谓"久在樊笼里，复得返自然"，正是此理。

断句

刘昶

白云满鄣来，黄尘暗天起。
关山四面绝，故乡几千里。

概说：

刘昶，字休道，南北朝时期人，曾为宋将领；此诗表达了他在逃亡途中的悲愤和无奈。

注释：

①断句：近似于绝句，通常四句。②鄣（zhāng）：边塞险要的城堡。③绝：堵绝。

解读：

白云浩荡，没城而来，一片天昏地暗，黄尘飞扬扑面。关山四面团团将退路堵绝，故乡已然千里之外。（余念未安，然退路已绝，退无可退，只得向前……）

辨阴阳·养正气：

据《南史·刘昶传》载废帝派大军征讨刘昶："昶即起兵，统内诸郡并不受命，昶知事不捷，乃夜开门奔魏，弃母妻，唯携妾一人，作丈夫服，骑马自随。在道慷慨为断句曰'白云……'。因把姬手，南望恸哭，左右莫不哀哽，每节悲恸，遥拜其母。"这首诗将四顾无援、前途难测的逃亡状态表现得淋漓尽致，可见天命难违，人生难免天昏地暗之绝境，但谁知是否能遇柳暗花明？

三、唐诗

江南旅情

祖咏

楚山不可极，归路但萧条。
海色晴看雨，江声夜听潮。
剑留南斗近，书寄北风遥。
为报空潭橘，无媒寄洛桥。

概说：

祖咏，唐代诗人；此诗通过对楚山和海色的描绘，表达了诗人对故乡的深切思念。

注释：

①南斗：星名，南斗六星，即斗宿。古人有"南斗在吴"的说法。②洛桥：洛阳天津桥，此代指洛阳。

解读：

楚山不可穷极而始，归途难穷尽，其间萧条，不止在路，在于心境。其间度日几许，天气时变，潮水起伏，统统了然于心，（时间如此之久）我仍不知漂泊何时能回故里。书信难抵，又见潭橘美，（更应与亲友分享）却亦无以达。思念无处倾诉，美好无处分享，难免孤独落寞。

辨阴阳·养正气：

有"莼羹鲈脍"，亦有"江南潭橘"，吃食一类，"牵肠挂肚"。食味在家，亦在他乡。既是怀念故乡味道，亦是异乡美物的分享。"橘生淮南则为橘，生于淮北则为枳，叶徒相似，其实味不同。所以然者何？水土异也。"美味共享，正如水土共生，即使远行分离，亦有相聚同旅之感。

望蓟门

祖咏

燕台一望客心惊，笳鼓喧喧汉将营。

万里寒光生积雪，三边曙色动危旌。

沙场烽火连胡月，海畔云山拥蓟城。

少小虽非投笔吏，论功还欲请长缨。

概说：

唐代的范阳节度使以今北京西南的幽州为中心，统辖东北边境诸州，为东北边防重镇。公元714年，幽州都督薛讷将兵御契丹；公元734年，幽州节度使张守珪斩契丹王屈烈及可突干。这首诗的写作时间大约在这二十年之间，其时祖咏当系游宦范阳。

注释：

① 笳：汉代流行于塞北和西域的一种类似笛子的管乐器，此处代指号角。② 三边：古称幽、并、凉为"三边"，这里泛指当时东北、北方、西北边防地带。危旌：高扬的旗帜；一作"行旌"。③ 烽火：古代用于军事通信的设施，遇敌情时点燃狼粪，以传警报。④ 投笔吏：汉人班超家贫，常为官府抄书以谋生，曾投笔感叹"立功异域以取封侯，安能久事笔砚间"，后终以功封定远侯。⑤ 论功：指论功行封。

解读：

登上燕台远眺，心中不禁感叹，曾经喧嚣的地方原来是古代汉将的军营。漫天飘雪，寒光闪烁，边关的晨曦映照着飘扬的旗帜。战火连绵，掩盖了明月的光辉，南渤海北云山环抱着蓟门城。少年时虽未有投笔从军的豪情，但我愿请缨，追求功名，为国效力。

辨阴阳·养正气：

边关艰辛，边军守护，天寒地冻，热血豪情。此情此境，纵非投笔从戎之志者，仍能发出请缨报国的呐喊。可见，国家对个体的凝聚力往往回馈以个体对国家的向心力。《望蓟门》生动体现了这种家国一体的精神气概。

野望
王绩

东皋薄暮望，徙倚欲何依。
树树皆秋色，山山唯落晖。
牧人驱犊返，猎马带禽归。
相顾无相识，长歌怀采薇。

概说：

王绩，唐代诗人；此诗以秋日东皋为背景，表达了诗人对归隐生活的向往。

注释：

① 皋：水边地。② 薄：接近。③ 徙倚：徘徊，来回地走。④ 禽：鸟兽，这里指猎物。⑤ 采薇：采食野菜。据《史记·伯夷列传》，商末孤竹君之子伯夷、叔齐在商亡之后，"不食周粟，隐于首阳山，采薇而

食之",后遂以"采薇"比喻隐居不仕。

解读：

正是薄暮，东皋远眺，徘徊不知归处。秋日落霞铺天盖地，山树皆是秋色，由自然而来，向心境而去，无处逃逸。放牧的人驱赶牛群回家，猎人骑马带猎物遂愿而归。山间来去自由，悠然自得，唯独我无所依靠，被笼罩在辽远寂寥中，他人的光景如隔世。

辨阴阳·养正气：

此诗在隐居不仕的闲情逸致中，透露出四顾茫然、无所依靠的孤寂和愁闷。谁又不是那放牧打猎之人，谁又不是那东皋远眺之人呢？从红尘奔向寂寥，从寂寥回望俗世，不论是在仕途还是隐居，不过都是"看山是山，看山不是山，看山还是山"，只是物随心转罢了。所谓"本来无一物，何处染尘埃"，外求不得，内求为安。

禹庙

杜甫

禹庙空山里，秋风落日斜。
荒庭垂橘柚，古屋画龙蛇。
云气嘘青壁，江声走白沙。
早知乘四载，疏凿控三巴。

概说：

杜甫，字子美，唐代著名诗人；此诗通过对禹庙的描写，反映了诗人对治水英雄大禹的敬仰。

注释：

① 禹庙：指建在临江山崖上的大禹庙。② 橘柚：典出《尚书·禹

贡》，禹治洪水后，人民安居乐业，东南岛夷之民也将丰收的橘柚包好进贡。③ 龙蛇：指壁上所画的大禹驱赶龙蛇治水的故事。④ 青壁：空旷的墙壁。⑤ 四载：传说中大禹治水时用的四种交通工具，即水行乘舟，陆行乘车，山行乘樏（登山的用具），泥行乘橇（形如船而短小，两头微翘，人可踏其上而行于泥上）。⑥ 三巴：东汉末年刘璋分蜀地为巴东郡、巴郡、巴西郡。传说此地原为大泽，禹疏凿三峡，排尽大水，始成陆地。

解读：

大禹庙坐落于空寂山谷，秋风萧瑟，残阳斜照。荒凉庭院垂下橘柚，一如大禹治水后东南夷民"厥包橘柚"；古屋龙蛇图像尚存，一如禹"驱蛇龙而放之菹"。帝王历史与今日古庙交相辉映，空旷的石壁上云雾缭绕，江水沿白沙之道奔腾，波涛阵阵。（治水境况如在眼前，如在耳边……）然今不如昔。昔日大禹水行乘舟，陆行乘车，山行乘樏，泥行乘橇，疏凿三峡，排尽大水——此时此景，更是让人感慨万千！

辨阴阳·养正气：

现实如空山荒庙，盛世徒留壁上观。夫以铜为镜，可以正衣冠；以史为镜，可以知兴替；以人为镜，可以明得失。时代的命运总是见出以知入，观往以知来。兴盛的国家、民族和时代，往往更能与古时圣贤遥相共鸣，庙堂庄重，万人敬仰。故欲知一国、一族、一代之运，观其何以待圣贤便了然一二。

望秦川

李颀

秦川朝望迥，日出正东峰。

远近山河净，逶迤城阙重。

秋声万户竹，寒色五陵松。

客有归欤叹，凄其霜露浓。

概说：

李颀，唐代诗人；此诗描绘了秦川的壮丽景色，同时表达了诗人对归隐生活的向往。

注释：

① 秦川：泛指今秦岭以北平原地带。② 五陵：长安城外汉代的五个皇帝的陵墓。③ 归欤：归去。

解读：

远眺秦川平原，辽阔无边，太阳从东面峰峦中升起，昭示着新的开始。阳光所及，山河明洁清净，城阙重叠曲折，一片岁月静好。安宁中吹来一阵秋风，竹影翕动，沾染了凉意，寒色四起，笼罩五陵松柏。或许是仕途不顺，心中郁结，感叹着归隐和离别，或许眼前秋意还未那样浓重，心中伤悲之情却让霜露更浓罢。

辨阴阳·养正气：

李颀虽出身于唐朝士族赵郡李氏，但中进士仅任新乡县尉之类的小官，经五次考绩，未得迁调。晚年辞官归隐故乡。这首《望秦川》是他晚年官场失意、离别长安途中写的诗，在对安宁城阙的欣赏与不舍中，夹杂着因不得志而离去的惆怅。人生的转折大多如此，大喜大悲反较稀缺，五味杂陈更道平常。

幽州夜饮

张说

凉风吹夜雨，萧瑟动寒林。

正有高堂宴，能忘迟暮心。

军中宜剑舞，塞上重笳音。

不作边城将，谁知恩遇深！

概说：

张说，字道济，唐代政治家、文学家；此诗通过写边城夜宴的场景，在豪壮中寓悲凉，展现出诗人难以平息的思绪。

注释：

① 高堂宴：在高大的厅堂举办的宴会。② 迟暮心：因衰老而生的凄凉暗淡的心情。③ 笳：即胡笳，中国古代北方民族吹奏的一种乐器。④ 城将：作者自指。时张说任幽州都督。

解读：

凉风劲吹，夜雨绵绵，冷意入骨，林木震颤。军宴在即，热闹与豪迈从荒凉中凸显出来，而与边塞光景牵连的迟暮之心相违和。气势潇洒的剑舞惊心动魄，令人热血沸腾，转而胡笳之音幽然，宴外的现实由声入心。恍然间，席间坐着的这位暮年边城将，心中的火苗愈来愈小。几经辗转，只得这等凄苦浓愁，无以怨愤，便只能感念"恩遇"深重了！

辨阴阳·养正气：

"惟草木之零落兮，恐美人之迟暮。"边塞苦寒，苦中作乐，却悲从中来。人生辗转几番，年轻不再，纵使豪情依旧，难敌衰颓之感；朝廷疏远，心中怨愤，纵有千言万语，只道"恩遇"深。可见，这种流落边远、有苦难言甚而苦中作乐的忧闷，是古今皆有的人生常情，只是人各有苦乐，各有心境和姿态罢了。

送友人

李白

青山横北郭,白水绕东城。
此地一为别,孤蓬万里征。
浮云游子意,落日故人情。
挥手自兹去,萧萧班马鸣。

概说:

李白,字太白,唐代著名诗人;此诗以送别为主题,表达了诗人对友人的深情厚谊。

注释:

① 郭:古代在城外修筑的一种外墙。② 白水:清澈的水。③ 一:助词,加强语气。④ 蓬:古书上说的一种植物,干枯后根株断开,遇风飞旋,也称"飞蓬"。诗人用"孤蓬"喻指远行的朋友。⑤ 浮云游子意:曹丕《杂诗》有"西北有浮云,亭亭如车盖。惜哉时不遇,适与飘风会。吹我东南行,行行至吴会",后世用为典实,以浮云飘飞不定喻游子四方漂游。⑥ 兹:此。⑦ 萧萧:马的呻吟嘶叫声。⑧ 班:分别;离别。

解读:

青山横卧城北,清水环绕东城。我们在此作别,远行的朋友将行万里。远天浮云飘飞不定,正如游子漂游心绪,落日晚霞,映照难舍难分的友人情意。挥一挥手,朋友驾马离去,耳边只余下渐行渐远的马匹嘶鸣。

辨阴阳·养正气:

离别是人生的重要课题,与重要的人作别,则愈发依依不舍,想要挽留而不得不放手。离别当日的天气、景致和人物构成了一幅典型的画面，让人常常回忆，时时挂念。这首诗所传达的意境正如我们亲身经历的数次离别——我们驻足、远望，直到他们在视野中消失，而离去的声音仿佛还在耳边回响。

清平调·其一
李白

云想衣裳花想容，春风拂槛露华浓。
若非群玉山头见，会向瑶台月下逢。

概说：

此诗以清平调为曲调，描绘了诗人对美人的赞美。

注释：

① 清平调：一种歌的曲调，平调、清调、瑟调皆周"房中曲"之遗声。② 群玉：山名，传说中西王母所住之地。

解读：

仰望天边柔美变幻之云，就想起她的衣裳裙角，仿佛从天边倾泻而下；欣赏娇艳盛丽之花，就想起她的绝世容颜，让人着迷。沉醉之中，春风吹拂栏杆，牡丹摇曳，露珠晶莹，花色更浓，人心更醉，她的美浓郁至此，让人呼吸迟滞。如此天姿国色，若不是群玉山头的飘然仙子，便是瑶台月下的神女。

辨阴阳·养正气：

集万物之美于一身，又于万物之中见其美。美人之美，浑然天成，自然而然。这首诗向我们展示了美的万千样态，可见美并非单一片面，而是立体多面，令人赏心悦目。

关山月

李白

明月出天山，苍茫云海间。

长风几万里，吹度玉门关。

汉下白登道，胡窥青海湾。

由来征战地，不见有人还。

戍客望边邑，思归多苦颜。

高楼当此夜，叹息未应闲。

概说：

此诗以关山月为题，表达了诗人对边塞将士的同情。

注释：

① 白登：今山西大同东有白登山。② 胡：此指吐蕃。③ 窥：有所企图，窥伺，侵扰。④ 由来：历来。⑤ 高楼：古诗中多以高楼指闺阁，这里指戍边兵士妻子所住。

解读：

明月于天山之间腾空而出，穿行在苍茫云海之间。浩荡长风呼啸万里，穿过将士戍守的边关要塞。遥想当年，汉兵征伐匈奴，直指白登山道，又有吐蕃觊觎大唐青海大片河山，这些地方自古以来皆是征战之地，出征难免死战，有去有回者少之又少。戍守的将士们遥望边城，思归之情郁结于心，面容愁苦；他们家中的妻子，在无数个与此同时的夜晚，亦应叹息不止吧。

辨阴阳·养正气：

"乃知兵者是凶器，圣人不得已而用之"，然代价是真，痛苦是真。这首诗重要的旨意在于，我们不仅要关注使命、担当和荣光，还需要关注其背后更加隐秘、微茫和难以言说的人情牵绊。

夜宿山寺

李白

危楼高百尺,手可摘星辰。
不敢高声语,恐惊天上人。

概说:
此诗描绘了诗人夜宿山寺的宁静景象。

注释:
① 危楼:高楼,这里指山顶的寺庙。

解读:
山寺庙高,似有百尺,接天云霄,仿佛只手可摘天上星辰。(这样高峻庄严的山寺,拔地而起,似有仙气萦绕。)人们不敢高声言语,唯恐惊动了天上的神明仙人。

辨阴阳·养正气:
这首诗精练地写出了山寺之高、其气势威严。诗人发挥稍显童稚、略带天真的想象力,欲取天上星辰,又恐惊扰天上神明仙人,让人感到身临其境。在日常生活中,我们也可以调动自身的想象力,将自身与自然、宇宙连接,或许可以发现更多奇妙、有趣的东西,让生活更加精彩纷呈。

行路难·其一

李白

金樽清酒斗十千,玉盘珍羞直万钱。
停杯投箸不能食,拔剑四顾心茫然。
欲渡黄河冰塞川,将登太行雪满山。

闲来垂钓碧溪上，忽复乘舟梦日边。

行路难，行路难，多歧路，今安在？

长风破浪会有时，直挂云帆济沧海。

概说：

此诗表达了诗人面对人生困境的无奈和对未来的希望。

注释：

① 金樽（zūn）：古代盛酒的器具，以金为饰。清酒：清醇的美酒。斗十千：一斗值十千钱（即万钱），形容酒美价高。② 玉盘：精美的食具。珍羞：珍贵的菜肴；羞同"馐"，美味的食物。直通"值"，价值。③ 投箸：丢下筷子。不能食：咽不下。茫然：无所适从。④ 忽复：忽然又。⑤ 多歧路，今安在：岔道这么多，如今身在何处？歧：一作"岐"；岔路。安：哪里。⑥ 长风破浪：比喻实现政治理想。⑦ 云帆：高高的船帆；船在海里航行，因天水相连，船帆好像出没在云雾之中。济：渡。

解读：

金杯中盛着珍贵的美酒，一斗就值上万金；玉盘上摆着精致的佳肴，售价更是昂贵。心情沉重，停止了举杯动筷，食欲全无；环顾四周，握剑心生迷茫。想要穿越黄河，冰雪却封锁了这条大河；欲登上太行山，却见风雪凛冽，已将山路封闭。如同吕尚静静垂钓在小溪边，等待着东山再起；又如伊尹做梦时乘船穿越日边。人生之路多艰辛，多艰辛；眼前分岔路众多，我该何去何从？但我相信总有一天能乘风破浪，克服重重困难，扬起云帆，在浩瀚的海洋中勇往直前！

辨阴阳·养正气：

这首诗让我们思考这样一种人生境地：物质上的富足与否已经无关

紧要，精神上的追求也屡屡受挫。或迎难而上，或曲径通幽，或退一步海阔天空，种种可能性交织在一起，让人辨别不清。那又如何？我们所要坚信的，正是我们于绝境中破局的必然！

春夜喜雨

杜甫

好雨知时节，当春乃发生。
随风潜入夜，润物细无声。
野径云俱黑，江船火独明。
晓看红湿处，花重锦官城。

概说：

此诗以春夜细雨为主题，表达了诗人对春雨的喜爱。

注释：

① 红湿处：雨水湿润的花丛。② 花重：花沾上雨水而变得沉重。③ 锦官城：成都的别称。

解读：

这雨下得好生及时，正赶上时令节气，春天一到，它就来了。趁着春风悄然入夜，滋润万物。郊野小径，此时天色还未放明，云层聚暗，江上船只灯火独明。等到晨晓来临，天色逐渐敞亮，从那雨露润泽的花丛，放眼便是雨后繁花、浓郁娇艳的锦官城。

辨阴阳·养正气：

相传此诗写作时，杜甫已于浣花草堂定居两年，在亲朋相助、自己苦心经营之下，生活趋于安定。日夜辛勤之中，感悟天地，亲近自然，对一场春雨有了更多的情志。这首诗告诉我们：不是不到，时候未到；

缘来缘去终有时，如约如时恰如分；做好了静待花开的准备，只等一场春雨滋润万物生。

蜀相

杜甫

丞相祠堂何处寻？锦官城外柏森森。
映阶碧草自春色，隔叶黄鹂空好音。
三顾频烦天下计，两朝开济老臣心。
出师未捷身先死，长使英雄泪满襟。

概说：
此诗表达了诗人对诸葛亮的敬仰和对历史的感慨。

注释：
① 蜀相：三国蜀汉丞相，指诸葛亮（孔明）。诗题下有注：诸葛亮祠在昭烈庙西。② 森森：茂盛繁密。

解读：
哪里可以找到武侯诸葛亮的祠堂？正是掩隐在锦官城外一片繁茂的柏树之中。石阶碧草，相得益彰，春色盎然，叶间黄鹂，婉转歌喉，灵动美妙，可我此次前来，不为赏春，无心欣赏，心绪沉浸在对历史的追忆之中。遥想当年，刘备三顾茅庐，向诸葛亮求教天下大计，诸葛亮留取忠心，做了刘备、刘禅两代老臣。只可惜出兵魏国，尚未取胜，便身死五丈原军中，如此忠良智谋双全，流芳百世，让后代英雄感慨落泪！

辨阴阳·养正气：
春意盎然，历史翻新，过往英雄人物的精神品格流芳百世，愈显生机。诸葛亮在南阳隐居时，刘备登门拜访以求天下统一之策；诸葛亮帮助刘备开创基业，辅佐刘禅渡过艰危，后伐魏出山，病死军中，殚精竭虑，死而后已，让后世扼腕叹息，敬仰之情油然而生。可见，真正崇高的精神已然跨越时空，具有了恒久的价值。

旅夜书怀
杜甫

细草微风岸，危樯独夜舟。
星垂平野阔，月涌大江流。
名岂文章著，官应老病休。
飘飘何所似，天地一沙鸥。

概说：
此诗通过写夜晚江上的情景表达了诗人的孤独和迷茫。

注释：
① 危樯（qiáng）：高竖的桅杆。危，高；樯，船上挂风帆的桅杆。

解读：
微风吹拂，江边细草摇曳，高高的桅杆之下，是夜里孤零的小船。江岸开阔，一望无际，远星如若垂入旷野，月光在江流中翻涌向前。（恍惚间，我仿佛游荡在时间长河，身前身后皆让我迷茫，）我难道此生堪堪以文章成就功名了？如今的自己年老多病，（也不必有所期盼，）倒是应该辞官身退……我坐着孤零的船在辽远的天地之间晃荡，飘飘然不知道自己究竟像什么，也许正如天地间一只沙鸥，无所依靠，不知何去何从。

辨阴阳·养正气：

人是宇宙的投影，连通天地万物，表现为人与万物玄妙的共感和共鸣。这首诗的情绪从岸边细草、危樯夜舟的轻微牵动开始，埋藏在心里的思虑由此扯出外泄的缝隙，在广袤无垠的天地间坦白开来，无法收敛，飘忽不定。需要关注的是，这种难以掌控、无法把握人生的状态，仍然如"天地一沙鸥"自然而然地存在，功名、荣辱、苦乐，亦是如此。

闻官军收河南河北

杜甫

剑外忽传收蓟北，初闻涕泪满衣裳。
却看妻子愁何在，漫卷诗书喜欲狂。
白日放歌须纵酒，青春作伴好还乡。
即从巴峡穿巫峡，便下襄阳向洛阳。

概说：

此诗表达了诗人对官军收复失地的喜悦。

注释：

① 闻：听说。官军：指唐朝军队。② 涕（tì）：眼泪。③ 却看：回头看。妻子：妻子和孩子。④ 漫卷（juǎn）：胡乱地卷起。⑤ 纵酒：开怀痛饮。⑥ 青春：指明丽的春天的景色。⑦ 即：即刻。⑧ 便：就。

解读：

剑外忽然传来了收复蓟北的消息，初闻此喜讯，泪水湿透了衣衫。回头看家中的妻儿，他们的忧愁瞬间消散，随意地整理起书卷，心中充满喜悦。阳光明媚，高歌一曲，畅饮美酒，春光明媚，伴我归乡。匆匆启程，穿过巴峡，穿过巫峡，经过襄阳，直奔洛阳。

辨阴阳·养正气：

这首诗被誉为杜甫"生平第一快诗"，洋溢着痛快淋漓、似脱口而出的喜悦和激动情绪。官府收复失地，存在心中已久的郁结顷刻消散，喜极、作泣、发狂、昂扬；归乡心切，迫不及待，恨不得即刻动身。这首诗的独到之处在于，展现了一种快节奏、爆发而持续高昂的真实情绪状态，极具感染力。可见，直白的情绪表达在沟通和传播中具有强大魅力，这在人际交往、商业、文化等领域都有显著表现。

山中

王维

荆溪白石出，天寒红叶稀。

山路元无雨，空翠湿人衣。

概说：

王维，字摩诘，唐代著名诗人、画家；此诗描绘了山中景色，表达了诗人对自然的热爱。

注释：

①元：原，本来。②空翠：指绿色的草木。

解读：

荆溪潺潺，从粼粼白石中流过；天气寒凛，秋后红叶凋落稀疏。山间小路原来无雨，草木翠绿，空气清新，仿若带着露气和水雾，湿润游人的衣衫。

辨阴阳·养正气：

世界上不缺少美，而是缺少发现美的眼睛。清溪、白石、红叶、山路、翠木，应是自然中的寻常之物，俯拾即是，"如逢花开，如瞻岁新"，用心发现，总有新意。

杂诗三首·其二

王维

君自故乡来，应知故乡事。
来日绮窗前，寒梅著花未？

概说：
此诗通过询问故乡寒梅的情景，表达了诗人对故乡的思念。

注释：
① 著（zhuó）花：开花。

解读：
您从我故乡来，一定知晓我故乡的事情吧！您来的时候，我家绮窗前那枝寒梅，有没有开花呢……

辨阴阳·养正气：
此诗写作时正是安史之乱之后，诗人在孟津隐居。在隐忍和压抑中，与故乡之人相逢，精神压力仿若找到了出口，对故乡人和事的牵挂脱口而出。在复杂的情愫中，不知从何处说起，脑海中浮现出那枝窗前寒梅，过往的故事萦绕在此。总有一些看似平平无奇、为我们熟视无睹的意象隐匿于我们的生活，它们亦是现实与记忆之间的千丝万缕，牵引着我们不断抽离，又不断深陷其中。

观猎

王维

风劲角弓鸣,将军猎渭城。
草枯鹰眼疾,雪尽马蹄轻。
忽过新丰市,还归细柳营。
回看射雕处,千里暮云平。

概说:

此诗描绘了将军狩猎的场景,展现了将军的英勇。

注释:

① 角弓:用兽角装饰的硬弓,使用动物的角、筋等材料制作的传统复合弓。② 细柳营:在今陕西省,是汉代名将周亚夫屯军之地;此指打猎将军所居军营。③ 射雕:北齐斛律光精通武艺,曾射中一雕,人称"射雕都督";此引用其事以赞美将军。

解读:

劲风呼啸,与角弓震颤共鸣,正是将军在渭城郊外狩猎。草木枯萎,猎鹰之眼更加敏锐;冰雪融化,马蹄奔跑更加轻快。转眼之间,已经经过新丰,之后又骑马回到军营。回看方才将军英勇狩猎、纵横驰骋之处,一望无际,晚云绵延千里,与地接平。

辨阴阳·养正气:

言已尽而意无穷是诗歌的重要特色,在一些语境中起到了"留白"的效果,给人余韵悠长的感觉和丰富的想象空间。这首诗所体现的狩猎之后回望的"留白",让人感受一种精神专注、行动迅速之后的放松和释然。在现代生活中,工作、学习之余,将身心投入自然,进行适当的运动,亦会产生类似的头脑清明、精神开阔的感受,不失为一种调节身心和保持健康的重要方法。

竹里馆

王维

独坐幽篁里,弹琴复长啸。

深林人不知,明月来相照。

概说:

此诗描绘了诗人在竹林中弹琴高歌的情景。

注释:

① 幽篁(huáng):幽深的竹林。② 啸:撮口发出长而清脆的声音,类似吹口哨。

解读:

独自坐在幽深的竹林中,一边弹琴,一边引吭高歌与琴声相伴。幽深竹林,人声寂寂,似乎无人知晓我的存在,唯有一轮明月映照我身,与我相伴。

辨阴阳·养正气:

幽静的环境、独处的状态、自在的表达、自然的伙伴,最终融合为有机的整体,仿若浑然天成。在这种情境下,身心处在和谐的状态,与现代生活中诸如冥想、静坐等方式异曲同工。生活中的种种情绪、压力在所难免,寻找到一种自己喜欢、习惯的放松和疏解途径非常重要。中国传统文化中已然包含了许多有价值的参考,这首《竹里馆》也可作为这方面的生动案例。

赠别二首·其一

杜牧

娉娉袅袅十三余,豆蔻梢头二月初。

春风十里扬州路,卷上珠帘总不如。

概说：

杜牧，字牧之，唐代诗人；此诗以赠别为主题，表达了诗人对扬州歌妓的留恋。

注释：

① 娉娉袅袅：形容女子体态轻盈美好。② 豆蔻：据《本草纲目》载，豆蔻花生于叶间，南人取其未大开者，谓之含胎花，常以其代指少女。

解读：

十三四岁的少女轻盈窈窕，正如二月初挂在梢头的豆蔻花，生机勃勃，可爱灵动。十里扬州路春风怡然，就算尽卷珠帘，各色佳人露出俏丽面容，都不如她的美好。

辨阴阳·养正气：

此诗是诗人由淮南节度使掌书记升任监察御史，离扬州奔赴长安，为与结识的歌妓分别所作。倾盖如故，美好的相逢总让人难以忘怀，每一次似曾相识的回眸，都在凸显那一次萍水相逢的弥足珍贵。

遣怀

杜牧

落魄江湖载酒行，楚腰纤细掌中轻。
十年一觉扬州梦，赢得青楼薄幸名。

概说：

此诗通过回忆扬州生活，表达了诗人对往昔岁月的怀念。

注释：

① 楚腰：指细腰美女。《韩非子·二柄》："楚灵王好细腰，而国中多饿人。"② 掌中轻：汉成帝皇后赵飞燕"体轻，能为掌上舞"（《飞燕外

传》）。③ 薄幸：薄情。

解读：

人生落魄，游荡江湖，与酒为伴，且伴且行。细腰美人，掌中轻盈，且沉湎且哀。光阴过隙，烟火扬州，大梦一场，不提芳名，青楼坊间，如今独留薄情之人。

辨阴阳·养正气：

不堪回首，恍惚如梦，然"繁华梦醒，忏悔艳游"。面上欢愉，心中愁苦，无人知晓，故作潇洒状。我们有时也难免钻进人生的迷雾，浑浑噩噩，不知方向，曾几何时，清醒时刻，悔不当初。可见，一言一行中的决策总是难得完美，欢愉与悔恨交杂，艰苦与释然融合，方为人生本貌。

离思五首·其四

元稹

曾经沧海难为水，除却巫山不是云。

取次花丛懒回顾，半缘修道半缘君。

概说：

元稹，字微之，唐代诗人；此诗表达了诗人对曾经恋人的深切思念。

注释：

① 经：经临，经过。② 难为：这里指"不足为观""不值得一观"。③ 取次：草草，仓促，随意。④ 花丛：借喻美貌女子众多的地方。⑤ 半缘：此指"一半是因为……"。⑥ 修道：指修炼道家之术。⑦ 君：此指曾经心仪的恋人。

解读：

曾经历沧海浩荡，如今所见之水便称不上水；震撼于巫山云雨的绝妙，别处的云便也算不上云。万花丛中，俏丽佳人，我一笑而过，不曾回首，其中一半是因为修道之人的清心持守，另一半则是因为你。

辨阴阳·养正气：

韦丛 20 岁时下嫁元稹，其时元稹尚无功名，婚后韦丛颇受贫困之苦，而她无半分怨言，元稹与她两情甚笃，然婚后七年韦丛病逝。元稹的《离思五首》都是为了追悼亡妻韦丛而作。人生漫漫，那些留下深刻痕迹的人、事、物构成了生命的重要部分。"死亡不是生命的终点，遗忘才是。"当这些人、事、物随风散去，我们的惦念便挽留了那些美好的曾经。

41. 行宫

元稹

寥落古行宫，宫花寂寞红。
白头宫女在，闲坐说玄宗。

概说：

此诗描绘了行宫的荒凉，反映了历史的变迁。

注释：

① 行宫：皇帝在京城之外的宫殿，这里指当时东都洛阳的皇帝行宫上阳宫。

解读：

古行宫往昔富丽，如今凋败冷清，只余行宫花朵，寂寞独红，无人流连。那些被发配于此的幸存宫女已是头发花白，百无聊赖，闲坐谈论玄宗往事。

辨阴阳·养正气：

元稹生活在中唐年代，正值唐朝经历过安史之乱不久，国力的各个方面都在走下坡路之时。由此诗可见，历史翻页，盛衰之间，余下的沧海一粟，落入寻常口中、茶余饭后。所谓一荣俱荣，一损俱损，攀附之位，难免仰仗权势中心；权势更迭，便大厦将倾。

白雪歌送武判官归京

岑参

北风卷地白草折，胡天八月即飞雪。
忽如一夜春风来，千树万树梨花开。
散入珠帘湿罗幕，狐裘不暖锦衾薄。
将军角弓不得控，都护铁衣冷难着。
瀚海阑干百丈冰，愁云惨淡万里凝。
中军置酒饮归客，胡琴琵琶与羌笛。
纷纷暮雪下辕门，风掣红旗冻不翻。
轮台东门送君去，去时雪满天山路。
山回路转不见君，雪上空留马行处。

概说：

岑参，唐代边塞诗人；此诗通过描绘边塞风雪，表达了诗人对友人离别的不舍。

注释：

① 锦衾（qīn）：锦缎做的被子。② 控：拉开。③ 瀚海：沙漠。④ 阑干：纵横交错的样子。⑤ 掣：拉，扯。

解读：

北风席卷，旷野的白草在风中折腰，塞北天空冷气早早袭来，仅仅八月便大雪飞扬。大雪覆盖万物，恍惚间仿佛一夜之间春风吹拂，千万棵梨树繁花盛放。漫天雪花飘进珠帘，沾湿罗幕，室内湿冷，就算是狐裘也不保暖，盖上锦被也嫌单薄。冷天拉弓难，铠甲亦难穿。浩瀚沙漠纵横交错绵延悠长的冰，惨淡愁云，如冻住一般凝结万里。主帅军帐中摆酒饯行，胡琴琵琶与羌笛皆来合奏助兴。傍晚时分的辕门，大雪飘飞不止，雪中的红旗被冻结，劲风也难以吹动。轮台东门，送君归京，你离开时，雪满天山路。山路曲折回转，你的身影消失在白茫茫的山路拐角，我只看见雪地上留下马蹄印迹，延伸到消失的远方。

辨阴阳·养正气：

好友将别，天寒地冻，却好似有花相送。酒宴饯别欢愉，心中五味杂陈，身体冰冷难耐，难言其中滋味。临走之际，天气更劣，时间仿佛静止，风雪似在挽留，直到友人离去，徒留踪迹。无论是踪迹、回响、余韵，都有"浅深聚散，万取一收"的意境。我们常说"千言万语，皆在酒中"，亦是如此。在中国文化语境中，"终不许一语道破"氤氲在生活各处，给人丰富的想象空间和余韵悠长、思绪飘远的感觉，是语言、交往等的表达形式，承载着独特的含蓄之美。

碛中作

岑参

走马西来欲到天，辞家见月两回圆。

今夜不知何处宿，平沙万里绝人烟。

概说：

此诗以碛中景色为背景，表达了诗人对家乡的思念。

注释：

① 碛（qì）：沙石地，沙漠；这里指银山碛，又名银山，在今新疆库木什附近。② 走马：骑马。③ 见月两回圆：表示两个月。④ 平沙：平坦广阔的沙漠。

解读：

骑马向西边来，几乎穷极天边，自我告辞家中已有两月，天边明月圆了两回。今夜不知宿在何处，放眼望去，一望无际，平坦开阔，似乎方圆万里无人居住的踪迹。

辨阴阳·养正气：

离家甚远、很久，不同人的心境相异。有的思乡心切，有的睹物怀念，亦有此诗这般，半是牵绊，半是随性，在边塞随止随歇的生活中显出从军的豪情，又在夜晚寻找落脚处回想家的温暖。一面回首，一面向前，无疑是生活常态。现代生活中的孤勇之辈，别忘记还有一盏家的暖灯在身后照耀。

芙蓉楼送辛渐

王昌龄

寒雨连江夜入吴，平明送客楚山孤。
洛阳亲友如相问，一片冰心在玉壶。

概说：

王昌龄，唐代诗人；此诗以芙蓉楼为背景，表达了诗人对友人离别的不舍。

注释：

① 芙蓉楼：原名西北楼，登临可以俯瞰长江，遥望江北，在润州（今江苏镇江）西北。辛渐：王昌龄的朋友。② 寒雨：秋冬时节的冷雨。连江：雨水与江面连成一片，形容雨很大。吴：古代国名，这里泛指江苏南部、浙江北部一带。③ 平明：清晨，天亮的时候。客：指作者的好友辛渐。楚山：楚地的山。④ 洛阳：今属河南，位于河南西部、黄河南岸。⑤ 冰心：比喻纯洁赤诚之心。玉壶：指自然无为之心。

解读：

在深夜，冷雨轻洒在吴地，清晨，我送走了友人，独自一人面对着楚山。如果洛阳的亲朋好友问起我，就告诉他们，我的心依旧那般晶莹剔透。

辨阴阳·养正气：

写此诗时，王昌龄因不拘小节，遭到一般平庸人物的议论，几次受到贬谪。知道洛阳亲友惦念，故托辛渐传话。"君子坦荡荡，小人长戚戚"，不作辩词，亦不回避，留下一句"冰心"，胜过相思和慰藉的万语千言。在现实社会中，与人交往，难免有纠纷和冲突。所谓"清者自清"，外求难成，内修亦可，坚持操守，保住冰清玉洁的秉性，或许就会迎来好的转变。

锦瑟

李商隐

锦瑟无端五十弦，一弦一柱思华年。

庄生晓梦迷蝴蝶，望帝春心托杜鹃。

沧海月明珠有泪，蓝田日暖玉生烟。

此情可待成追忆？只是当时已惘然。

概说：

李商隐，字义山，唐代诗人；此诗通过对锦瑟的描绘，表达了诗人对往事的追忆。

注释：

①锦瑟：装饰华美的瑟。瑟，拨弦乐器，通常有二十五弦。②无端：无缘无故，生来就如此。③柱：乐器上用以架弦的小木柱，也叫"码子"。④庄子《齐物论》："庄周梦为蝴蝶，栩栩然蝴蝶也；自喻适志与！不知周也。俄然觉，则蘧蘧然周也。不知周之梦为蝴蝶与，蝴蝶之梦为周与。"李商隐此引庄周梦蝶故事，以言人生如梦，往事如烟之意。⑤《华阳国志·蜀志》："杜宇称帝，号曰望帝……其相开明，决玉垒山以除水害，帝遂委以政事，法尧舜禅授之义，遂禅位于开明。帝升西山隐焉。时适二月，子鹃鸟鸣，故蜀人悲子鹃鸟鸣也。"子鹃即杜鹃，又名子规。⑥可待：岂待，哪里等到。⑦只是：犹"仅是"，有"就是""正是"之意。

解读：

华丽的古琴为何有五十根琴弦，每一根琴弦都勾起我对年轻时光的美好回忆。庄子梦中起舞，化身为飘逸的蝴蝶，仿佛在梦境中自由飞舞，望帝的春心寄于杜鹃哀鸣。明月沧海鲛人流下了滴滴眼泪，蓝田日暖玉石才能够化作青烟。为何此刻才回忆起这一切美景？因为当时心中只有茫然无措。

辨阴阳·养正气：

《锦瑟》一诗的创作意旨历来众说纷纭，莫衷一是。其中相通，为"思华年"，亦为"此情可待成追忆，只是当时已惘然"。过往沉浮，似在梦中，又似现实，记忆模糊，人心恍惚。如此神奇而朦胧，又是如此寂寥和深远，难以捉摸，无法言说。那些我们记忆中隐秘的角落，难免也会有这些说不清道不明、只可意会不可言传的碎片,当局者迷的我们更加迷惘、伤感。不妨就把它们交给时间,留存在虚无缥缈的记忆中吧。

望月怀远
张九龄

海上生明月,天涯共此时。
情人怨遥夜,竟夕起相思。
灭烛怜光满,披衣觉露滋。
不堪盈手赠,还寝梦佳期。

概说:

张九龄,字子寿,唐代诗人;此诗通过写望月的情景,表达了诗人对远方亲人的思念。

注释:

① 怀远:怀念远方的亲人。② 情人:多情的人,指作者自己;一说指亲人。遥夜:长夜。怨遥夜:因离别而幽怨失眠,以至抱怨夜长。③ 竟夕:终夜,通宵,即一整夜。④ 怜:爱。滋:湿润。怜光满:爱惜满屋的月光。⑤ 盈手:双手捧满之意。

解读:

海面上升起皎洁明月,你我虽相隔千里,却共赏月光。有情人在漫漫长夜中相思,整夜难眠,心中充满苦涩思念。熄灭蜡烛,月光洒满屋,令人陶醉;披衣起身,露水沾湿衣衫。无法将美丽的银光捧给你,不如快入梦境,与你相聚欢愉。

辨阴阳·养正气:

虽相隔千里,却同在天地之间,寄情于明月星辰,权当把往昔团聚与今朝分别之人相连,"千里共婵娟"。纵然月下未见,梦里总能相遇。我们常常会把无处安放的思绪托付身外,让美好、丰富的感情与万物融为一体,这种文化基因让我们不仅能共鸣,更能设身处地地感悟。

黄鹤楼

崔颢

昔人已乘黄鹤去,此地空余黄鹤楼。
黄鹤一去不复返,白云千载空悠悠。
晴川历历汉阳树,芳草萋萋鹦鹉洲。
日暮乡关何处是?烟波江上使人愁。

概说:

崔颢,唐代诗人;此诗以黄鹤楼为背景,表达了对仙人已去的感慨。

注释:

① 昔人:传说古代有一位名叫费祎的仙人,在此乘鹤登仙。② 悠悠:飘荡的样子。③ 晴川:阳光照耀下的晴明江面。历历:清楚可数。④ 萋萋:形容草木茂盛。⑤ 乡关:故乡家园。⑥ 烟波:暮霭沉沉的江面。

解读:

昔日的仙人已乘黄鹤飞去,留下空荡的黄鹤楼。黄鹤一去无踪影,千年来只有白云飘飘。阳光下汉阳的树木清晰可见,芳草茂盛的鹦鹉洲也一目了然。黄昏时分,不知何处是故乡,江面烟波渺渺,让人心生愁绪。

辨阴阳·养正气:

世事变幻,沧海桑田。本以为天老地荒,却终究人去楼空。莽莽红尘，美好种种，不好种种，终随风飘散，虽有执念，却无处安放。似乎唯一不变的，还是人的故乡，是缠缠绵绵的乡愁。这首诗可以用于描绘时代变迁下个体迷茫的心理迷失，在发展洪流中追问"飘飘何所似"，又在寻找归宿时牵动了掩埋深处的乡愁。

凉州词二首·其一

王之涣

黄河远上白云间，一片孤城万仞山。

羌笛何须怨杨柳，春风不度玉门关。

概说：

王之涣，唐代诗人；此诗以凉州为背景，表达了诗人对边塞生活的感慨。

注释：

① 远上：远远向西望去。② 孤城：指孤零零的戍边的城堡。③ 羌笛：属横吹式管乐。④ 何须：何必。⑤ 度：吹到过。

解读：

纵目望去，黄河渐行渐远，好像奔流在缭绕的白云中间，就在黄河上游的万仞高山之中，一座孤城玉门关耸峙在那里，显得孤峭冷寂。何必用羌笛吹起那哀怨的杨柳曲去埋怨春光迟迟不来呢，原来玉门关一带春风是吹不到的啊！

辨阴阳·养正气：

这是一首边塞诗，以凝练的笔触勾勒出西北边陲的壮阔景象，同时也表达了诗人对边塞将士的深切同情。生活中有些遗憾和困境是无须过分感伤的，正如诗中所说"何须怨"。就像边塞将士面对无法归乡的困境，与其在悲伤中沉沦，不如坦然接受现实。诗中"春风不度玉门关"，看似无奈的叹息，实则暗示我们要学会直面人生的阻隔与局限。每个人都会遇到自己的"玉门关"，但过分的伤怀并不能改变现状，倒不如以豁达的心态去面对。这种在壮阔风景中看淡个人得失，在宏大格局中安顿身心的处世智慧，正是这首诗带给我们的深刻启示。

四、宋词

鹧鸪天·彩袖殷勤捧玉钟

晏几道

彩袖殷勤捧玉钟，当年拚却醉颜红。舞低杨柳楼心月，歌尽桃花扇底风。

从别后，忆相逢，几回魂梦与君同。今宵剩把银釭照，犹恐相逢是梦中。

概说：

晏几道，宋代词人；此词通过对歌舞的描绘，表达了对往昔欢乐时光的怀念。

注释：

① 彩袖：代指穿彩衣的歌女。玉钟：珍贵的酒杯。② 拚（pàn）却：不顾惜。③ "舞低"二句：歌女舞姿曼妙，直舞到挂在杨柳树梢照到楼心的一轮明月低沉下去，歌女清歌婉转，直唱到扇底儿风消歇（累了停下来），极言歌舞时间之久。④ 同：聚在一起。⑤ 剩：只管。⑥ 把：持，握。⑦ 银釭（gāng）：银质的灯台，代指灯。

解读：

昔日，你频频邀酒，手执玉杯，我畅饮，醉颜红润。翩翩起舞，舞至楼顶，月影摇曳树梢，歌声尽兴，桃花扇摇动无力。自别离之后，怀念相逢之美，梦中相拥无数。今夜，举灯凝视，恐再次相逢只在梦境。

辨阴阳·养正气：

这首词以动人的追忆展开叙事，前片描绘昔日欢宴场景，后片抒发如今思念之情，构建出今昔对比的情感张力。开篇"彩袖殷勤捧玉钟"生动描绘佳人敬酒的温柔姿态，"拚却醉颜红"写出当时沉醉绮丽的氛围。"舞低杨柳楼心月，歌尽桃花扇底风"两句将舞姿、歌声与自然景物完美融合，营造出唯美意境。过片"从别后，忆相逢"直抒离别之痛，"几回魂梦与君同"道出相思之深。末句"犹恐相逢是梦中"既点明词人此刻孤灯独照的处境，又表达了对往事如梦的感伤，意境凄美。在音律上，词作借"鹧鸪天"的婉转格律，将缠绵的思念之情娓娓道来，音情交融，意境深远。

最令人心碎的，莫过于美好的往事只能在梦中重现。词人告诉我们，在记忆的长河里，越是美好的往事，越容易让人感其疑真似幻，犹如一场难以触及的梦境。

望江南·春未老

苏轼

春未老，风细柳斜斜。试上超然台上看，半壕春水一城花。烟雨暗千家。

寒食后，酒醒却咨嗟。休对故人思故国，且将新火试新茶。诗酒趁年华。

概说：

苏轼，字子瞻，宋代文学家；此词表达了作者对春天美景的赞美和对时光流逝的感慨。

注释：

①超然台：筑在密州（今山东诸城）北城上，登台可眺望全城。②壕：护城河。③寒食：节令，旧时清明前两天（一说一天）为寒食节。④咨嗟：叹息、慨叹。⑤故国：这里指故乡、故园。⑥新火：唐宋习俗，清明前两天起，禁火三日；节后另取榆柳之火称"新火"。⑦新茶：指清明节前采摘的茶，即明前茶。

解读：

春未尽，微风袅袅，柳枝轻摇起舞。登超然台，遥望护城河，春水微波荡漾，城内百花争艳。远处，瓦房在雨影中隐现。寒食过，酒醒思乡，叹息不已。自劝：勿忆故乡，点新火，煮新茶，醉诗年华须珍惜。

辨阴阳·养正气：

这首词以"春未老"开篇，展现出一派生机盎然的春日景象。前片着墨于眼前景色——细风中的柳枝、春水与繁花，以及烟雨笼罩下的千家万户，勾勒出一幅动态的春日长卷。后片写寒食节后的感悟，转入人生哲理。"酒醒却咨嗟"道出清醒后的感慨，但诗人并未沉溺于伤春悲秋。"休对故人思故国"一句表现出豁达的态度，"且将新火试新茶"则展现了积极的生活态度，最后以"诗酒趁年华"作结，点明及时行乐的人生智慧。在艺术手法上，词人善用对比，有新与旧的对比（新火新茶／故人故国），有动与静的交替（登高望远／品茶饮酒），构建出丰富的意境层次。

人生难免有所思所想，与其沉湎于往事，不如在当下寻找生活的美好。苏轼告诉我们，豁达不是无视过往，而是懂得在新的时光里酿造新的欢愉。

浣溪沙·细雨斜风作晓寒

苏轼

细雨斜风作晓寒，淡烟疏柳媚晴滩。入淮清洛渐漫漫。

雪沫乳花浮午盏，蓼茸蒿笋试春盘。人间有味是清欢。

概说：

此词描绘了春日细雨中的景色，表达了对清淡欢愉的向往。

注释：

① 媚：美好，此处是使动用法。② 漫漫：水势浩大。③ 雪沫乳花，指煎茶时上浮的白泡。④ 午盏，指午茶。⑤ 蓼（liǎo）茸：即蓼芽。

解读：

晨雨微寒，斜风细细，烟雾蒙蒙，杨柳稀疏，仿佛向着放晴的沙滩轻舞。洛涧汇入淮河，渐渐变得辽阔无垠。一壶乳白好茶，搭配着翡翠般的春蔬，野餐间散发出清新爽口的香气。人世间真正的滋味，莫过于那清淡的欢愉。

辨阴阳·养正气：

这首词以写清晨的细雨斜风开篇，勾勒出一幅清新雅致的自然画卷。前三句描绘江南春晨景色——细雨、斜风、淡烟、疏柳，以及渐涨的河水，构建出一派烟雨朦胧的意境。后三句转入生活情趣——午间品茶，清淡可口的春菜，道出了生活中的简单与惬意。"雪沫乳花"写出茶汤的洁白细腻，"蓼茸蒿笋"则展现春日时鲜，最后以"人间有味是清欢"点睛，将平淡生活中的真趣娓娓道来。词作在意境营造上由外而内：从自然景色到居室生活，从视觉感受到味觉体验，层层递进，最终上升到人生哲理的高度。

人间至味，往往不在珍馐美味，而在于淡泊中的真趣。苏轼告诉我们，生活最动人的滋味，常常藏在最平凡的时刻里。

水调歌头·闻采石战胜
张孝祥

雪洗虏尘静，风约楚云留。何人为写悲壮，吹角古城楼。湖海平生豪气，关塞如今风景，剪烛看吴钩。剩喜然犀处，骇浪与天浮。

忆当年，周与谢，富春秋，小乔初嫁，香囊未解，勋业故优游。赤壁矶头落照，肥水桥边衰草，渺渺唤人愁。我欲乘风去，击楫誓中流。

概说：

张孝祥，宋代词人；此词通过描绘战争胜利的场景，表达了诗人的豪情壮志。

注释：

① 雪洗：洗刷。② 风约楚云留：说自己为风云所阻，羁留后方。③ 悲壮：指悲壮的胜利战绩。④ 吹角：奏军乐，这里象征胜利的凯歌。⑤ 然犀处：晋温峤平乱还镇至采石矶，传云其下多怪物，燃犀照之，见水族奇形怪状。怪物指金兵。⑥ 香囊：《晋书·谢玄传》中有"玄少好佩紫罗兰香囊，（谢）安患之，而不欲伤其意，因戏赌取，即焚之于地，遂止"。⑦ 乘风去：《南史·宗悫传》载宗悫少年时胸怀大志，曾对叔父说"愿乘长风破万里浪"。

解读：

这一刻终于雪洗耻辱尘嚣，我因风云羁绊而滞留于抚州。谁能谱写英勇壮士舍身鏖战的悲壮颂歌？唯有古城楼上的凄厉沉雄吹角声。我心怀壮志豪情，如江河湖海般奔涌澎湃。边关告急，山河异象，夜不能寐，挑灯看剑，渴望参战，圆我保国夙愿。而令人欣喜的是，心愿却在你这位好友的业绩中得以实现。采石矶掀起的惊涛骇浪，气势凌霄汉，高浮天际。

回首往昔，三国之时的周瑜、东晋时期的谢玄，正值年富力强。周瑜与小乔新婚之际，谢玄仍佩带着少年的香袋，二人风流潇洒，从容不迫，建立不朽功业。赤壁矶头如今只剩残照，肥水桥畔早已荒凉萧索。古人施展才华的地方是否仍在？此情此景唤起无限愁绪。我愿乘长风，披荆斩棘，冲破波涛万里；如祖逖北伐之决心，挥桨击水，誓死收复中原山河。

辨阴阳·养正气：

这首词以南宋抗金得胜为背景，前后片形成鲜明对比。前片写当下胜利："雪洗虏尘"展现战后清明景象，"吹角古城楼"渲染悲壮氛围，"湖海平生豪气"与"剪烛看吴钩"表现了作者的壮志豪情。后片追忆三国往事：从周瑜、小乔的情缘韵事，到赤壁矶头的历史沧桑。"肥水桥边衰草"暗示历史变迁，"渺渺唤人愁"抒发今昔之感。末句"我欲乘风去，击楫誓中流"重拾豪情，展现建功立业的决心。在艺术手法上，词人巧妙运用今昔对比：

- 空间对比：采石 VS 赤壁
- 时间对比：当下胜利 VS 历史沧桑
- 情感对比：豪气干云 VS 故地伤怀

站在历史的转折点上，既要继承前人的壮志豪情，又要谱写属于自己的时代篇章。张孝祥告诉我们，在感怀历史的同时，更要把握现在，创造未来。

酒泉子·长忆观潮

潘阆

长忆观潮,满郭人争江上望。来疑沧海尽成空,万面鼓声中。

弄潮儿向涛头立,手把红旗旗不湿。别来几向梦中看,梦觉尚心寒。

概说:

潘阆,宋代词人;此词通过回忆观潮的情景,表达了诗人对自然景观的赞叹。

注释:

① 长:经常。② 郭:外城,这里指外城以内的范围。③ 万面鼓声中:潮来时,潮声像万面金鼓,一时齐发,声势震人。④ 弄潮儿:指朝夕与潮水周旋的水手或在潮中戏水的少年人,喻有勇敢进取精神的人。⑤ 向:朝着,面对。⑥ 红旗:红色的旗帜。⑦ 觉:睡醒。⑧ 尚:还,仍然。⑨ 心寒:惊心动魄。

解读:

常忆钱塘江观潮之景,满城人竞相向江上凝望。潮水奔涌而至,仿若大海腾空,潮声如万面鼓齐奏,声势撼人心魄。踏潮献技者屹立波涛之上,手持红旗,未沾水滴。多次梦中观潮,醒来仍觉心神惊颤。

辨阴阳·养正气:

这首词生动刻画了钱塘观潮的盛况。起笔"长忆观潮"点明主题,"满郭人争江上望"展现观潮的热闹场面。"来疑沧海尽成空,万面鼓声中"渲染了潮水来临时的震撼场景,海天相接、鼓声震天的意境跃然纸上。精彩之处在于对弄潮儿的描写,"弄潮儿向涛头立,手把红旗旗不湿"，寥寥数字将弄潮儿的矫健身姿和高超技艺刻画得淋漓尽致。结尾"别来几向梦中看，梦觉尚心寒"转入个人情感，表达对这壮丽景象的深深留恋，即便在梦中重现仍心有余悸。

词作以观潮为线索，由远及近，由景入情：开篇写观潮人群，中段写潮水声势，后写弄潮儿英姿，末笔写个人感受。这样的层层递进，将钱塘江潮的磅礴气势和观潮场景的非凡气氛完美呈现。在记忆与梦境的交织中，那份震撼与壮美让人难以忘怀。

点睛之笔："手把红旗旗不湿""梦觉尚心寒"。前者写出弄潮儿与巨浪博弈时的从容，一个"不湿"道尽高超；后者以"心寒"写震撼，将钱塘观潮的壮阔场景化作心灵深处永恒的印记，就像一幅定格的画面，哪怕在梦中重现，仍让人心魂摇曳。这种将难以言表的震撼转化为内心触动的手法，让整首词的意境更显深远。

踏莎行·春暮

寇准

春色将阑，莺声渐老，红英落尽青梅小。画堂人静雨蒙蒙，屏山半掩余香袅。

密约沉沉，离情杳杳，菱花尘满慵将照。倚楼无语欲销魂，长空黯淡连芳草。

概说：

寇准，宋代政治家、文学家；此词描绘了春暮的景色，表达了对逝去春光的惋惜。

注释：

①踏莎（suō）行：词牌名。②阑（lán）：残，尽，晚。③红英：

红花。④ 屏山：指屏风。⑤ 密约：指男女之间互诉衷情，暗约佳期。沉沉：深沉。此指重大之事，即终身之事。⑥ 杳（yǎo）杳：深远无边际。⑦ 菱花：指菱花镜，亦泛指镜子。慵（yōng）将照：懒得拿起镜子来照。慵：懒散。将：拿。⑧ 销魂：形容极度伤心。

解读：

春色将逝，莺声燕语渐渐消失，地上落花堆积，稀疏的青梅斜挂，春末夏初已至。细雨蒙蒙中，一位消瘦的女子静立画阁外，眼前屏风半掩，缕缕沉香从屏风后飘散，增添几分幽幽心事。往事依稀，深情约定如昨。岁月匆匆，音讯杳无，可知我断肠的思念？妆奁尘封，菱饰沾满尘埃，照镜之心竟已懒惰。只能寂寞地倚着栏杆，心中万语千言，又无人诉说。唯有无语凝噎，暗自销魂。天空灰蒙蒙，黯然衔着绵绵芳草，犹如我的思念。

辨阴阳·养正气：

这首词以写春末景色起笔，展现一幅暮春时节的典雅画卷。上片由描写自然景观入手——莺声衰老、红英零落、青梅初结，细腻勾勒春天将尽的氛围。"画堂人静雨蒙蒙，屏山半掩余香袅"又将镜头转向室内，借雨中的幽静与屏风的若隐若现，暗示主人公的孤寂心境。下片则深入内心世界——密约难寻、离情难解，铜镜蒙尘不愿照影，处处流露相思之苦。末句"长空黯淡连芳草"将内心的惆怅与黯淡的天色融为一体，把离愁别绪推向极致。整首词在景物与情感的交织中，构建出一个春暮愁闺的完整意境。词作展现了宋词特有的含蓄美，以景写情，以静写动，将闺中思妇的心绪融入春末景色，让自然与人情浑然一体。

点睛之笔："菱花尘满慵将照"一句，看似写镜面蒙尘，实则写人心惆怅。词人告诉我们，最动人的情感往往不在于直抒胸臆，而在于物象的巧妙借代与细节的精心布置。

127

苏幕遮·怀旧
范仲淹

碧云天,黄叶地,秋色连波,波上寒烟翠。山映斜阳天接水,芳草无情,更在斜阳外。

黯乡魂,追旅思,夜夜除非,好梦留人睡。明月楼高休独倚,酒入愁肠,化作相思泪。

概说:

范仲淹,字希文,宋代政治家、文学家;此词表达了作者对故乡的深切思念。

注释:

① 黯,形容心情忧郁。② 乡魂,即思乡的情思。③ 追旅思:撇不开羁旅的愁思。

解读:

碧云飘悠的蓝天,黄叶纷飞的大地,秋景映衬着江水波光粼粼,波上弥漫着苍翠寒烟。群山倒映斜阳,蓝天与江水相连。芳草无情,一路延绵至日暮天边。

思念故乡,心神黯然,羁旅愁思难消,唯有梦中片刻安慰。夜夜难眠,独倚高楼凝望,不及频频将苦酒倾入愁肠,化作相思眼泪。

辨阴阳·养正气:

这首词以写秋天景色起笔,展现了一幅壮美凄清的秋日画卷。上片由自然景观入手——碧云、黄叶、秋色、寒烟,层层铺陈出意境广阔的秋景图。"山映斜阳天接水"一句将天地融为一体,而"芳草无情,更在斜阳外"则点出了游子对故乡的深切思念。下片转入心理描写:"黯乡魂,追旅思"直抒游子思乡之情。"夜夜除非,好梦留人睡"展现了词人只能在梦中寄托思乡之情的无奈。末句"酒入愁肠，化作相思泪"将愁绪推向高潮，暗示即使借酒消愁也无法排解思乡之苦。

点睛之笔："芳草无情，更在斜阳外""明月楼高休独倚"。前者不仅写出了游子思乡的深切，更给后人以深刻启示：人生在世，常有壮志未酬、理想难达之时，就像那芳草偏偏无情地生长在遥远的斜阳之外。但词人并未在此停步，而是以"明月楼高休独倚"来自我劝慰，告诉世人不应沉溺于思乡之情。这背后是一种人生智慧：面对困境时，与其在高楼独倚，徒增忧伤，不如振作精神，继续前行。

踏莎行·候馆梅残

欧阳修

候馆梅残，溪桥柳细。草薰风暖摇征辔。离愁渐远渐无穷，迢迢不断如春水。

寸寸柔肠，盈盈粉泪。楼高莫近危阑倚。平芜尽处是春山，行人更在春山外。

概说：

欧阳修，字永叔，宋代文学家；此词通过候馆梅残的景象，表达了诗人对离别的感慨。

注释：

① 踏莎（suō）行：词牌名。② 候馆：迎宾候客之馆舍。③ 草薰：小草散发的清香。④ 征辔（pèi）：行人坐骑的缰绳。⑤ 寸寸柔肠：柔肠寸断，形容愁苦到极点。⑥ 盈盈：泪水充溢眼眶之状。粉泪：泪水流到脸上，与粉妆和在一起。⑦ 危阑：也作"危栏"，高楼上的栏杆。⑧ 平芜：平坦地向前延伸的草地。芜，草地。

解读：

客栈前的梅花已凋零，溪桥边新柳吐翠，春风拂过芳草，行人跃马扬鞭。愁绪随行，愈行愈深，如同春江之水，滔滔不绝。

寸寸柔肠断，行行泪痕，不再登高楼凝望，不依栏杆。平坦的草地尽头，重重春山叠嶂，行人仍在春山之外。

辨阴阳·养正气：

这首词以早春景色起笔，描绘了一幅旅人启程的画面。上片由季节更替入手——梅花凋谢、柳条抽芽、春风送暖，细腻勾勒出早春时节的氛围。"离愁渐远渐无穷，迢迢不断如春水"将目送离别时的愁绪比作绵延不绝的春水，既形象又深刻。下片转入内心世界："寸寸柔肠，盈盈粉泪"直抒离别之痛。"楼高莫近危阑倚"既是对送行者的劝慰，也是对自己的告诫。末句"平芜尽处是春山，行人更在春山外"将离愁推向极致，写出了离别后的层层相思。

这首词的结尾启示我们：人生离别在所难免，就像远行的人永远在更远的地方；但正是这种离别，让我们学会坚强，懂得珍惜。作者告诉我们，与其沉溺于离愁别绪，不如学会在离别中成长，在思念中坚强。这种既重情感又知进取的处世智慧，正是这首词带给后人的深刻启示。

桂枝香·金陵怀古

王安石

登临送目，正故国晚秋，天气初肃。千里澄江似练，翠峰如簇。归帆去棹残阳里，背西风，酒旗斜矗。彩舟云淡，星河鹭起，画图难足。

念往昔，繁华竞逐，叹门外楼头，悲恨相续。千古凭高对此，谩嗟荣辱。六朝旧事随流水，但寒烟衰草凝绿。至今商女，时时犹唱，后庭遗曲。

概说：

王安石，字介甫，宋代政治家、文学家；此词通过对金陵的描绘，表达了对往昔繁华的怀念。

注释：

① 登临送目：登山临水，举目望远。② 故国：即故都，旧时的都城。金陵为六朝故都，故称"故国"。③ 初肃：指天气刚开始萧肃。④ 练，白色的绢。⑤ 如簇：这里指群峰好像丛聚在一起。⑥ 归帆去棹（zhào）：往来的船只。⑦ 斜矗：斜插。⑧ 画图难足：用图画也难以完美地表现它。⑨ 门外楼头：指南朝陈亡国惨剧。⑩ 谩嗟荣辱：空叹历朝兴衰。⑪ 荣，兴盛。辱，灭亡。⑫ 商女：酒楼茶坊的歌女。⑬ 后庭遗曲：指歌曲《玉树后庭花》，传为陈后主所作，其词哀怨绮靡，后人将它看成亡国之音。

解读：

我登上城楼，眺望远方，金陵故都深秋时分，清风凉爽。千里澄江如白练，青峰挺立，犹如箭簇贯云天。帆船穿梭夕阳，酒旗飘扬，西风吹拂，斜插小街。画船如飘浮淡云，白鹭翩翩银河间，丹青妙笔难描其壮美。

故都金陵昔日繁华，朱雀门外绮阁楼，六朝君王相继殒落。登高怀古，历代兴衰，叹息悲伤，六朝旧事随流水消逝，留下寒烟萧瑟、绿草衰黄。今日商女频频吟唱《后庭花》，回荡着往昔辉煌。故都金陵，光阴荏苒，千古风流，绵延千年。

辨阴阳·养正气：

这首词通过写登高望远，展现了一幅金陵古都的历史画卷。上片描绘眼前景象，晚秋时节，澄江如练，翠峰如簇，归帆、残阳、酒旗、彩舟等意象编织出一幅绚丽的江南秋景。"画图难足"一语既写景色之美，又暗示历史之深。下片转入历史沉思：从"繁华竞逐"到"悲恨相续"，六朝兴衰尽在其中。"六朝旧事随流水，但寒烟衰草凝绿"将历史的沧桑与自然的永恒形成对比。末段"至今商女，时时犹唱，后庭遗曲"既写眼前实景，又寄托历史追思。

点睛之处："千古凭高对此，谩嗟荣辱"。这句话给予后人深刻启示——站在历史长河的角度，世间荣辱本是虚幻。词人告诉我们，与其感叹盛衰荣辱，不如从历史中汲取智慧。人生在世，当以更宽广的视角看待得失，以更淡然的心态面对荣辱。这种超越个人得失、直面历史兴衰的胸怀，正是这首词对后人最有价值的启示。

水调歌头·明月几时有

苏轼

丙辰中秋，欢饮达旦，大醉，作此篇，兼怀子由。

明月几时有？把酒问青天。不知天上宫阙，今夕是何年。我欲乘风归去，又恐琼楼玉宇，高处不胜寒。起舞弄清影，何似在人间。

转朱阁，低绮户，照无眠。不应有恨，何事长向别时圆？人有悲欢离合，月有阴晴圆缺，此事古难全。但愿人长久，千里共婵娟。

概说：

此词以明月为题，表达了诗人对人生无常的感叹和对远方亲人的思念。

注释：

① 达旦：到天亮。② 子由：苏轼的弟弟苏辙的字。苏辙与其父苏洵、其兄苏轼并称"三苏"。③ 把酒：端起酒杯。把，执、持。④ 天上宫阙（què）：指月中宫殿。⑤ 乘风：驾着风；凭借风力。归去：回到天上去。⑥ 琼（qióng）楼玉宇：美玉砌成的楼宇，指想象中的月宫。⑦ 不胜（shèng）：经不住，承受不了。⑧ 何似：何如，哪里比得上。⑨ 朱阁，朱红的华丽楼阁。绮（qǐ）户，雕饰华丽的门窗。⑩ 何事：为什么。⑪ 但：只。⑫ 婵娟，本义指妇女姿态美好的样子，这里指月亮。

解读：

我举杯向苍穹，询问那月亮圆缺的规律何在。天宫高远，现今又是何年何月？我本想乘风归去，探寻那古老的传说，却又怕那琼楼玉宇，高处不胜寒。九天之上的风景固然瑰丽，又怎能比得上此刻月华如水，银辉似练，犹如仙女曼舞，波光粼粼。

时光匆匆，月儿自高楼檐角轻盈跃出，又悄悄潜入雕花窗棂，凝视着我这漂泊异乡的游子。月儿呀月儿，我究竟何处得罪了你，让你在我与亲友别离之际，显得如此圆满？哎，其实我又何尝不知，人间的悲欢离合，就如同月亮的阴晴圆缺，总是难以两全。

只愿远方的亲友们安康喜乐，纵然我们相隔千山万水，但在这同一片月色下，便仿佛我们仍相聚一堂。此刻，让这温柔的月光，传递我深深的思念与祝福。

辨阴阳·养正气：

这首词以中秋明月为载体，构筑了一种天人交融的意境。上片由"明月几时有"的追问开始，通过把酒问天，展开对天上人间的想象。

"我欲乘风归去"三句,既写归天的冲动,又道出了人世的可贵,最终以"何似在人间"点明人间胜境。下片转入现实场景:月光透过华丽的楼阁照射在失眠的人身上,引发对月圆人散的感慨。"人有悲欢离合,月有阴晴圆缺"将人事月象相对照,道出了圆满难得的人生真谛。末句"但愿人长久,千里共婵娟"超越了个人得失,化为对普世团圆的美好祝愿。

点睛之处:从"此事古难全"到"但愿人长久"的转折。这个转折给予后人深刻启示:人生不如意事十之八九,与其执着于一时的圆缺,不如学会超越和豁达。词人告诉我们,生活中的遗憾和缺憾是难以避免的,真正的智慧在于懂得放下、学会祝福。这种既看透人生无常,又能保持美好祝愿的胸怀,正是这首词最动人的智慧启示。

诉衷情·当年万里觅封侯

陆游

当年万里觅封侯,匹马戍梁州。关河梦断何处?尘暗旧貂裘。

胡未灭,鬓先秋,泪空流。此生谁料,心在天山,身老沧洲。

概说:

陆游,字务观,宋代爱国诗人;此词表达了作者对往昔追求功名的回顾和对现实的无奈。

注释:

① 戍(shù):(军队)防守。② 关河:关塞、河流。③ 尘暗旧貂裘:貂皮裘上落满灰尘,颜色为之暗淡。这里借用苏秦典故,说自己不受重用,未能施展抱负。④ 胡:古泛称西北各族为胡,亦指来自彼方之物;南宋词中多指金人,此处指金入侵者。⑤ 鬓:鬓发。秋:秋

霜，比喻年老鬓白。⑥沧洲：靠近水的地方，古时常用来泛指隐士居住之地。

解读：

遥想当年，我怀揣着鹏程万里的豪情壮志，一心追寻建功立业的辉煌之路。我孤身一人，单枪匹马，奔赴那遥远的边境，誓死保卫梁州，守护国家的安宁。那时的我，英勇无畏，豪情满怀，将青春和热血都献给了边疆的烽火岁月。然而，岁月匆匆，转眼间已是梦回吹角连营。如今的我，只能在梦中重温那激情燃烧的岁月，那铁马冰河、旌旗猎猎的壮丽场景。梦醒时分，我身在何方？望着身上沾满灰尘的貂裘，心中涌起一股无尽的苍凉。西北边陲，胡人依旧虎视眈眈，侵略的野心从未消减。而我，已是白发苍苍，鬓发如霜。每当想起那些为国捐躯的英烈，我的眼泪便忍不住流淌。这一生，谁能预料到如此结局？我的心，始终牵挂着西北前线的抗敌大业，然而，我却只能在这沧洲之地，默默地度过余生。

辨阴阳·养正气：

这首词通过回忆与现实的强烈对比，抒发了报国无门的悲愤。上片以"当年万里觅封侯"开篇，回忆年轻时戍边报国的壮志。"关河梦断何处"道出了理想的破灭，"尘暗旧貂裘"则暗示功名未就，英雄迟暮。下片转入现实感慨：北方尚未平定，自己的鬓发却已先白。"心在天山，身老沧洲"写出了壮志未酬的痛苦，以及始终不渝的爱国之心。全词以沉郁的笔调，描绘出一个怀才不遇却仍心系国事的爱国志士形象。

点睛之处："此生谁料"的感叹。这句话给予后人深刻启示——人生际遇难料，但志向可贵。词人告诉我们，纵使功业未就，壮志未酬，也不应放弃对理想的坚持。生命的价值不在于是否功成名就，而在于是否始终保持赤子之心。这种虽遭挫折却不改初心的精神品质，正是这首词对后人最宝贵的启示。

水龙吟·登建康赏心亭
辛弃疾

楚天千里清秋，水随天去秋无际。遥岑远目，献愁供恨，玉簪螺髻。落日楼头，断鸿声里，江南游子。把吴钩看了，栏杆拍遍，无人会，登临意。

休说鲈鱼堪脍，尽西风，季鹰归未？求田问舍，怕应羞见，刘郎才气。可惜流年，忧愁风雨，树犹如此！倩何人唤取，红巾翠袖，揾英雄泪！

概说：

辛弃疾，字幼安，宋代爱国词人；此词通过写登亭远望，表达了作者对国家命运的忧虑。

注释：

① 遥岑（cén）：远山。② 玉簪（zān）螺髻（jì）：玉做的簪子，像海螺形状的发髻，这里比喻高矮和形状各不相同的山。③ 断鸿：失群的孤雁。④ 流年：流逝的时光。⑤ 忧愁风雨：风雨，比喻飘摇的国势。⑥ 树犹如此：出自北周诗人庾信《枯树赋》中"树犹如此，人何以堪！"。⑦ 倩（qìng）：请托。⑧ 红巾翠袖：女子装饰，代指女子。⑨ 揾（wèn）：擦拭。

解读：

楚天千里，辽阔无垠，一片凄清的秋色铺陈开来。长江之水，随着天际流淌，秋意无边，宛如一幅长卷。我极目远眺，北国的崇山峻岭映入眼帘，它们仿佛在诉说着幽怨与仇恨，那情感，深沉而浓烈，如同碧玉发簪与螺形发髻的精致与婉约。

夕阳西下，落日斜挂在楼头，那余晖洒满大地，映照着孤雁悲啼的身影。我反复端详吴钩，拍遍九曲栏杆，心中涌起无尽的悲愤与压抑。然而，这苍茫大地，又有谁能真正理解我登楼远眺的心情呢？

家乡的鲈鱼，肉质细腻，味道鲜美，每每想起，便垂涎三尺。然而，秋风已起，张季鹰是否已归来？我更不愿像许汜那样，只顾谋取私利，而忘记了国家的兴衰与荣辱。若如此，又怎有颜面去面对有雄才大略的刘备呢？

岁月如梭，时光荏苒，我空有一腔热血，却无奈国势飘摇，风雨如晦。看那树木，尚且有枯荣之变，更何况人呢？我已是白发苍苍、老态龙钟。此时此刻，我渴望有那红巾翠袖的多情歌女，能为我擦去英雄失志时的热泪，让我在这苍茫大地之上，找到一丝慰藉与温暖。

辨阴阳·养正气：

这首词以登高望远起笔，描绘了一幅秋日金陵的壮阔图景。上片以"楚天千里清秋"开篇，勾勒出无边秋色。从"遥岑远目"到"江南游子"，一系列意象层层递进地铺陈出登临之人的愁绪。"把吴钩看了，栏杆拍遍"写出了壮志难酬的郁闷。下片由眼前景物转入内心独白，"休说鲈鱼堪脍"否定了隐居避世的想法，"求田问舍"更是鄙视那些只顾私利者。"可惜流年，忧愁风雨，树犹如此"将个人与时代的沧桑融为一体。末句"倩何人唤取，红巾翠袖，揾英雄泪"道出了英雄迟暮的悲怆。

点睛之处："刘郎才气"与"英雄泪"相呼应。词人以此告诉后人，真正的英雄气概不在于功成名就，而在于始终不渝的家国情怀，纵使身处乱世，也要保持"刘郎才气"般的风骨。既有报国之志，又有悲天悯人之心，正是这首词给我们的最深刻的启示。

渔家傲·画鼓声中昏又晓

晏殊

画鼓声中昏又晓。时光只解催人老。求得浅欢风日好。齐揭调。神仙一曲渔家傲。

绿水悠悠天杳杳。浮生岂得长年少。莫惜醉来开口笑。须信道。人间万事何时了。

概说：

晏殊，字同叔，宋代词人；此词通过画鼓声的描绘，表达了对人生短暂的感慨。

注释：

① 画鼓：有彩绘的鼓。② 浅欢：短暂的欢爱。③ 揭调：高调，放声歌唱。④ 杳杳（yǎo）：悠远渺茫，深远貌。⑤ 浮生：人生。⑥ 长年少：青春常驻。长，音 cháng；少，音 shào。⑦ 信：知，料。

解读：

在那一片清脆悦耳的画鼓声中，人们恍若隔世，不知不觉间已度过了一整日的时光。时光易逝，岁月催人老，然而我们却能在这短暂的欢愉中领略到无尽的风光。我们齐声放歌，一曲动人的《渔歌子》便在湖畔荡漾开来，令人心醉神迷。

湖水碧绿如玉，清澈见底，悠悠然流向远方，仿佛要一直延伸到天际。天空澄澈高远、缥缈无垠，宛如一幅水墨画卷，让人心驰神往。然而，人生如梦，又怎能永远停留在那无忧无虑的少年时光呢？不必惋惜那醉后的开怀大笑，因为那正是生命最真实的写照。要知道，人间的万事万物，都是永恒不息的循环往复，没有终点，也没有起点。让我们珍惜每一刻的美好时光，用心灵去感受这个世界的无限魅力。

辨阴阳·养正气：

这首词以时光流逝为主线，阐发了对人生短暂的感慨。上片从"画鼓声中昏又晓"写起，表现时光飞逝。"求得浅欢风日好"表达了及时行乐的想法，"神仙一曲渔家傲"则道出了短暂欢愉中的超然意趣。下片以"绿水悠悠天杳杳"的意象扩展视野，"浮生岂得长年少"点明人生短暂的本质，"莫惜醉来开口笑"劝人及时行乐，末句"人间万事何时了"则将个人感悟上升到对人生的哲理思考。

点睛之处："须信道"的转折。词人告诉我们一个深刻道理：既然人世万事永无了期，何不在有限时光中寻找快乐？这种既看透人生无常，又懂得把握当下的处世智慧，超越了简单的享乐主义，而是一种更高层次的人生态度。面对短暂的人生，既不必过分执着，也不应消极颓废，而是要学会在有限的时光中创造属于自己的快乐。这种豁达的人生态度，正是词中最值得后人思考的智慧。

玉楼春·春景

宋祁

东城渐觉风光好，縠皱波纹迎客棹。绿杨烟外晓寒轻，红杏枝头春意闹。

浮生长恨欢娱少，肯爱千金轻一笑。为君持酒劝斜阳，且向花间留晚照。

概说：

宋祁，宋代文学家；此词描绘了春天的美景，表达了对人生欢乐时光的珍惜。

注释：

① 东城：泛指城市之东。② 縠（hú）皱波纹：形容波纹细如皱纱。③ 棹（zhào）：船桨，此指船。④ 春意：春天的气象。闹：浓盛。⑤ 浮生：指飘浮无定的短暂人生。⑥ 肯爱：岂肯吝惜，即不吝惜。⑦ 持酒：端起酒杯。⑧ 晚照：夕阳的余晖。

解读：

漫步于东城之上，风光愈显旖旎，令人心旷神怡。船儿轻轻驶过，水面泛起层层波纹，宛如诗中的涟漪，泛起岁月的波澜。拂晓之际，轻寒如烟，萦绕在杨柳枝头，那如烟的柳丝，仿佛在低语着春日的秘密。而在这朦胧的晨光中，红艳艳的杏花簇簇绽放，犹如天边的云霞，绚烂夺目。

人生啊，总是怨恨苦恼交织，欢娱时光显得如此短暂。然而，谁又会珍惜那千金之财，而轻视美人那迷人一笑呢？那笑，犹如春风拂面，温暖了岁月，点亮了人生。我手持酒盏，向那金色的斜阳劝酒，愿它能为我们的聚会多留一抹晚霞，让那花间的欢声笑语，在晚霞的映衬下，更加醉人。

辨阴阳·养正气：

这首词以春景为切入点，表达了及时行乐的人生感悟。上片描绘了一幅生机盎然的春日景象，从"縠皱波纹"到"绿杨烟外"，再到"红杏枝头"，层层递进地展现了春天的明媚。下片转入人生感悟："浮生长恨欢娱少"道出人生短暂的遗憾；但随即以"肯爱千金轻一笑"表达了对生活乐趣的珍视；末尾"为君持酒劝斜阳，且向花间留晚照"既是对美好时光的珍惜，也是对生活态度的诠释。

点睛之处："肯爱"二字。词人告诉我们：生活的真谛不在于长恨往事，而在于珍惜当下。一个"肯"字，体现了主动追求生活之美的态度。这种既不虚度光阴,又不过分执着的生活智慧,超越了简单的享乐,而是一种更深层的人生态度。人生虽短,但只要我们肯用心感受,就能在平凡中发现美好,在短暂中把握永恒。这种既知生命可贵,又懂得适时适度享受人生的智慧,正是词中最值得后人学习的精神。

点绛唇·蹴罢秋千

李清照

蹴罢秋千,起来慵整纤纤手。露浓花瘦,薄汗轻衣透。

见客入来,袜刬金钗溜。和羞走,倚门回首,却把青梅嗅。

概说:

李清照,宋代著名女词人;此词以细腻的笔触描绘了女子荡秋千后慵懒而羞涩的情态,以及对来访客人的微妙心理。

注释:

① 蹴:踏,此处指荡秋千。② 慵:懒,倦怠的样子。③ 袜刬(chǎn):未穿鞋而以袜践地之意。④ 金钗溜:意谓快跑时首饰从头上掉下来。⑤ 和:带着。羞:羞涩。走:小跑。⑥ 倚门回首:靠着门回头看。

解读:

在秋千上尽情摇曳,起身后连弄脏了的双手都无暇揩一揩。香汗从轻纱般的衣衫中渗透出来,宛如露珠挂在花蕾之上,晶莹剔透。

突然,有客人到访,我惊慌失措地来不及穿鞋,只穿着袜子抽身就走,头上的金钗也随之掉落。行至门前,我倚靠在门上回头偷觑,假装正在嗅青梅的香味。

辨阴阳·养正气：

这首词以细腻的笔触，描绘了一位少女春日游戏后的娇羞情态。上片从"蹴罢秋千"写起，通过"慵整纤纤手""薄汗轻衣透"等细节，勾勒出少女玩耍后的慵懒之态。下片以"见客入来"为转折，描写少女突然遇见客人时的窘态：匆忙之中袜子松了，金钗歪了，羞赧地跑开，又忍不住倚门回望，借嗅青梅掩饰羞涩。这一连串动作描写，将少女的娇羞心理刻画得惟妙惟肖。

点睛之处："和羞走"简短的三个字，既写出了动作，又传达了心理，把少女那种既想避开又带着几分俏皮的复杂心理表现得淋漓尽致。这首词的艺术成就在于：通过生动的细节描写和连贯的动作刻画，塑造出一个鲜活的少女形象。词人以女性特有的细腻笔触，捕捉到了青春少女最真实自然的一面，既有形体动作的描绘，更有内心情态的刻画。这种形神兼备的艺术手法，为后世描写女性题材提供了典范。

五、赋

风赋

宋玉

楚襄王游于兰台之宫，宋玉景差侍。有风飒然而至，王乃披襟而当之，曰："快哉此风！寡人所与庶人共者邪？"宋玉对曰："此独大王之风耳，庶人安得而共之！"

王曰："夫风者，天地之气，溥畅而至，不择贵贱高下而加焉。今子独以为寡人之风，岂有说乎？"宋玉对曰："臣闻于师：枳句[①]来巢，空穴来风。其所托者然，则风气殊焉。"

王曰："夫风始安生哉？"宋玉对曰："夫风生于地，起于青𬞟之末[②]。侵淫溪谷，盛怒于土囊[③]之口。缘太山之阿，舞于松柏之下，飘忽淜滂④，激飓⑤熛怒⑥。耾耾⑦雷声，回穴错迕⑧。蹶石⑨伐木，梢杀林莽⑩。至其将衰也，被丽披离，冲孔动楗⑪，眴焕粲烂⑫，离散转移。故其清凉雄风，则飘举升降。乘凌高城，入于深宫。邸⑬华叶而振气，徘徊于桂椒之间，翱翔于激水之上。将击芙蓉之精。猎蕙草，离秦衡，概新夷，被荑杨⑭，回穴冲陵，萧条众芳。然后徜徉中庭，北上玉堂，跻于罗帏，经于洞房，乃得为大王之风也。故其风中人状⑮，直憯凄⑯惏栗，清凉增欷。清清泠泠⑰，愈病析酲⑱，发明耳目，宁体便人。此所谓大王之雄风也。"

王曰："善哉论事！夫庶人之风，岂可闻乎？"宋玉对曰："夫庶人之风，塕然⑲起于穷巷之间，堀堁⑳扬尘，勃郁烦冤，冲孔袭门。动沙堁，吹死灰，骇溷浊㉑，扬腐余㉒，邪薄入瓮牖㉓，至于室庐。故其风中人状，直憞溷㉔郁邑，殴温致湿，中心惨怛㉕，生病造热。中唇为胗㉖，得目为蔑，啖齰嗽获㉗，死生不卒。此所谓庶人之雌风也。"

概说：

宋玉是战国时期楚国著名的文学家。楚襄王沉浸于骄奢淫逸的生活，不顾国家日渐衰落，与杀父仇人言和。他常带侍臣游赏，登高唐台，游云梦浦。侍臣宋玉担忧国家，以风为题，写下此赋。

注释：

① 句（gōu）：弯曲。② 青蘋（pín）之末：即青蘋的叶尖。蘋，蕨类植物，多年生浅水草本，亦称"四叶菜""田字草"。③ 囊：洞穴。④ 淜滂（péngpāng）：大风吹打物体发出的声音。⑤ 激飓：鼓动疾飞。⑥ 熛（biāo）怒：形容风势猛如烈火。熛，火势飞扬。

⑦耽耽：形容声音宏大。⑧错迕（wǔ）：盘旋错杂。⑨蹶（jué）石：摇动山石，飞沙走石。蹶，撼动。⑩梢杀林莽：摧毁树林和野草。梢杀，指毁伤草木。莽，草丛。⑪动楗：吹动门闩。楗，门闩。⑫眴焕粲烂：色彩鲜明、光华灿烂的样子。⑬邸：通"抵"，触。⑭荑：初生的叶芽。⑮中（zhòng）人状：指风吹到人身上的样子。中，吹中，吹到。状，状况，情形。⑯憯凄：凄凉悲痛的样子。⑰清清泠泠：清凉的样子。⑱析酲：解酒。酲，病酒，酒后困倦眩晕的状态。⑲堨然：风忽然而起的样子。⑳堀堁：风吹起灰尘。堀，冲起。堁，尘埃。㉑涢浊：指污秽肮脏之物。涢，通"混"。㉒腐余：腐烂的垃圾。㉓瓮牖：在土墙上挖一个圆孔镶入破瓮做成的窗户。瓮，一种圆底圆口的陶制器。牖，窗户。㉔憞溷：烦乱。㉕惨怛：悲惨忧伤。怛，痛苦。㉖胗：唇上生的疮。㉗啗齰嗽获：中风后口动的样子。

解读：

楚襄王在兰台宫游玩，宋玉和景差侍奉。一阵风清爽地吹来，王敞开衣襟迎风，说："这风真舒服啊！这是我与百姓共同拥有的吗？"宋玉回答："这只是大王独有的风，百姓怎能共享？"

王说："风是天地之气，广大流通，不分贵贱高低。你说这是我独有的风，有何道理？"宋玉回答："臣从老师那里听说：弯曲的枳树枝条吸引鸟类筑巢，风从空穴吹来。依附之处不同，风的性质也就不同。"

王问："风从何处生起？"宋玉回答："风生于地，起于青草尖端。渐入溪谷，在山口猛烈咆哮。沿泰山山角行进，在松柏下舞动，飘忽浩大，猛烈狂暴。雷鸣般呼啸，在洞穴中回旋碰撞。踢翻石头，折断树木，摧毁丛林。当风将要衰减时，就散乱飘荡，穿过门缝，震动门闩，光华灿烂，四散流转。这清凉的雄风，时而上升时而下降，攀上高城，进入深宫。拂动华美的树叶，在桂树和花椒间徘徊，在急流上空翱翔。将要击打芙蓉精华，掠过香草，穿过杜衡，掠过新长的草木，吹拂杨柳，回旋冲荡，使百花凋零。然后在庭院中徜徉，向北上到玉堂，登上罗帐，穿过内室，这才成为大王之风。被这种风吹到的人，虽然感到凄冷战栗，却也清爽怡人。清凉爽快，能治病消醉，提神明目，使身体舒适。这就是所谓的大王之雄风。"

王说："讲得好！那庶人之风又是怎样的？"宋玉回答："庶人之风，尘土飞扬地起于穷巷之间，扬起尘埃，郁闷烦躁，冲击门户。卷起沙尘，吹动死灰，惊动污浊，扬起腐朽，斜着进入瓮口窗户，直达室内。被这种风吹到的人，就会昏昏沉沉，郁闷难受，体感闷热潮湿，心中难受，生病发热。嘴唇生疮，眼睛发炎，中风发作，生不如死。这就是所谓的庶人之雌风。"

辨阴阳·养正气：

这篇赋通过对话体形式巧妙对比了两种"风"的特质，表面写"风"，实则隐喻社会等级差异。作者运用细腻的描写和强烈的对比，展现了贵族与平民生活环境的巨大差距："大王之风"华美典雅，经过名山秀水、名贵花草，最终到达富丽堂皇的宫殿；而"庶民之风"则充满污浊和不适，反映了底层百姓的艰难处境。

点睛之处："枳句来巢，空穴来风"这个比喻。作者用这个自然现象暗示"风"的性质取决于它所经过的环境，从而巧妙地表达了对社会不平等的批判。这篇赋既是一篇优美的景物描写文，更是一篇含蓄的社会讽喻作品。作者通过对"风"的拟人化描写，深刻揭示了社会等级对立的本质，其艺术成就和现实意义都极为深远。

过云木冰记

黄宗羲

　　岁在壬午,余与晦木、泽望入四明,自雪窦返至过云。雾① 霮䨴浡浊,蒸满山谷②,云乱不飞,瀑危弗落,遝路窈然。夜行 撤烛,雾露沾衣,岚寒折骨,相视褫气③。呼嗟咽续,忽尔冥 霁④地表。云敛天末,万物改观,浩然目夺。小草珠圆,长条 玉洁,珑松⑤插于幽篁,缨络缠于萝阙。玎琤⑥俯仰,金奏石 搏。虽一叶一茎之微,亦莫不冰缠而雾结。余愕眙⑦而叹曰: "此非所谓木冰乎?春秋书之,五行志之,奈何当吾地而有此 异也?"言未卒,有居僧笑于傍曰:"是奚足异?山中苦寒, 才入冬月,风起云落,即冻飘山,以故霜雪常积也。"

　　盖其地当万山之中,嚣尘沸响,扃鐍人间。屯烟佛照,无 殊阴火之潜,故为愆阳⑧之所不入。去平原一万八千丈,刚风 疾轮,侵铄⑨心骨。南箕哆⑩口,飞廉弭节;土囊大隧,所在 而是。故为勃郁烦冤之所不散,溪回壑转,蛟螭⑪蝘蜒⑫,山 鬼窈窕,腥风之冲动,震瀑之敲嗑。天呵地吼,阴崖洊⑬穴, 聚霆堆冰,故为玄冥之所长驾;群峰灌顶,北斗堕胁,藜蓬臭 蔚⑭,虽焦原竭泽,巫吁⑮魖⑯舞。常如夜行秋爽,故为曜灵之 所割匿⑰。且其怪松入枫,磐石罔草⑱,碎碑埋甋,枯骴⑲碧 骨,皆足以兴吐云雨。而仙宫神治,山岳炳灵,高僧悬记,冶 鸟木客,窅崒⑳幽深。其气皆敛而不扬,故恒寒而无燠㉑。

　　余乃喟然曰:"嗟乎!同一寒暑,有不听命于造化之地; 同一过忒,有无关于吉凶之占。居其间者,亦岂无凌峰掘药, 高言畸行,无与于人世治乱之数者乎?"余方龃龉㉒世度, 将欲过而问之。

概说：

黄宗羲是明末清初的著名思想家和历史学家。崇祯十五年（1642年），明朝内外交困，民不聊生。朝廷内党争激烈，黄宗羲虽有为国为民之志，却被排斥。他在回到余姚家中时与兄弟亲眼见到木冰奇景，并写下文章。

注释：

① 雺：一作"雾"，意为雾气。② 渼（tiǎn）浊：浑浊。蒸满：弥漫。③ 褫（chǐ）：剥，夺。褫气，被夺了精气，这里形容屏住呼吸、倒吸凉气的样子。④ 霁：本指雨止，这里指云雾散。⑤ 珑松：同"珑璁"，即玉簪。⑥ 琤琮（chēngcōng）：象声词，形容玉石碰击声。⑦ 愕眙：惊视。眙，直视、盯着。⑧ 愆阳：阳气过盛，多指天旱或酷热。愆，超过。⑨ 侵铄：侵蚀。⑩ 哆：张口貌。⑪ 螭（chī）：传说中的动物，龙类。⑫ 蠖（huò）蛰：像蠖一样伏藏。蠖，一种昆虫。⑬ 沍（hù）：闭塞。⑭ 臭（xiù）蔚：气味浓郁。⑮ 吁（yù）：呼喊，呼唱。⑯ 魃：神话中的旱神。⑰ 曜灵：太阳。割匿：割舍和藏匿。⑱ 礜石：《山海经》中记载的有毒的矿石。罔草：纠结的丛草。⑲ 胔：腐烂的肉或带腐肉的尸骨。⑳ 窅：深远。崒：通"萃"，聚集。㉑ 燠：暖。㉒ 龃龉（jǔyǔ）：不合，不融洽。

解读：

壬午年，我和晦木、泽望一起去四明山，从雪窦返回过云寺。浓雾弥漫山谷，云气混乱不动，瀑布似乎凝固不落，远路朦胧。夜行时不用火把，雾露沾湿衣服，山岚寒冷刺骨，相互看着都失去了气力。叹息声断续传来，忽然地面上雾气消散。云收天边，万物呈现新貌，令人目眩。小草上结满圆珠，长枝洁白如玉，青松穿插在幽深的竹林中，藤蔓缠绕在岩石上。上下都发出清脆的声响，像金石相击。就连一片叶

147

子、一根茎都被冰霜缠绕，被雾气凝结。我惊叹道："这不就是传说中的木冰吗？《春秋》记载过，《五行志》也提到过，为何在我们这里也有这种异象？"话未说完，一位住寺僧人在旁笑道："这有什么好奇怪的？山中严寒，一入冬天，风起云落，就会结冰成雪，所以这里常年积雪。"

这里位于群山之中，远离尘世喧嚣。堆积的云雾像潜伏的阴火，阳光难以照入。离平原一万八千丈，刚烈的风像快速转动的车轮，寒气侵入骨髓。南天箕宿张大了口，疾风却突然停歇，到处都是山洞隧道。所以郁结之气难以散去，溪水环绕，山谷曲折，蛟龙蛰伏，山鬼出没，腥风冲击，瀑布击打。天地发出呼啸，阴暗的山崖和洞穴堆积冰雹，故为寒冷之气常驻之地。群峰高耸入云，北斗星似乎坠落在山腰，杂草丛生，即使在干旱之地巫师舞蹈祈雨时，这里也如秋夜般清爽，所以阳光难以普照。况且怪松与枫树交错，怪石丛生，碑石残片与砖块埋藏，枯骨泛着青光，都能兴起云雨。仙神治理此地，山岳灵气显赫，高僧留下预言，冶鸟与木客等精怪出没，山势高峻幽深。这里的气息都收敛不散，所以常年寒冷无暖意。

我感叹道："唉！同样的寒暑，有的地方不受造化支配；同样的反常现象，有的地方与吉凶无关。住在这里的人，难道不会有采药登峰、言行高远、不与人世浮沉的隐士吗？"我正在思索人生际遇，打算过去询问。

辨阴阳·养正气：

这篇记文通过描写四明山中的木冰奇景，展现了一个与世隔绝的独特空间。作者运用细腻的笔触，由偶然遇到木冰，引发对山中特殊地理环境的观察，最终升华到对隐逸生活的哲思。文章结构层次分明：首段写亲历木冰景象，通过"愕眙而叹"与僧人对答，引出话题；中段详细描绘山中环境，以连绵的排比句式，营造出一个远离尘嚣、神秘莫测的空间；末段则升华主题，指出此地不受常规支配的特质，暗含对遁世之人的向往。

点睛之处如下。一是"同一寒暑，有不听命于造化之地；同一过忒，有无关于吉凶之占"这句议论。作者借此点明，有些地方可以超脱于常规之外，暗喻人生也可以选择不随世俗沉浮。这既是对所见景象的总结，更是对人生境界的思考。二是全文的意象铺排。从初见时的"雾霭澳浊"到后来的"云敛天末"，从外在的自然现象到内在的人生感悟，层层递进，既写出了山中独特的地理环境，又暗示了一种超然物外的生活态度。这篇记文表面写景，实则言志。作者通过对特异自然现象的描摹，表达了对超然独立生活的向往，体现了明末清初文人在乱世中的精神追求。文章既有细致的景物描写功力，又蕴含深刻的人生哲理，艺术性与思想性完美统一。

凤求凰

司马相如

有一美人兮，见之不忘。
一日不见兮，思之如狂。
凤飞翱翔兮，四海求凰。
无奈佳人兮，不在东墙。
将琴代语兮，聊写衷肠。
何时见许兮，慰我彷徨。
愿言配德兮，携手相将。
不得於飞兮，使我沦亡。

凤兮凤兮归故乡，遨游四海求其凰。
时未遇兮无所将，何悟今兮升斯堂！
有艳淑女在闺房，室迩人遐毒我肠。
何缘交颈为鸳鸯，胡颉颃兮共翱翔！
凰兮凰兮从我栖，得托孳尾永为妃。
交情通意心和谐，中夜相从知者谁？
双翼俱起翻高飞，无感我思使余悲。

概说：

司马相如是西汉时期的文学家，《凤求凰》是司马相如为了向卓文君求爱所作名赋，表达了司马相如对卓文君的无限倾慕和热烈追求。

注释：

① 颉颃（xiéháng）：亦作"颉亢"；鸟上下飞。② 孳（zī）尾：动物交配繁殖，此指结为配偶。

解读：

有位美丽的姑娘啊，见过就难以忘怀。
一天见不到她啊，思念得发狂。
凤在天空翱翔啊，四处寻找凰鸟。
无奈美人不在啊，东墙看不见她的踪影。
用琴声代替言语啊，聊表我的衷肠。
何时能得到允许啊，安慰我的彷徨。
但愿能结为夫妻啊，携手共同前行。
若不能如愿以偿啊，会让我憔悴而亡。

凤啊凤啊回到故乡，遨游四海寻找凰鸟。

时机未到无处可去，谁知今日来到此堂！

有位美丽贤淑的姑娘在闺房，近在咫尺却远难及使我心痛。

何时能并肩如鸳鸯，相偎相依共同翱翔！

凰啊凰啊跟随我栖息，托付终身永做我的妃子。

心意相通情意相融，深夜相会无人知晓。

双双展翅高飞翱翔，别让相思使我悲伤。

辨阴阳·养正气：

此赋是司马相如用以追求卓文君的名作，以凤求凰为喻，抒发爱情思慕之情。

点睛之处如下。一是"凤求凰"的比喻。作者巧妙借用凤凰相求的传统意象，既表达了对心上人的倾慕之情，又暗示自己才华横溢，堪与佳人相配。这个意象典雅脱俗，成为后世描写爱情的经典。二是结构的递进性。从初见倾心，到彷徨追求，最后到憧憬未来，完整展现了一段爱情故事的发展过程。

此赋因其独特的艺术魅力和作者传奇的爱情故事而广为传颂。其中真挚的感情、优美的意象和精巧的结构，使其成为中国古典爱情诗赋的代表作品。它还被谱成乐曲，流传至今，见证了文学艺术的永恒魅力。

甘泉赋

扬雄

孝成帝时，客有荐雄文似相如者，上方郊祀甘泉泰畤[①]、汾阴后土，以求继嗣，召雄待诏承明之庭。正月，从上甘泉还，奏甘泉赋以风。其辞曰：

惟汉十世，将郊上玄，定泰畤，雍神休，尊明号，同符三皇，录功五帝，恤胤锡美，拓迹开统。于是乃命群僚，历吉日，协灵辰，星陈而天行。诏招摇与太阴兮，伏钩陈使当兵。属②堪舆以壁垒兮，捎夔魖而抶獝狂③。八神奔而警跸④兮，振殷辚⑤而军装。蚩尤之伦带干将而秉玉戚兮，飞蒙茸而走陆梁。齐总总⑥以撙撙⑦，其相胶辖兮，猋骇云讯⑧，奋以方攘。骈罗列布，鳞以杂沓兮；柴虒参差，鱼颉而鸟胻⑨。翕赫曶霍⑩，雾集而蒙合兮，半散昭烂，粲以成章。

于是乘舆乃登夫凤皇兮而翳华芝，驷苍螭兮六素虬，蠖略蕤绥，漓虖幓纚⑪。帅尔阴闭，霅然阳开⑫。腾清霄而轶浮景兮，夫何旟旐郅偈之旖旎也⑬！流星旄以电爥兮，咸翠盖而鸾旗。敦万骑于中营兮，方玉车之千乘。声駍隐⑭以陆离兮，轻先疾雷而驱⑮遗风。凌高衍之嵱嵷⑯兮，超纡谲之清澄。登椽栾而羾⑰天门兮，驰闾阖而入凌兢。

是时未轶⑱夫甘泉也，乃望通天之绎绎。下阴潜以惨廪兮，上洪纷而相错。直峣峣⑲以造天兮，厥高庆⑳而不可乎弥度。平原唐其坛曼兮，列新雉于林薄。攒并闾与茇苦㉑兮，纷被丽其亡鄂。崇丘陵之駊騀兮，深沟嶔岩而为谷㉒。往往离宫般㉓以相爥兮，封峦石关施靡㉔乎延属。

于是大厦云谲波诡，摧崔㉕而成观。仰挢首以高视兮，目冥眴而亡见㉖。正浏滥以弘惝㉗兮，指东西之漫漫。徒徊徊以徨徨兮，魂眇眇而昏乱。据軨轩而周流兮，忽軮轧而亡垠㉘。翠玉树之青葱兮，璧马犀之瞵㻞㉙。金人仡仡㉚其承钟虡㉛兮，嵌岩岩其龙鳞。扬光曜之燎爥兮，垂景炎之炘炘㉜。配帝居之县圃㉝兮，象泰壹之威神。洪台崛其独出兮，撠㉞北极之嶟嶟㉟。列宿乃施于上荣兮，日月才经于栛栭㊱。雷郁律于岩窔兮，电儵忽于墙藩。鬼魅不能自逮兮，半长途而下颠。历倒景而绝飞

第三章 天成之美的诗词歌赋

梁兮，浮蠛蠓㊲而撇天。

左欃枪㊳而右玄冥兮，前熛阙㊴而后应门。荫西海与幽都兮，涌醴汨以生川。蛟龙连蜷于东厓兮，白虎敦圉乎昆仑㊵。览樛流㊶于高光兮，溶方皇于西清。前殿崔巍兮，和氏玲珑。炕浮柱之飞榱兮，神莫莫而扶倾。闶阆阆㊷其寥廓兮，似紫宫之峥嵘。骈交错而曼衍兮，嵺㊸嵑隗㊹乎其相婴。乘云阁而上下兮，纷蒙笼以掍成㊺。曳红采之流离兮，扬翠气之宛延。袭琁室㊻与倾宫兮，若登高眇远，亡国肃乎临渊。

回焱肆其砀骇兮，皷桂椒而郁栘杨㊼。香芬茀以穹隆兮，击薄栌而将荣㊽。苓吺朌以棍批兮，声駍隐而历钟㊾。排玉户而扬金铺兮，发兰蕙与芎藭㊿。帷㊿㊿其拂汨㊿兮，稍暗暗而靓深。阴阳清浊穆羽相和兮，若夔牙之调琴。般倕㊿弃其剞㊿劂㊿兮，王尔投其钩绳。虽方征侨与偓佺兮，犹彷佛其若梦㊿。

于是事变物化，目骇耳回。盖天子穆然，珍台闲馆，琁题玉英，蜵蜎蠖濩之中㊿。惟夫所以澄心清魂，储精垂恩，感动天地，逆釐㊿三神者；乃搜逑㊿索偶皋伊之徒，冠伦魁能，函甘棠之惠，挟东征之意，相与齐乎阳灵之宫。靡薜荔而为席兮，折琼枝以为芳。吸清云之流瑕兮，饮若木之露英。集乎礼神之囿，登乎颂祇之堂。建光耀之长旓㊿兮，昭华覆之威威。攀琁玑㊿而下视兮，行游目乎三危。陈众车于东阬㊿兮，肆玉钦㊿而下驰。漂龙渊而还九垠兮，窥地底而上回。风㑊㑊㊿而扶辖兮，鸾凤纷其衔蕤。梁弱水之濎濴㊿兮，蹑不周之逶蛇㊿。想西王母欣然而上寿兮，屏玉女而却宓妃。玉女亡所眺其清臚兮，宓妃曾不得施其蛾眉㊿。方揽道德之精刚兮，侔神

153

明与之为资。

于是钦柴宗祈，燎薰皇天，皋摇泰壹。举洪颐，树灵旗。樵蒸焜[68]上，配藜四施。东烛沧海，西耀流沙，北熿幽都，南炀丹厓[69]。玄瓒觎觞[70]，枑邕[71]泔淡[72]。胁玺丰融，懿懿芬芬[73]。炎感黄龙兮，燻讹硕麟。选巫咸兮叫帝闾，开天庭兮延群神。傧暗蔼兮降清坛，瑞穰穰兮委如山。

于是事毕功弘，回车而归，度三峦兮偶[74]棠黎。天阃[75]决兮地垠开，八荒协兮万国谐。登长平兮雷鼓磕，天声起兮勇士厉。云飞扬兮雨滂沛，于胥德兮丽万世。

乱曰：崇崇圜[76]丘，隆隐天兮；登降峛崺[77]，单[78]埢[79]垣兮；增宫嵾差[80]，骈嵯峨兮；岭巆[81]嶙峋，洞无厓兮；上天之縡[82]，杳旭卉兮；圣皇穆穆，信厥对兮；徕祇郊禋，神所依兮；徘徊招摇，灵迟迟兮[83]；光辉眩耀，降厥福兮；子子孙孙，长无极兮。

概说：

扬雄，字子云，西汉时期蜀郡成都人，既是官吏也是学者。他的这篇赋文附有序言，阐述了创作背景和目的。据《汉书·扬雄传》记载，汉成帝永始四年，扬雄陪同成帝游览甘泉宫后，创作了这篇赋文，旨在婉言讽谏成帝郊游的行为。

注释：

① 泰畤：天子祭天之处。② 属（zhǔ）：委托。③ 捎、挟：都是击打、驱赶的意思。夔：木石之怪。魖：耗费财物的鬼。这句是说委托堪舆驱赶各种鬼怪。④ 警跸：帝王出行时清道，禁止行人来往。⑤ 殷辚：盛大的样子。⑥ 緫緫：众多聚合的样子。⑦ 搏搏：聚集。⑧ 焱

（biāo）骇云迅：如猋风骇起，如云浪奋迅。⑨ 柴虒参差：高低、长短不齐之貌。颉颃：通"颉颃"，忽上忽下之貌。这四句描写队伍的排列变化。⑩ 翕赫曶霍：开合之貌。⑪ 螭（chī）：传说中的一种龙。虬（qiú）：传说中的一种无角龙。蠖（huò）略蕤（ruí）绥：龙行之貌。漓（lí）虖幓纚：车饰之貌。这四句铺张描写天子的车乘。⑫ 霅然：犹飒然。这两句形容众多的旗帜忽而聚合在一起，仿佛天阴了一样；飒然飘散，又仿佛天晴了一样。⑬ 旟（yú）：画有鸟隼的旗。旐（zhào）：画有龟蛇的旗。郅偈（zhìjié）：形容旗杆之状。猗旎（yǐnǐ）：形容旗上飘带的摆动。这两句描写旗帜升腾在高空，闪着流影，旗杆如林，彩带飘动。⑭ 駍（pēng）隐：形容车声大而盛。⑮ 驳：指接连不断。⑯ 嵱嵷：山峰众多之貌。⑰ 孤：至。⑱ 臻：与"臻"同，至的意思。⑲ 峣峣：高。⑳ 庆：语助词。㉑ 苃、苦：都是草名。㉒ 骏骃：高大。嶔岩：深险。这两句描写丘陵和山谷。㉓ 般：连接。㉔ 施靡：相及。㉕ 崔嵬：高大雄伟之貌。㉖ 冥晦：看不清。这两句写宫殿的高峻。㉗ 弘惝：高大。㉘ 轾轩：格桭栏杆。軮轧：广大。这两句写凭栏仔细观览，目不暇接。㉙ 瞵瑌：纹理光洁。㉚ 仡仡：勇健。㉛ 钟虡：悬挂编钟的架子。㉜ 炘炘：光明。这两句意思是庭中的大烛散发光芒，火焰升腾，光明灿烂。㉝ 县圃：神仙所居之境，也是庭中模拟所建。㉞ 撉：至。㉟ 嶟嶟：竦峭。㊱ 枏桭：屋檐中部。㊲ 蠓蠓：浮气。㊳ 欃枪：彗星的别名。㊴ 爂阙：赤色之阙。㊵ 敦圉：盛怒。这两句描写甘泉宫中的形势有蛟龙、白虎及昆仑山之象。㊶ 樛流：屈折。㊷ 阆阆阆（kānglánglánglán）：门高的样子。㊸ 岭：山高。㊹ 嵑嵬：犹崔巍。㊺ 掍成：谓自然。㊻ 琁室，夏桀所建。㊼ 砱礫：摇撼。披：同"披"。郁：聚。这两句谓旋风乱起，撼动众树；桂椒披散，枋杨聚拢。㊽ 薄栌：柱顶端方木。这两句是说桂椒香气穹隆而起，冲击斗拱。

㊾ 呹肸：疾过。这两句谓声响振起，众树根合，骈隐而盛，历入殿上之钟。㊿ 穹藭：也作“穹穷”，香草名。这两句谓风之所至，排门扬铺，回旋入宫，吹动众多芳草。(51) 弸彋：风吹帷帐之声。(52) 拂汩：鼓动之貌。(53) 般、倕（chuí）都是古代的巧匠。(54) 剞：曲刀。(55) 劂：曲凿。(56) 征侨、偓佺（Wòquán）都是仙人名。这两句谓宫观高峻巧丽，虽使仙人行其上，恐一下难识其究竟。(57) 蠵蜎蠖濩：形容屋中深广。这句谓此时成帝静坐于具有旋题玉英而广博幽深的珍台闲馆之中。(58) 釐：福。(59) 逑：匹。(60) 旓：指旗。(61) 琁玑：代指北斗星。(62) 阬：山陵。(63) 鈦：车辖。(64) 傱傱：疾。(65) 濎濙：小水。(66) 逶蛇：曲折的样子。这两句谓渡过小小的弱水，走过弯弯曲曲的不周山。(67) 玉女、宓（fú）妃：都是神女。这两句设想成王及其随从神游到了西方极远之处，故想到西王母，并欣然为她祝寿，却屏除神女不见。(68) 焜：火。(69) 烛、耀、熿、炀：都是照耀的意思。(70) 鯀鰫：形容玄瓒的样子。(71) 秬鬯：祭祀用的一种香酒。(72) 泔淡：满。(73) 肸蠁：散布、弥漫之意。这句谓酒的芬芳盛美。(74) 偈：与“憩”同，休息之意。(75) 天阃：天之门限。(76) 圜：同“圆”。(77) 岧嶢：曲折。(78) 单：周。(79) 埢垣：圆。(80) 嵾差：不齐。(81) 岭巆：深邃。(82) 繂：事。(83) 迟迟：游息。这两句言神久留游息。

解读：

汉成帝时期，有客人向皇帝推荐扬雄，称其文章堪比司马相如。当时皇上正要去甘泉泰畤和汾阴后土祭祀以求子嗣，便召扬雄在承明殿等候。正月，随皇帝从甘泉归来后，上呈《甘泉赋》以进谏。其文如下：

汉朝传到第十代，将要去甘泉祭祀上天，确定泰畤祭坛位置，安抚神灵，尊崇天帝尊号，与三皇同符，记录五帝功德，关心后嗣赐福，开创新的统绪。于是命令群臣，选择吉日良辰，配合星象运行。诏令招摇星与太阴星，让钩陈星值守兵权。安排堪舆之术布防，驱走妖魔怪物。八方神灵奔走戒备，车马隆隆列队整装。蚩尤一类的神将佩带干将宝剑，手执玉戚，腾云驾雾，纵横驰骋。队伍整齐有序，车轮相碰，疾风骤起，奋力开拓。车马排列齐整，如鱼鳞般密集；战旗高低错落，如鱼跃鸟飞。气势磅礴威严，雾气笼罩凝聚，时而散开明亮，绚丽成章。

于是天子乘坐凤凰车，盖着华美车盖，驾着四条蓝色蛟龙和六条白色虬龙，车上垂着华丽的帷帘和装饰。突然之间如阴云闭合般收敛，又骤然似阳光绽放般开朗。腾空而起超越日光，旌旗招展飘扬！流星般的旄旗闪耀如电，翠盖和鸾旗齐飞。统领万骑在中军，上千辆玉饰的华美车驾相随。声势浩大绚丽，快过疾雷追赶劲风。越过崇山峻岭，穿过曲折清澈的河流。登上天门高处，驰过天门，进入凌霄。

这时还未到达甘泉宫，远望通天台高耸入云；下方阴暗深邃，上方云雾纷乱；笔直高耸，直插云天，其高度难以测量。平坦开阔的祭坛延展，新建的营垒列于林间。密集的街巷与营帐，纷繁华丽无边际。层层叠叠的丘陵起伏，深沟峭壁形成峡谷。处处离宫别馆相互辉映，建筑绵延不绝。

于此，巨大的建筑群云诡波谲，层层叠叠成观。抬头仰望高处，目光模糊，看不真切。正感觉浩渺广阔，指向东西一片茫然。徘徊彷徨，魂魄恍惚昏乱。靠在栏杆上环视周围，忽然发现无边无际。玉树青葱，白璧宝马闪烁生辉。金人巍然屹立承托钟虡，岩石层层似龙鳞般，放射出灿烂的光芒，垂下炫目的光辉，与天帝居所的悬圃相配，象征着太一神的威严。高台突兀独立，直指北极星光芒。列宿布于上方，日月运行于栋梁。雷声在岩洞中翻滚，闪电在围墙间闪烁。鬼魅望而却步，半途而返。经过倒景而跨过飞梁，像飞虫游荡，掠过天际。

左边是天枪星，右边是玄冥星，前面是宫门，后面是应门。遮蔽着西海和幽都，涌出甘泉形成河川。蛟龙盘旋在东崖，白虎镇守在昆仑。观望流水在高处闪光，融入方皇于西方晴空。前殿高耸，和氏璧玲珑剔透。支撑着飞檐的浮柱，神秘莫测地支撑倾斜。宫殿广大空旷，似紫微宫般雄伟。楼阁交错延展，高低起伏相连。乘着云阁上下，纷繁笼罩成形。拖曳着红色彩带飘舞，翠色气息蜿蜒。经过华丽的宫室，如登高远望，又如临深渊般肃穆。

旋风肆意地吹，摇动桂树椒树和杨树。香气弥漫空中，冲击斗拱。芬芳四溢充满殿堂，声响隐隐似钟鸣。推开玉门，掀动金环，散发着兰草和芎䓖的香气。帷幕飘动摇曳，渐渐深邃幽静。阴阳清浊和谐相处，如同夔牙在调琴。般输和倕都放下了工具，工匠也扔掉了准绳。即使是方士偓佺来到这里，也会感觉恍如梦境。

于是景物变化，令人目眩神迷。天子安详地在珍贵的台观、清幽的别馆、玉饰的房间中游览，思考着澄清心神、储养精气、施展恩德、感动天地、敬奉三神的道理。于是搜寻像皋陶、伊尹这样的贤臣，品德才能冠绝众人，怀着尧舜那样的仁惠之心，抱着征伐东方的志向，一同在阳灵宫相聚。铺设藤蔓为席，折下美玉般的树枝作为装饰。吸入清云的精华，饮用若木的露水。聚集在祭神的园囿，登上颂扬神灵的殿堂。竖起光耀的旗帜，显示华盖的威仪。攀上琁玑俯视下方，放眼望向三危山。陈列众多车辆于东方深谷，驾着玉车奔驰而下。横渡龙渊返回九垠，窥探地底又回转向上。狂风助推车轮，鸾凤纷飞衔着华饰。渡过弱水的波涛，攀登不周山的盘旋之路。想象西王母欣然祝寿，屏退玉女让开宓妃。玉女无处施展清丽的眼神，宓妃也难以展示蛾眉。此时正要把握道德的精髓刚毅，与神明比肩齐等。

于是恭敬地准备祭品，向皇天焚香，向泰一献祭。举起大牲，竖立神旗。在昆仑山上焚烧祭品，四方布列藜草。东照沧海，西耀流沙，北照幽都，南照丹崖。玄色的祭器盛满美酒，香气弥漫四周。祭祀隆重盛大，香气芬芳四溢。感应来了黄龙，感召来了麒麟。选用巫咸之类的巫师呼唤天门，开启天庭迎接群神。恭迎神灵降临清净的祭坛，祥瑞丰富堆积如山。

于是祭祀完毕功德广大，回车返程，越过三重山峦穿过棠梨树林。天门洞开地界展现，八方协调万国和谐。登上长平奏响雷鼓，天声响起勇士振奋。云气飞扬大雨倾盆，美德永续万世流传。

高耸的圆丘，直通天际；登高望远，单独矗立；层层叠叠的宫殿，并列嵯峨；山峰连绵起伏，洞府无边；上天的光华，遥远明亮；圣明的君王，安详肃穆；迎接神灵祭祀，神灵依附；徘徊招摇星座，神灵迟缓；光辉灿烂夺目，降下福祉；子子孙孙，永远延续。

辨阴阳·养正气：

这篇大赋通过描写汉成帝前往甘泉宫祭天的盛大场面，展现了皇家礼仪的隆重和宫殿建筑的宏伟。文章结构严整，描写细腻，既有声势浩大的仪仗队伍，又有巍峨壮丽的宫殿景象，还有庄严肃穆的祭祀场面。

作者运用铺陈排比的手法，通过声、色、形等多角度的描写，营造出一派恢宏气势。如"左欃枪而右玄冥兮，前熛阙而后应门"等句，将甘泉宫错落有致的建筑布局描绘得十分真切。

点睛之处如下。一是通篇采用的"连类形似"的写作手法。作者善于将相近的事物联系起来，如将宫殿之高与天界相比，使建筑之美与自然景观相映，描写既充满想象力又不失真实感。二是作品的讽谏意图。表面上歌颂帝王祭天的隆重，实则暗示君主应该将精力用于治国而非迷信祭祀。"子子孙孙，长无极兮"的结尾看似祝颂，实则包含着对君主沉迷求子、忽视政事的婉转批评。

这篇赋不仅是一篇描写建筑和仪式的宫廷文学作品,更是一篇包含深刻政治寓意的讽谏之作。它既继承了汉赋铺陈扬厉的传统特色,又在委婉劝谏方面自成一格,在辞赋史上具有重要地位。

阿房宫赋

杜牧

六王毕,四海一,蜀山兀,阿房出。覆压三百余里,隔离天日。骊山北构而西折,直走咸阳。二川溶溶,流入宫墙。五步一楼,十步一阁;廊腰缦回,檐牙高啄;各抱地势,钩心斗角。盘盘焉,囷囷焉,蜂房水涡①,矗不知其几千万落。长桥卧波,未云何龙;复道行空,不霁何虹。高低冥迷,不知西东。歌台暖响,春光融融;舞殿冷袖,风雨凄凄。一日之内,一宫之间,而气候不齐。

妃嫔媵嫱②,王子皇孙,辞楼下殿,辇来于秦③。朝歌夜弦,为秦宫人。明星荧荧,开妆镜也;绿云扰扰,梳晓鬟也;渭流涨腻,弃脂水也;烟斜雾横,焚椒兰也。雷霆乍惊,宫车过也;辘辘远听,杳不知其所之也。一肌一容,尽态极妍,缦立远视,而望幸焉。有不见者三十六年。燕赵之收藏,韩魏之经营,齐楚之精英,几世几年,剽掠其人④,倚叠如山。一旦不能有,输来其间。鼎铛玉石,金块珠砾⑤,弃掷逦迤⑥,秦人视之,亦不甚惜。

嗟乎!一人之心,千万人之心也。秦爱纷奢,人亦念其家。奈何取之尽锱铢⑦,用之如泥沙?使负栋之柱,多于南亩之农夫;架梁之椽,多于机上之工女;钉头磷磷,多于在庾⑧之粟粒;瓦缝参差,多于周身之帛缕;直栏横槛,多于九土之城郭；管弦呕哑，多于市人之言语。使天下之人，不敢言而敢怒。独夫之心，日益骄固。戍卒叫，函谷举，楚人一炬，可怜焦土！

呜呼！灭六国者六国也，非秦也；族秦者秦也，非天下也。嗟乎！使六国各爱其人，则足以拒秦；使秦复爱六国之人，则递三世可至万世而为君，谁得而族灭也？秦人不暇自哀，而后人哀之；后人哀之而不鉴之，亦使后人而复哀后人也。

概说：

杜牧，字牧之，号樊川居士，京兆万年（今陕西西安）人，唐代诗人。《阿房宫赋》是杜牧于公元825年（唐敬宗宝历元年）所作，当时他年仅23岁。他生活在政治腐败、阶级矛盾尖锐的时代，渴望统治者励精图治、富民强兵，实际情况却与此相反，唐穆宗和唐敬宗沉溺于声色和奢侈享乐。杜牧在《上知己文章启》中明确表示，他创作《阿房宫赋》是为了批判当时的统治者。

注释：

① 盘盘焉，囷囷（qūnqūn）焉，蜂房水涡：盘旋，屈曲，像蜂房，像水涡。焉，相当于"凛然""欣然"的"然"，意为"……的样子"。楼阁依山而筑，所以说像蜂房，像水涡。盘盘，盘旋的样子。囷囷，屈曲的样子，曲折回旋的样子。② 妃嫔媵嫱：统指六国王侯的宫妃。她们各有等级（妃的等级比嫔、嫱高）。媵是陪嫁的侍女，也可成为嫔、嫱。下文的"王子皇孙"指六国王侯的后代。③ 辞楼下殿，辇（niǎn）来于秦：辞别（六国的）楼阁宫殿，乘辇车来到秦国。④ 剽（piāo）掠其人：从人民那里抢来。剽，抢劫，掠夺。人，民。唐避唐

161

太宗李世民讳,改"民"为"人"。下文"人亦念其家""六国各爱其人""秦复爱六国之人"的"人",与此相同。⑤鼎铛(chēng)玉石,金块珠砾:把宝鼎看作铁锅,把美玉看作石头,把黄金看作土块,把珍珠看作石子。铛,平底的浅锅。⑥逦迤:连续不断,这里有"连接着""到处都是"的意思。⑦锱铢:古代重量名,一锱等于六铢,一铢约等于后来的一两的二十四分之一。锱、铢连用,极言其细微。⑧庾:露天的谷仓。

解读:

六国灭亡后,四海统一,蜀地的山林被砍伐殆尽,阿房宫拔地而起。它覆盖延绵三百多里,遮蔽了天日。北依骊山向西延伸,一直通到咸阳。渭水和樊川缓缓流淌,流入宫墙之内。每隔五步就建一座楼,每隔十步就建一座阁;廊柱弯曲回环,屋檐高耸入云;各个建筑依山势而建,飞檐勾连,屋角交错。盘旋环绕,圆圆曲曲,像蜂巢和旋涡,高耸的楼阁不知有几千万座。长桥卧在波涛上,还未见过什么龙能如此;复道悬空而建,不用等雨霁就见彩虹。高低起伏令人迷惘,分不清东南西北。歌台上传来温暖的歌声,春光融融;舞殿中舞袖飘动,风雨凄凄。在同一天内,在同一宫殿中,气候却如此不同。

六国王侯的宫妃与侍女、宗室王孙,离开家乡楼阁宫殿,乘车来到秦国。白天歌唱,晚上弹琴,都成了秦宫的人。明亮的星星闪烁,是打开妆镜的时候;乌青色发髻如云般浓密,是梳晓妆的时候;渭水浮着油腻,是倒掉脂粉污水;烟雾弥漫,是在焚烧椒兰香料。忽然一声惊雷,是宫车经过;车轮声渐行渐远,不知去向何方。每一个女子都极尽妆容之美,婀娜立于远处,期望得到皇帝的宠幸。有的人三十六年都未被临幸过。燕国赵国的珍藏,韩国魏国的积累,齐国楚国的精华,经过几代人几年时光,从百姓那里掠夺而来,堆积如山。一旦国家灭亡,这些财富就被运到此处。把宝鼎看作铁锅，把美玉看作石头，把黄金看作土块，把珍珠看作石子，随意丢弃在地，秦人看了也不太珍惜。

唉！一个人的心意就是千万人的心意。秦王喜爱奢华，百姓也想着自己的家。为何搜刮民财分毫必尽，而用起来却如泥沙般随意？支撑房屋的柱子，多过南方农夫的数量；架设房梁的椽子，多过织布机上的工女；钉头闪闪发亮，多过粮仓里的谷粒；瓦片的缝隙参差，多过身上的衣缕；直栏横槛的数量，多过九州的城郭；管弦乐器的喧闹声，多过集市上人们的言语。让天下百姓，不敢说话只敢愤怒。暴君之心，日益骄傲固执。戍边士兵呐喊，函谷关被攻破，楚人放一把火，可怜的宫殿变成焦土！

唉！灭掉六国的是六国自己，不是秦国；灭掉秦朝的是秦朝自己，不是天下百姓。唉！如果六国都爱惜自己的百姓，就足以抵抗秦国；如果秦国也爱惜六国的百姓，就能传世三代以至万世，谁能灭掉它呢？秦人来不及哀叹自己，后人却在哀叹他们；后人哀叹却不以此为鉴戒，也会让再后来的人继续哀叹。

辨阴阳·养正气：

这篇大赋通过描写秦朝阿房宫的恢宏气势和奢靡景象，深刻揭示了秦王朝灭亡的内在原因。文章结构严谨，层次分明，既写宫殿建筑的宏伟壮观，又写宫廷生活的奢靡荒诞，还有对民生凋敝的深刻反思。作者运用铺陈排比的手法，通过建筑规模、人物活动、声色气象等多角度描写，营造出磅礴气势。如"五步一楼，十步一阁；廊腰缦回，檐牙高啄"等句，描绘出阿房宫建筑群的错落有致、气象万千。

点睛之处如下。一是作者善用对比手法。宫廷的奢华与百姓的困苦形成强烈反差，如"使负栋之柱，多于南亩之农夫；架梁之椽，多于机上之工女"，既写出了建筑之巨，更暗示民力之竭。二是结尾议论的深

163

刻启示。"灭六国者六国也，非秦也；族秦者秦也，非天下也"，揭示亡国根源在于自身。"使六国各爱其人，则足以拒秦"，点明爱民才是立国之本的真理。三是感情的递进转折。从描写入手，由赞叹转向批判，再升华为历史反思，最终上升到对治国之道的深刻启示，感情层层递进，意蕴愈加深远。

这篇赋不仅是一篇描写建筑与人事的文学杰作，更是一篇包含深刻政治寓意的讽谏之作。它既继承了汉赋铺采摛文的传统特色，又在历史反思和政治批判方面独具匠心，在辞赋发展史上具有重要地位，其所蕴含的政治智慧和历史教训至今仍具有深刻启示意义。

洛神赋
曹植

黄初三年，余朝京师，还济洛川。古人有言：斯水之神，名曰宓妃。感宋玉对楚王神女之事，遂作斯赋。其辞曰：

余从京域，言归东藩，背伊阙，越轘辕①，经通谷，陵景山。日既西倾，车殆马烦。尔乃税驾乎蘅皋，秣驷乎芝田，容与乎阳林，流眄乎洛川。于是精移神骇，忽焉思散。俯则未察，仰以殊观。睹一丽人，于岩之畔。乃援御者而告之曰："尔有觌②于彼者乎？彼何人斯，若此之艳也！"御者对曰："臣闻河洛之神，名曰宓妃。然则君王之所见也，无乃是乎！其状若何？臣愿闻之。"

余告之曰："其形也，翩若惊鸿，婉若游龙。荣曜秋菊，华茂春松③。髣髴兮若轻云之蔽月，飘飖兮若流风之回雪。远而望之，皎若太阳升朝霞；迫而察之，灼若芙蕖出渌波④。秾纤得衷，修短合度。肩若削成，腰如约素。延颈秀项，皓质呈

第三章 天成之美的诗词歌赋

露。芳泽无加,铅华弗御。云髻峨峨,修眉联娟。丹唇外朗,皓齿内鲜。明眸善睐⑤,靥⑥辅承权。瓌姿艳逸,仪静体闲。柔情绰态,媚于语言。奇服旷世,骨像应图。披罗衣之璀粲兮,珥瑶碧之华琚。戴金翠之首饰,缀明珠以耀躯。践远游之文履,曳雾绡之轻裾。微幽兰之芳蔼兮,步踟蹰于山隅。于是忽焉纵体,以遨以嬉。左倚采旄⑦,右荫桂旗。攘皓腕于神浒兮,采湍濑之玄芝。"

余情悦其淑美兮,心振荡而不怡。无良媒以接欢兮,托微波而通辞。愿诚素之先达兮,解玉佩以要之。嗟佳人之信修兮,羌习礼而明诗。抗琼珶⑧以和予兮,指潜渊而为期。执眷眷之款实兮,惧斯灵之我欺。感交甫之弃言兮,怅犹豫而狐疑。收和颜而静志兮,申礼防以自持。

于是洛灵感焉,徙倚彷徨。神光离合,乍阴乍阳。竦⑨轻躯以鹤立,若将飞而未翔。践椒涂之郁烈,步蘅薄而流芳。超长吟以永慕兮,声哀厉而弥长。尔乃众灵杂遝,命俦啸侣。或戏清流,或翔神渚,或采明珠,或拾翠羽。从南湘之二妃,携汉滨之游女。叹匏瓜之无匹兮,咏牵牛之独处。扬轻袿⑩之猗靡⑪兮,翳修袖以延伫。体迅飞凫,飘忽若神。凌波微步,罗袜生尘。动无常则,若危若安;进止难期,若往若还。转眄流精,光润玉颜。含辞未吐,气若幽兰。华容婀娜,令我忘餐。

于是屏翳⑫收风,川后静波。冯夷⑬鸣鼓,女娲清歌。腾文鱼以警乘,鸣玉鸾以偕逝。六龙俨其齐首,载云车之容裔。鲸鲵⑭踊而夹毂⑮,水禽翔而为卫。于是越北沚,过南冈,纡素领,回清扬。动朱唇以徐言,陈交接之大纲。恨人神

165

之道殊兮，怨盛年之莫当。抗罗袂以掩涕兮，泪流襟之浪浪。悼良会之永绝兮，哀一逝而异乡。无微情以效爱兮，献江南之明珰。虽潜处于太阴，长寄心于君王。忽不悟其所舍，怅神宵而蔽光。

于是背下陵高，足往神留。遗情想像，顾望怀愁。冀灵体之复形，御轻舟而上溯。浮长川而忘反，思绵绵而增慕。夜耿耿而不寐，沾繁霜而至曙。命仆夫而就驾，吾将归乎东路。揽騑辔以抗策，怅盘桓而不能去。

概说：

曹植，字子建，三国曹魏著名文学家，建安文学的代表。此赋为黄初三年（公元222年）入京洛阳后返回鄄城途中，经洛水所作，受宋玉启发，表达感慨。

注释：

① 轘辕：山名，在今河南偃师东南。② 觌（dí）：看见。③ "荣曜（yào）"二句：容光焕发如秋日下的菊花，体态丰茂如春风中的松树。荣，丰盛。曜，日光照耀。华茂，华美茂盛。这两句是写洛神容光焕发，充满生气。④ 渌：水清貌。以上两句是说，不论远远凝望还是靠近观看，洛神都是姿容绝艳。⑤ 睐（lài）：顾盼。⑥ 靥（yè）：酒窝。⑦ 采旄（máo）：彩旗。⑧ 琼琚：美玉。⑨ 竦（sǒng）：耸。⑩ 袿（guī）：妇女的上衣。⑪ 猗（yī）靡：随风飘动貌。⑫ 翳（yì）：遮蔽。⑬ 冯（píng）夷：传说中的水神。⑭ 鲸鲵（ní）：即鲸鱼；水栖哺乳动物，雄者称鲸，雌者称鲵。⑮ 毂（gǔ）：车轮中用以贯轴的圆木，这里指车。

解读：

黄初三年，我去京城朝见，回程时渡过洛水。古人曾说：这条河的女神名叫宓妃。我想到宋玉向楚王讲述遇见神女的故事，因此写了这篇赋。内容如下：

我从京都启程，打算回归东方封地，走过伊阙山，越过轘辕山，经过通谷，翻过景山。太阳已经西斜，马匹也已疲乏。我便在长满蘅草的河岸停下车驾，在长着灵芝的田野上给马喂草，在阳林悠闲漫步，目光流连于洛水之上。这时精神恍惚，思绪飘散。低头看时还未看清，抬头观望却见到异常景象———一位美丽女子在河岸边出现。于是我叫来驾车的人问道："你看见那边的人了吗？那是什么人？怎会如此美丽动人！"驾车的人回答说："我听说河洛之神名叫宓妃。那么大王所见到的，大概就是她吧！不知她的样子如何，我很想听听。"

我告诉他说："她的体态，轻盈如受惊的白鹤，婉转如游动的蛟龙。容光焕发似秋天的菊花，华美茂盛如春天的青松。恍惚间好像轻云遮住月亮，飘逸得像是旋转的风雪。远远望去，明亮如朝霞中升起的太阳；走近细看，鲜艳如碧波中绽放的荷花。丰腴纤细恰到好处，高矮长短都很匀称。肩膀如削成一般圆滑，腰肢像束着的白绢般纤细。修长的脖颈十分优美，白皙的肌肤若隐若现。天生丽质不施脂粉，无须铅华装饰容颜。云髻高耸，眉毛修长弯曲。红唇光泽照人，皓齿内藏晶莹。明亮的眼睛善于传情，脸颊上的酒窝恰到好处。容貌绝世无双，举止优雅闲适。举手投足尽显柔情，言语举止格外妩媚。她穿着奇特的衣裳，体态风韵宛如画中人物。身披闪亮的罗衣，耳戴华贵的碧玉首饰。戴着金玉翡翠的头饰，缀着明珠来装点全身。脚踏绣着神鸟的鞋子，拖曳着轻薄如雾的裙裾。散发着幽兰的淡淡香气，在山边犹豫徘徊。这时她忽然放开身姿,开始嬉戏。左边倚靠着彩色的旄旗,右边在桂树旗帜的阴影下。在神秘的河岸边露出洁白的手腕,在湍急的水流中采摘黑色的灵芝。"

我喜爱她的端庄美好,心中激动不能平静。没有好的媒人来传达情意,只好托着微波传递心声。希望以真诚的心意先表达,解下玉佩来召唤她。叹息这佳人确实贤淑,既知礼仪又通晓诗书。她举起美玉相和,指着深潭相约。我诚心诚意地表达真情,又害怕神灵会欺骗我。想到交甫说过的话,心中犹豫不决疑惑不定。于是收敛笑容平静心志,谨守礼节来自我约束。

这时洛神有所感应,在那里徘徊踱步。神光时聚时散,忽明忽暗。她轻盈的身体像鹤一样站立,好像要飞又未飞的样子。走在铺满椒香的道路上,步过长满蘅草的草地,散发芳香。引吭长歌以寄托思慕之情,歌声悲凉嘹亮且绵长。于是众多神灵纷纷聚集,呼朋唤友结伴而来。有的在清澈的水中嬉戏,有的在神圣的沙洲上飞翔,有的采集明珠,有的捡拾翠羽。她有湘江的二妃陪伴,与汉水边的仙女同游。感叹匏瓜星找不到伴侣,咏叹牵牛星的孤独。轻纱飘动婀娜多姿,垂下长袖伫立观望。身姿快如飞鸟,飘忽若神仙。脚步轻盈踏波,罗袜扬起微尘。动作变幻无常,看似惊险又很安稳;进退难以预料,若往若还。转动眼波流露神采,玉容光彩照人。欲言又止,气若幽兰。容貌婀娜动人,令我看得忘记吃饭。

这时风停云收,河水也平静下来。水神冯夷敲响鼓声,女娲唱起清歌。文鱼腾跃而起预示行程,玉铃声响伴随远去。六条龙整齐地并排,拉着云车缓缓远去。大鱼在车轮两旁跳跃,水鸟在空中护送。于是越过北边的沙洲,经过南边的山冈,她转动洁白的脖颈,回过头来。微启朱唇轻声说话,陈述人神交往的大道理。恨人神道路相异,叹惜青春年华虚度。举起罗袖掩面哭泣，泪水沾湿衣襟涌流不停。悲叹良缘永远断绝，哀伤此去各在异乡。没有细微的情意可以表达爱意，只能献上江南的明珠。虽然居住在幽深之处，永远把心寄托给君王。忽然不知身在何处，神魂恍惚，天地昏暗。

于是走过低地登上高处，脚步向前而情思留恋。遗留的情意在想象中徘徊，回望之际满怀愁绪。希望她的身影能再次出现，便驾着轻舟逆流而上。漂流在长河上忘记返回，相思之情绵绵不断。夜里辗转难眠，直到霜重露深天将破晓。命令仆人准备车驾，我要回到东方去了。拉起马缰扬起鞭子，却依依不舍难以离去。

辨阴阳·养正气：

《洛神赋》以优美的文辞描绘了作者与洛水女神的一段奇遇，塑造了一个绝美的神女形象，抒发了作者对理想的追求与求之不得的无奈。全文以"遇神——寄情——离别"为主线，通过细腻的描写和深沉情感的表达，营造出一个梦幻般的艺术境界。作者运用华美的辞藻，通过大量比喻和双声叠韵的词语，将洛神的容貌、体态刻画得惟妙惟肖。整篇作品意境优美，既有现实的真切，又有想象的奇幻，既写实又写虚，把人神邂逅的经历描绘得既合情理又超凡脱俗。

点睛之处如下。一是神女形象的塑造。"翩若惊鸿，婉若游龙"等名句，将洛神飘逸绝尘的形象勾勒得栩栩如生，堪称中国古代文学中最美丽的女性形象之一。二是感情的自然流露。从相遇时的惊艳，到互动时的欢喜，再到离别时的惆怅，感情变化真挚自然，将人神之恋的美好与无奈表达得淋漓尽致。三是象征意义的深化。表面上写人神之恋，实则暗含作者对理想的追求。"悼良会之永绝兮，哀一逝而异乡"，既是对爱情的感伤，也是对理想难以企及的隐喻，体现了作者深沉的人生感悟。这篇赋不仅在艺术上取得了极高成就，更在思想内容上蕴含着对理想的执着追求，以及面对现实时的感伤与无奈，成为中国古代抒情文学的典范之作。

秋声赋
欧阳修

欧阳子方夜读书，闻有声自西南来者，悚然①而听之，曰："异哉！"初淅沥以萧飒，忽奔腾而砰湃，如波涛夜惊，风雨骤至。其触于物也，鏦鏦铮铮②，金铁皆鸣；又如赴敌之兵，衔枚疾走，不闻号令，但闻人马之行声。余谓童子："此何声也？汝出视之。"童子曰："星月皎洁，明河在天，四无人声，声在树间。"

余曰："噫嘻悲哉！此秋声也，胡为而来哉？盖夫秋之为状也：其色惨淡，烟霏云敛；其容清明，天高日晶；其气栗冽，砭③人肌骨；其意萧条，山川寂寥。故其为声也，凄凄切切，呼号愤发。丰草绿缛而争茂，佳木葱茏而可悦；草拂之而色变，木遭之而叶脱。其所以摧败零落者，乃其一气之余烈。夫秋，刑官也，于时为阴；又兵象也，于行用金，是谓天地之义气，常以肃杀而为心。天之于物，春生秋实，故其在乐也，商声主西方之音，夷则为七月之律。商，伤也，物既老而悲伤；夷，戮也，物过盛而当杀。

"嗟乎！草木无情，有时飘零。人为动物，惟物之灵。百忧感其心，万事劳其形；有动于中，必摇其精。而况思其力之所不及，忧其智之所不能，宜其渥然丹者为槁木，黟④然黑者为星星。奈何以非金石之质，欲与草木而争荣？念谁为之戕贼，亦何恨乎秋声！"

童子莫对，垂头而睡。但闻四壁虫声唧唧，如助予之叹息。

概说：

欧阳修，名永叔，号醉翁，晚年又号六一居士，江南西路吉州庐陵永丰（今江西省吉安市永丰县）人氏。此篇赋文创作于宋仁宗嘉祐四年，即公元1059年，当时欧阳修53岁。彼时的他，正陷入一种不知如何作为的迷茫与苦闷之中，因此，他对于秋天的季节变化显得尤为敏感。《秋声赋》正是在这样的心境与背景下孕育而生的。

注释：

①悚（sǒng）然：惊惧的样子。②鏦鏦铮铮：金属相击的声音。③砭（biān）：古代用来治病的石针，这里是刺的意思。④黟：黑。

解读：

夜晚读书，听到一阵声音从西南方传来，惊恐地侧耳倾听，说道："真是奇怪啊！"开始时声音细碎，忽然间又变得奔腾汹涌，就像夜里惊起的波涛，狂风骤雨突然来临。这声音撞击物体时，发出叮叮当当的响声，金属器物都在鸣响；又像是军队奔赴战场，士兵衔枚疾行，听不到号令声，只听得见人马行进的声音。我对童子说："这是什么声音？你出去看看。"童子说："星月明亮清澈，天河横贯天际，四周没有人声，声音是从树林间发出的。"

我说："唉，多么悲凉啊！这是秋天的声音啊，为什么会这样呢？大概秋天的特征是这样的：它的颜色凄清淡薄，烟雾聚集，云层收敛；它的外貌清明澄澈，天空高远，日光晶亮；它的气息寒冷凛冽，刺痛人的肌肤骨骼；它的意境萧条，山川显得寂静荒凉。所以它发出的声音凄凉哀切，像是在呼号。茂盛的青草郁郁葱葱地争相生长，美丽的树

171

木枝叶繁茂令人愉悦；草儿被秋风吹拂就变色了，树木遭遇秋风就落叶了。这些被摧残衰败的现象，都是秋气余威的表现。秋天是执行刑罚的官吏，在四季中属阴，又像征战的军队，在五行中主金，这就是天地运行的道理，常以肃杀为本性。上天对万物，春天孕育生机，秋天结出果实，所以在音乐中，商声主管西方之音，夷则为七月的音律。商，就是伤，万物衰老令人感伤；夷，就是杀戮，事物过盛就该衰败。

"唉！草木没有感情，到时候自然凋零。人是有情的生物，是万物中最有灵性的。百种忧愁困扰着内心，万般事务劳累着身体；内心有所触动，精神必定摇荡。更何况想到自己力量的不足，忧虑自己智慧的有限，本应该红润的面容变得像枯木，本应该黑亮的头发变得斑白。怎能以非金石的体质，妄想与草木争荣呢？想想是谁在伤害自己，又何必怨恨秋天的声音呢！"

童子没有回答，低头睡着了。只听得四壁传来虫鸣声，仿佛在帮助我叹息。

辨阴阳·养正气：

《秋声赋》通过描写秋夜听闻秋声的经历，既展现了秋天肃杀的气象，又抒发了作者对人生的深刻感悟。文章以"闻声——问答——议论"层层深入，从对秋声的描写引发对人生的哲理思考，最终上升到对生命本质的领悟。作者运用丰富的修辞手法如拟人、比喻等，将秋声描绘得气势磅礴，既有"初淅沥以萧飒，忽奔腾而砰湃"的动态之美，又有"其色惨淡，烟霏云敛"的静态之美，将秋的特征和意境表现得淋漓尽致。

点睛之处如下。一是声音的层次感。从最初的"淅沥""萧飒"到"奔腾""砰湃"，再到"鏦鏦铮铮"，层层递进，营造出秋声由弱渐强、由散到急的特点，展现出作者细腻的艺术感知力。二是议论的深刻性。

"草木无情,有时飘零。人为动物,惟物之灵",简短有力地点明了人与自然的本质区别。作者由此引申出对人生的思考,既显出生命的脆弱,又彰显人的尊严。三是结尾的艺术处理:"童子莫对,垂头而睡。但闻四壁虫声唧唧,如助予之叹息。"以童子的沉睡和虫声作结,既点明深夜,又暗示秋声带来的忧思无人理解,显得格外孤寂凄凉。

这篇赋不仅在艺术上成就斐然,更难能可贵的是它体现了作者对生命本质的思考和对人生境遇的感悟,将自然描写与哲理思考完美结合,在中国古代散文发展史上具有重要地位。

两都赋序

班固

或曰:"赋者,古诗之流也。"昔成、康没而颂声寝,王泽竭而诗不作。大汉初定,日不暇给。至于武宣之世,乃崇礼官,考文章,内设金马石渠之署,外兴乐府协律之事,以兴废继绝,润色鸿业。是以众庶悦豫,福应尤盛,《白麟》《赤雁》《芝房》《宝鼎》之歌,荐于郊庙。神雀、五凤、甘露、黄龙之瑞,以为年纪。故言语侍从之臣,若司马相如、虞丘寿王、东方朔、枚皋、王褒、刘向之属,朝夕论思,日月献纳;而公卿大臣,御史大夫倪宽、太常孔臧、太中大夫董仲舒、宗正刘德、太子太傅萧望之等,时时间作。或以抒下情而通讽谕,或以宣上德而尽忠孝,雍容揄扬,著于后嗣,抑亦雅颂之亚也。故孝成之世,论而录之,盖奏御者千有余篇,而后大汉之文章,炳焉与三代同风。

且夫道有夷隆,学有麤(同"粗")密,因时而建德者,不以远近易则。故皋陶歌虞,奚斯颂鲁,同见采于孔氏,列于

《诗》《书》,其义一也。稽之上古则如彼,考之汉室又如此。斯事虽细,然先臣之旧式,国家之遗美,不可阙也。臣窃见海内清平,朝廷无事,京师修宫室,浚城隍,起苑囿,以备制度。西土耆老,咸怀怨思,冀上之眷顾,而盛称长安旧制,有陋雒邑之议。故臣作《两都赋》,以极众人之所眩曜,折以今之法度。

概说:

班固,字孟坚,扶风安陵(今陕西咸阳东北)人,东汉著名史学家、文学家。

解读:

有人说:"赋这种文体,是古代诗歌的一种分支。"从前成王、康王去世后,颂诗的声音就沉寂了;王者的恩泽枯竭,诗歌也就不作了。汉朝建立初期,事务繁忙无暇他顾。到了武帝、宣帝时期,才开始重视礼仪制度,考订、整理文章著作,在宫内设立金马门和石渠阁,在宫外设立乐府管理音律,以此振兴衰落的文化,延续断绝的传统,为帝业增光添彩。因此百姓欢欣鼓舞,祥瑞之兆尤其兴盛,《白麟》《赤雁》《芝房》《宝鼎》等歌曲,都在郊祭和宗庙祭祀中演奏。神雀、五凤、甘露、黄龙等祥瑞,都被用作年号。所以那些负责进谏的近臣,如司马相如、虞丘寿王、东方朔、枚皋、王褒、刘向等人,朝夕思考,日常献言;而公卿大臣如御史大夫倪宽、太常孔臧、太中大夫董仲舒、宗正刘德、太子太傅萧望之等人,也时常创作。有的是为了抒发下情,进行讽谏;有的是为了宣扬君主的德行,表达忠孝,从容地加以称颂,流传给后代,这也算是雅颂诗的次一等作品了。因此在成帝时期,对这些作品进行评论整理,呈献给皇帝的就有一千多篇,从此大汉的文章才能光辉灿烂地与三代(夏商周)的文风相媲美。

况且道有高低起伏,学问有粗细深浅,随时势而树立德行的人,不会因为时代远近而改变准则。所以皋陶歌颂虞舜,奚斯颂美鲁国,都被孔子收录,列入《诗经》《尚书》,这是同样的道理。追溯上古时代是那样,考察汉朝又是这样。这件事虽然细微,但这是先臣留下的旧制,是国家遗留的美好传统,不可废弃。我私下见到天下太平,朝廷无事,京城在修建宫室,疏浚护城河,建造苑囿,以完备制度。西部的老臣们都心怀怨恨,希望皇上能够关注他们,大力称赞长安的旧制,有贬低洛阳的言论。因此我创作《两都赋》,穷尽众人所炫耀的事物,用当今的法度来加以规正。

辨阴阳·养正气:

《两都赋序》阐述了汉代赋体文学的渊源、发展及其文化意义,同时也说明了作者创作《两都赋》的背景和目的。全文条理分明,论述严谨,体现了作者深厚的文学素养和历史见识。

文章先论述赋体源流,追溯其与诗的关系;继而详述汉代赋学发展的繁荣局面;最后说明创作《两都赋》的现实原因。层层递进,既有历史纵深感,又有现实针对性。

点睛之处如下。一是对赋体定位的精准把握。"赋者,古诗之流也"一句开门见山,既确立了赋与诗的传承关系,又暗示了赋体的独特性,为后文论述奠定基础。二是对汉代文学繁荣的全景式描绘。"内设金马石渠之署,外兴乐府协律之事",既写制度建设,又写具体措施,从多个层面展现了汉代文学的兴盛。列举了从司马相如到萧望之等众多文学家,突出了创作队伍的规模和地位。三是创作目的的巧妙表达。"以极众人之所眩曜,折以今之法度"一句,既表明要详尽描写两都风貌,又暗示要以客观态度评判,避免偏颇,显示了作者的历史责任感和理性态度。

这篇序言不仅交代了《两都赋》的创作缘起,更重要的是系统梳理了汉代赋学发展的历程,展现了赋这一文体在政治、文化生活中的重要地位,是研究汉代文学史的重要文献。同时,其严谨的论述方式和精练的文字风格,也为后世序文写作提供了典范。

赤壁赋

苏轼

壬戌之秋,七月既望,苏子与客泛舟游于赤壁之下。清风徐来,水波不兴。举酒属①客,诵明月之诗,歌窈窕之章。少焉,月出于东山之上,徘徊于斗牛之间。白露横江,水光接天。纵一苇之所如,凌万顷之茫然。浩浩乎如冯虚御风,而不知其所止;飘飘乎如遗世独立,羽化而登仙。

于是饮酒乐甚,扣舷而歌之。歌曰:"桂棹兮兰桨,击空明兮溯流光。渺渺兮予怀,望美人兮天一方。"客有吹洞箫者,倚歌而和之。其声呜呜然,如怨如慕,如泣如诉;余音袅袅,不绝如缕。舞幽壑之潜蛟,泣孤舟之嫠妇②。

苏子愀然③,正襟危坐而问客曰:"何为其然也?"客曰:"'月明星稀,乌鹊南飞',此非曹孟德之诗乎?西望夏口,东望武昌,山川相缪,郁乎苍苍,此非孟德之困于周郎者乎?方其破荆州,下江陵,顺流而东也,舳舻④千里,旌旗蔽空,酾酒⑤临江,横槊⑥赋诗,固一世之雄也,而今安在哉?况吾与子渔樵于江渚之上,侣鱼虾而友麋鹿,驾一叶之扁舟,举匏樽以相属。寄蜉蝣于天地,渺沧海之一粟。哀吾生之须臾,羡长江之无穷。挟飞仙以遨游,抱明月而长终。知不可乎骤得,托遗响于悲风。"

第三章 天成之美的诗词歌赋

苏子曰:"客亦知夫水与月乎?逝者如斯,而未尝往也;盈虚者如彼,而卒莫消长也。盖将自其变者而观之,则天地曾不能以一瞬;自其不变者而观之,则物与我皆无尽也,而又何羡乎!且夫天地之间,物各有主,苟非吾之所有,虽一毫而莫取。惟江上之清风,与山间之明月,耳得之而为声,目遇之而成色,取之无禁,用之不竭。是造物者之无尽藏⑦也,而吾与子之所共适。"

客喜而笑,洗盏更酌。肴核既尽,杯盘狼藉。相与枕藉乎舟中,不知东方之既白。

概说:

苏轼,字子瞻、和仲,号铁冠道人、东坡居士,世称苏东坡、苏仙;眉州眉山(四川省眉山市)人,祖籍河北栾城;北宋著名文学家、书法家、画家;历史治水名人。《赤壁赋》是苏轼在被贬黄州期间创作的。

注释:

①属:通"嘱",致意,此处引申为"劝请"的意思。②泣孤舟之嫠(lí)妇:使孤舟上的寡妇伤心哭泣。③愀(qiǎo)然:容色改变的样子。④舳舻(zhúlú):战船前后相接,这里指战船。⑤酾(shī)酒:斟酒。⑥横槊(shuò):横执长矛。⑦无尽藏(zàng):佛家语,指无穷无尽的宝藏。

解读:

壬戌年秋天,七月十六日,我苏轼与客人乘船游览赤壁。清风缓缓吹来,江面上波澜不惊。我举起酒杯敬客人,诵读描写明月的诗,唱咏美人的歌。过了一会儿,明月从东山升起,在天空北斗星和牵牛星之间

177

徘徊。白露横布江面，水光与天际相连。任凭小船随意漂流，驰骋在茫茫无际的江面上。浩浩荡荡好像凭空御风而行，不知道会停在哪里；飘飘然好像超脱尘世独立，羽化成仙登上天界。

这时我们喝得很尽兴，敲着船舷唱起歌来。歌词是："桂木做的船棹啊木兰做的桨，划破明亮的水面啊逆着流光。我的思绪啊多么邈远，遥望心上人啊在天的一方。"有位客人吹起洞箫来配合歌声。箫声呜呜咽咽，似怨似慕，似哭似诉；余音袅袅，像细丝般绵延不绝。箫声使得深潭中的蛟龙起舞，使得孤舟中的寡妇落泪。

我神色黯然，正襟危坐问客人："为什么会这样呢？"客人说："'月明星稀，乌鹊南飞'，这不是曹操的诗吗？向西望夏口，向东望武昌，山川交错，郁郁葱葱，这不就是曹操被周瑜困在赤壁的地方吗？当初他攻破荆州，占领江陵，顺江东下时，战船绵延千里，旗帜遮蔽天空，在江边饮酒，横执长矛赋诗，确实是一代枭雄，如今在哪里呢？何况我和您在江边水滨打鱼砍柴，以鱼虾为伴，以麋鹿为友，驾着一叶小船，举起酒壶互相劝酒。我们寄身于天地间如同蜉蝣，渺小得像沧海一粟。哀叹生命的短暂，羡慕长江的无穷。想要携带神仙遨游四方，拥抱明月永远长存。深知这些愿望不能立即实现，只能把余音寄托在悲凉的风中。"

我说："客人，你也了解水和月的道理吗？流逝的江水永远这样流淌，却从未真正离去；月亮有圆有缺，最终也并没有增减。如果从变化的角度来看，天地连一瞬间都不会停留；如果从永恒的角度来看，万物与我都是无穷无尽的，又有什么好羡慕的呢！况且天地之间，每样东西都有它的主人，如果不是属于我的东西，即使一根毫毛也不能据为己有。只有江上的清风和山间的明月，耳朵听到就成了声音，眼睛看到就成了色彩，取之不尽，用之不竭。这是造物主无尽的宝藏，是我和您共同享受的东西。"

客人高兴地笑了，洗净酒杯重新斟酒。菜肴果品都已吃完，杯盘狼藉。大家在船中互相以手臂当枕头躺着，不知不觉东方已经发白。

辨阴阳·养正气：

　　《赤壁赋》是一篇气势磅礴、意境深远的名作，通过描写赤壁泛舟的情景，抒发了作者对人生、历史的深刻感悟。全文以"游——歌——议——悟"的结构层层推进，将叙事、抒情、议论完美结合，既有细腻的景物描写，又有深邃的哲理思考。文章在艺术表现上极为出色，既有铺陈壮阔的场面，又有精致典雅的细节；既有沉郁悲凉的感怀，又有豁达旷达的超脱。语言优美凝练，意境空灵深远。

　　此赋的亮点如下。一是开篇的景物描写。"清风徐来，水波不兴"简短两句勾勒出一幅清澈宁静的江面图，为全文奠定了基调；"白露横江，水光接天"更是将夜晚江面的辽阔壮美展现得淋漓尽致。二是音乐描写的艺术性。"如怨如慕，如泣如诉"将洞箫声音的悲凉婉转刻画得入木三分，"舞幽壑之潜蛟，泣孤舟之嫠妇"更是将箫声的感染力形象化地展现出来。三是哲理议论的深刻性。"逝者如斯，而未尝往也"看似矛盾实则蕴含深意，既点明事物的变化性，又暗示其本质的永恒性。"天地之间，物各有主"一段，既是对物欲的超脱，也是对精神自由的追求。四是结构安排的巧妙。以客人的感慨引出历史沧桑之感，再以作者的睿智回应点明人生真谛，最后以酣醉不知天明作结，整个情节推进自然流畅，富有层次感。

　　这篇赋不仅在艺术上成就极高，更重要的是它体现了作者对人生、历史的深刻思考，以及面对困境时豁达旷达的人生态度。其中蕴含的智慧和哲理，对后世产生了深远影响。"惟江上之清风，与山间之明月"，更是成为千古传诵的佳句，代表着一种超然物外的精神境界。

第四章
王官学术与诸子百家的智慧

第一节　易道一体的王官学术体系

在第一章中我们提到中国的文化谱系发展分"文阶段""字阶段"。"文阶段"集大成之智慧，其中典型正是以《易经》为代表的承载宇宙大道的"文系统"。《易经》作为较为成熟的"文系统"，承载着"文阶段"智者集团所获取和传承的智慧，这种智慧指引着执行集团进行社会管理。

这种智者集团与执行集团复合的社会管理模式一直延续到周朝末期，即来到被孔子评价为"礼崩乐坏"的时期。这个阶段，智者集团掌握的智慧系统即《易经》开始散落到民间，不同的人理解了不同的部分而形成相较于《易经》更低层次的但更有针对性的知识体系，这就是我们所谓的"道裂为百"。对"道裂为百"这一现象的深刻认识见于《庄子·天下》："……是故内圣外王之道，暗而不明，郁而不发，天下之人各为其所欲焉，以自为方。悲夫！百家往而不反，必不合矣！后世之学者，不幸不见天地之纯、古人之大体。道术将为天下裂。"换言之，"道裂为百"正是作为智慧巅峰的"道术"，逐渐演变为各种分化和细化的"方术"，形成了儒家、法家、商家、医家、兵家等诸子百家的过程，是一个置于体用关系系统中由体及用的降维过程。可以说，诸子百家仍研究道学，但始终无法企及《易经》本身所蕴含的全部智慧。

老子作为周朝的天师集团的末代传人，对整个"文系统"了然于胸。作为最后的天师，老子不愿"文系统"就此失传而著书立说，也就有了"道本无言，圣人强言之"。这也正是《道德经》开篇所表达的"道可道，非常道"。由此，老子及其代表的道家可以看作"文阶段"智者集团的最后代表、最后的天师集团传人。《道德经》简而言之就是通俗版的《易经》。后世的诸子百家都是在《易经》或《道德经》的基础上发展了自己的学说。这就是"天下文化皆出于易（道）"的由来。

《素书》有言"如其不遇，没身而已"，指出了中国人处世的两种基本系统：出世系统和入世系统。其中，道家表现为典型的出世系统特征，儒家和法家则是入世系统的典型代表，前者立足于人性善，后者立足于人性恶，以扬善惩恶构成了入世系统的阴阳。

第二节 道家

我们所讨论的道家，指的是周代诸子百家学说兴起后，以老子学说为代表的道家，可溯源至春秋时期。道家以"道"为最高智慧追求，认为"道"是宇宙万物的本源和宇宙万物赖以生存的依据，由此衍生的主要思想包括无为而治的政治思想、与自然和谐相处的人生智慧等。汉代以后，随着儒家思想成为主流，道家思想逐渐衰落。到了魏晋南北朝时期，玄学兴起，道家思想重新受到重视。

道家代表人物包括老子、庄子、列子等。

老子（约前571年—约前471年），又名李耳，字聃，号伯阳（一说"伯阳"为后世尊称）。老子是我国古代著名的思想家、哲学家，作为道家学派的创始人和主要代表人物，他与庄子并称"老庄"。在唐朝，老子被尊奉为李姓的始祖。他曾担任周朝守藏室之史，因博学多才而声名远播，孔子曾专程赴周向他请教礼仪。春秋末年，天下纷乱，老子心生归隐之念，遂骑青牛西行。行至函谷关，应关令尹喜之请，老子创作了《道德经》。他主张"道法自然"，强调万物应顺应自然发展，倡导无为而治。

庄子（前369年—前286年），名周，战国时期宋国蒙人。庄子是战国中期思想家、文学家，道家学派代表人物，与老子并称"老庄"。庄子因崇尚自由而不应楚威王之聘，相传仅担任过宋国地方的漆园吏，史称"漆园傲吏"，被誉为地方官吏之楷模。庄子最早提出的"内圣外王"理念对儒家学说产生了深远影响。他深刻理解易理，明确提出《易》以道阴阳"的观点，其"三籁"思想与《易经》的三才之道相契合。他的文章构思独特，想象力丰富，语言运用娴熟，变化多端，能够将微妙难言的哲理阐述得引人入胜。其作品汇集于《庄子》一书，代表作品包括《逍遥游》《齐物论》《养生主》等。

列子（前450年—前375年），名御寇，亦作圄寇，又名寇，字云。列子是战国前期道家代表人物，先秦"天下十豪"之一，思想家、文学家、教育家。列子是在老子与庄子之间的道家学派关键人物，是一位具有代表性的道家学者。其学术根源在黄帝和老子，倡导清净无为的理念，与老庄思想相通，因此被道家尊奉为先辈。他创立了先秦贵虚学派（列子学），其影响历久弥深。

道家思想可以在道家典籍中得窥一斑：

《道德经》（节选）

原文

第一章

道可道，非常道；名可名，非常名。无名，天地之始；有名，万物之母。故常无欲，以观其妙；常有欲，以观其徼。此两者同出而异名，同谓之玄。玄之又玄，众妙之门。

纳百川·成智慧

《道德经》被后世誉为"万经之王",由此前有关《道》《易》溯源的论述可知,《道德经》的问世与华夏王官学术传承的历史有关,其思想基础并非老子原创,而是传承自华夏文明肇始至有周一代圣贤的智慧沉淀,最终在《道德经》中集中体现。作为这部经典的第一章,老子阐发最核心的概念"道":首先,他认为真正的"道"是超越语言和概念的,无法被直接描述或定义,任何尝试用言语表述"道"的行为,都不可避免地会偏离"道"的本质;其次,"无名"和"有名"分别代表了宇宙的原始状态和万物的分化状态,老子认为,这两种状态虽然名称不同,但实际上是统一的,它们共同构成了"道"的两个方面。

整体而言,这段文字中提出了一种超越常规思维的哲学视角,鼓励人们超越语言和概念的限制,通过内心的体验和行动来探索和理解宇宙的根本原理。

原文

第二章

天下皆知美之为美,斯恶已;皆知善之为善,斯不善已。故有无相生,难易相成,长短相形,高下相倾,音声相和,前后相随。是以圣人处无为之事,行不言之教;万物作焉而不辞,生而不有,为而不恃,功成而不处。夫唯不处,是以不去。

纳百川·成智慧

整体而言,第二章通过对立统一的哲学原则,展现了老子对于宇宙和人生的看法。他提倡顺应自然、无为而治的生活态度,以及通过行动而非言语来传递智慧和道德。这些思想对于个人修养、社会治理乃至整个宇宙的理解都有着深远的影响。

原文

第三章

不尚贤，使民不争；不贵难得之货，使民不为盗；不见可欲，使心不乱。是以圣人之治，虚其心，实其腹，弱其志，强其骨。常使民无知无欲，使夫知者不敢为也。为无为，则无不治。

纳百川·成智慧

本章核心思想是，简化或减少人们的欲望，可以使社会更加和谐稳定。老子认为，过度的欲望和竞争是导致社会混乱和不安的根源。无为而治，即不干预自然的发展过程，不制造不必要的欲望和冲突，可以使社会达到一种自然和谐的状态。这种思想对于后世的政治哲学和社会治理有着深远的影响。

原文

第四章

道冲，而用之或不盈。渊兮，似万物之宗。挫其锐，解其纷，和其光，同其尘。湛兮似或存。吾不知谁之子，象帝之先。

纳百川·成智慧

这一章强调了"道"的无限性、深邃性以及它作为万物根源的角色。老子通过描述"道"的特质，表达了对宇宙根本原理的敬畏和探求。同时，这也体现了道家思想中无为而治的理念，即通过顺应"道"的自然法则，可以达到和谐与平衡。这种思想为个人修养、社会治理乃至对宇宙的理解都提供了深刻的启示。

原文

第五章

天地不仁，以万物为刍狗；圣人不仁，以百姓为刍狗。天地之间，其犹橐籥乎？虚而不屈，动而愈出。多言数穷，不如守中。

纳百川·成智慧

本章进一步阐述了老子对自然法则和圣人行为的理解。老子在这里提出了一个看似冷酷的观点，即天地对万物是无偏爱的，它们按照自然法则运行，不带有人类情感中的"仁"。这里的"不仁"不是残忍，而是超越了人类情感的自然公正。"刍狗"是古代用草扎成的狗，用于祭祀，用后即被抛弃。老子用这个比喻来说明天地对万物的平等态度，万物在天地眼中并无贵贱之分，都遵循自然规律生灭。

同时，老子也强调了"道"的无形和中庸之道的重要性，鼓励人们在言行上保持适度，顺应自然规律。这些思想对于个人修养和社会治理都有着重要的启示作用。

《庄子》（节选）

前言

太史公曰："故其（庄子）著书十余万言，大抵率寓言也。"[1]当今来看，十余万字的《庄子》似乎不算鸿篇巨制，但是相较于老子所著的

---

[1] 司马迁《史记·老子韩非列传》。

《道德经》仅传世五千余字，阅读量十分大，故阅读《庄子》的一条捷径便是寻找并阅读一个提纲挈领的篇目，从而达到对庄子整体思想的把握，这篇文章便是《庄子·天下》。

正如现代人著书立说一般，《天下》开宗明义，讲述的便是《庄子》一书的写作背景，即前文所述的历史现象——百家争鸣。用庄子的原话来说，便是：

原文

古之人其备乎！配神明，醇天地，育万物，和天下，泽及百姓，明于本数，系于末度，六通四辟，小大精粗，其运无乎不在。其明而在数度者，旧法、世传之史尚多有之；其在于《诗》《书》《礼》《乐》者，邹鲁之士、搢绅先生多能明之。《诗》以道志，《书》以道事，《礼》以道行，《乐》以道和，《易》以道阴阳，《春秋》以道名分。其数散于天下而设于中国者，百家之学时或称而道之。

天下大乱，贤圣不明，道德不一，天下多得一察焉以自好。譬如耳目鼻口，皆有所明，不能相通。犹百家众技也，皆有所长，时有所用。虽然，不该不遍，一曲之士也。判天地之美，析万物之理，察古人之全，寡能备于天地之美，称神明之容。是故内圣外王之道，暗而不明，郁而不发，天下之人各为其所欲焉，以自为方。悲夫！百家往而不反，必不合矣。后世之学者，不幸不见天地之纯、古人之大体，道术将为天下裂。

纳百川·成智慧

从以上片段可以看出，庄子交代了"道裂为百"之前的古人的学术图景，用现代话语描述便是正确处理了人与自然之间的矛盾，使得天下太平、秩序井然，而古人的思想集中体现在《诗》《书》《礼》《乐》等典籍之中，而当这些典籍散落民间、学术下移庶民之后，却出现"天下大乱，贤圣不明，道德不一，天下多得一察焉以自好"的情况，就像人的眼耳口鼻，各自发挥各自的功能，难以沟通交流。

庄子对于这种天下大乱、道德不一、学者士人"各为其所欲焉，以自为方"的状况进行了无情的批判，认为内圣外王之道属于"暗而不明，郁而不发"的境界，而后世士人都是想从某一方面进行理解实践，这样的路线是行不通的，他追求老子描绘的"绝圣弃智，民利百倍；绝仁弃义，民复孝慈；绝巧弃利，盗贼无有"的无为而治境界。老子和庄子都认为人的智巧看似能解决一些眼前的问题，但是以天地宇宙的尺度，这些智巧最终会破坏终极的规制，不光于事无补还可能加剧对社会的危害。

这种摒弃人智伪巧的思想贯穿《庄子》全书，庄子评价自己的思想，他提笔写道：

■原文

万物毕罗，莫足以归。古之道术有在于是者，庄周闻其风而悦之。以谬悠之说、荒唐之言、无端崖之辞，时恣纵而不傥，不奇见之也。以天下为沉浊，不可与庄语。以卮言为曼衍，以重言为真，以寓言为广。独与天地精神往来，而不敖倪于万物。

■纳百川·成智慧

庄子认为当时的世风学风混乱沉浊，人蔽于曲士曲学，而不能再回归天地大道的母体，庄子决心摒弃人世独与天地精神往来，不再流连于万物与人世间的纷纷扰扰。

《庄子》一书成书于天下大乱的时代背景之下，而庄子作为身怀上古道术绝学的士人，自然不会像其书中描述的那样真正摒弃人世。换句话说，如果庄子真的像今人所想的那样出世，他又何须著书立说以传承绝学，大可以按照后世设想出世而活，不过问人间纷扰。庄子不是不想平天下，只是当时的天下过于混乱，纵使庄子有一身才华，在法家"军功授爵"的利欲驱动下，大道学问看似已经不再具备治世的功效，终究施展无门。但庄子并未选择出世，这是因为道术传承人除了肩负辅助政治集团治理天下的责任之外，还肩负传道和守道的职责。如果天下过于混乱而强行介入，让自身陷入身死魂灭的地步，可能会招致人与道两相丧的境地，故庄周以消极避世的态度、嘲讽的笔调以及寓言故事等作为载体，实际上是在做隐晦传道的工作。《庄子》一书是华夏先贤治国理政的绝学的传承，同时，构建在华夏天人合一的思想观念之上，这些学说"上知天文，下知地理，中知人事（《黄帝内经》）"，可以从修齐治平的角度进行运用，这便是藏在庄周风趣寓言故事后的宇宙大道。

《列子》（节选）

▎前言

　　如上文所述，王官学术的核心是历代天师"观乎天文，以察时变"的智慧结晶。《易》《道》也不乏古人对于天文、宇宙的思考，但是在宇宙生成论方面，《列子·天瑞》无疑是最出彩的，故本书节选该部分以飨读者。

▎原文

《天瑞》（节选）

　　子列子曰："昔者圣人因阴阳以统天地。夫有形者生于无形，则天地安从生？故曰：有太易，有太初，有太始，有太素。太易者，未见气也；太初者，气之始也；太始者，形之始也；太素者，质之始也。气形质具而未相离，故曰浑沦。浑沦者，言万物相浑沦而未相离也。视之不见，听之不闻，循之不得，故曰易也。易无形埒，易变而为一，一变而为七，七变而为九。九变者，究也，乃复变而为一。一者，形变之始也，清轻者上为天，浊重者下为地，冲和气者为人；故天地含精，万物化生。"

纳百川·成智慧

《列子·天瑞》中的这段话是对宇宙生成和自然哲学的深刻阐释，体现了中国古代道家哲学的宇宙观和自然观。

这段话提出了一个关于宇宙起源的问题：有形的万物是如何从无形的状态中产生的？这是一个哲学上的追问，也是对"道"的探索。它表明，在中国古代哲学中，宇宙和万物的生成并非偶然，而是遵循着某种根本的原则或规律。作者通过"太易""太初""太始"和"太素"四个阶段来描述宇宙的生成过程。这四个阶段代表了从无形到有形、从无质到有质的逐步演化。这个过程体现了中国古代哲学家对宇宙生成的系统思考，也反映了他们试图用理性来解释自然现象的努力。

在描述了宇宙生成的阶段性之后，作者又提到了"浑沦"的概念。"浑沦"指的是万物在生成之初的混沌状态，气、形、质三者已经具备但还未分离。这个概念揭示了中国古代哲学家对宇宙初始状态的认识，也体现了他们对自然现象的深刻洞察。这段话还强调了"易"的无形无象特性。"易"在这里被描述为无法被直接感知的存在，它超越了感官体验的范畴。这与《易经》中的"易"有相似之处，都有变化和不可捉摸的特性。这种思想体现了中国古代哲学家对变化和不确定性的深刻理解。作者通过对数字的描述,进一步阐释了宇宙生成过程中的变化和演进。从"一"开始,经过"七"和"九"的变化,最终又回到"一",形成了一个循环。这个过程不仅体现了中国古代哲学家对宇宙生成的系统思考,也反映了他们对自然规律的深刻洞察。

总的来说,这段话通过对宇宙生成过程的描述,展现了中国古代道家哲学的宇宙观和自然观。它体现了中国古代哲学家对宇宙起源、自然现象和变化规律的深刻思考,也反映了他们试图用理性来解释和理解自然的努力。这种思想对后世的哲学、科学乃至文化产生了深远影响。

第三节　儒家

儒家是先秦时期由孔子创立的流派,与其立足的"人性善"相匹配,儒家思想的核心是以德释易。《大学》有言:"大学之道,在明明德,在亲民,在止于至善。"所谓"道",就是宇宙万物运行的规律;所谓"德",就是人在道上,循道而行。儒家思想体系基于个人及天下的"修齐治平"结构,遵循德从个人到社会的同构扩散,由此提出了个体修身、家庭孝道、社会礼乐等不同的衍生内容。

儒家代表人物包括孔子、孟子、荀子等。

孔子(前551年—前479年),子姓,孔氏,名丘,字仲尼,春秋时期鲁国陬邑(今山东省曲阜市)人。中国古代思想家、政治家、教育家,儒家学派创始人。孔子三岁丧父,家道中落,早年做过管粮仓、管放牧的小官。他"少好礼",自幼熟悉传统礼制,青年时便以广博的礼乐知识闻名于鲁,从事儒者之业,以办理丧祭之礼为生。中年聚徒讲学,从事教育活动。年逾五十，曾一度担任鲁国的司寇，摄行相职，积极推行自己的政治主张，不久因与当政者政见不合而弃官去鲁，偕弟子周游列国，宣传自己的政治主张和思想学说，终未见用。晚年回到鲁国，致力于教育事业，整理《诗》《书》，删修《春秋》，以传述六艺为终身志业。

孟子（前372年—前289年），姬姓，孟氏，名轲，字子舆（待考，一说字子车、子居），与孔子并称"孔孟"，鲁国邹（今山东邹城）人。战国时期儒家思想代表人物之一，中国古代思想家、政治家、教育家。孟子父亲早逝，与母亲相依为命，为了给他营造一个良好的成长氛围，孟母曾三次搬家，这也成为历史佳话。学成之后，孟子开始周游列国，游说诸侯，历齐、梁、宋、滕、鲁诸国，均未能见用。晚年孟子回到自己的家乡，在那里传道授业，与弟子们一起，以自己的思想著书立说，最终成就了《孟子》一书。

荀子（约前313年—前238年），名况，字卿（一说时人相尊而号为卿），两汉时因避汉宣帝询名讳称"孙卿"。战国晚期思想家、教育家、儒家学派的代表人物，先秦时代百家争鸣的集大成者。荀子早年游学于齐国，因学问博大，曾三次担任当时齐国稷下学宫的祭酒（学宫之长）。他后来重新整理儒家典籍，有着相当显著的贡献，所著《荀子》一书集中体现了其学术主张和理论思想。

儒家思想在儒家经典中得到体现：

《大学》（节选）

前言

子程子曰："《大学》，孔氏之遗书，而初学入德之门也。于今可见古人为学次第者，独赖此篇之存，而《论》《孟》次之。学者必由是而学焉，则庶乎其不差矣。"

纳百川·成智慧

夫子程颐说："《大学》是孔子遗留下来的书，是初学者进入道德的门径啊。我们当下的人之所以还可以了解古人做学问的次序，完全是依靠这本书，其次才是《论语》和《孟子》。真正的学者要从此开始，循序渐进，这样就不会有什么大问题了。"

我们今天要探讨的第一个问题就是中国文化的"入门"问题。中国文化在本质上是精英文化，也就是说，这种知识体系的学习需要一些前提条件。

首先是学习者的心智水平。心智水平不达到一定的高度，是很难学习中国文化的。这就是《庄子·逍遥游》中所说的"瞽者无以与乎文章之观，聋者无以与乎钟鼓之声。岂唯形骸有聋盲哉？夫知亦有之"。

其次就是本文"于今可见古人为学次第者"中的为学次第，也就是学习的先后顺序。为什么学习的先后顺序很重要呢？这涉及中国的文化经典究竟是什么。众所周知，西方知识体系是一个分科的知识体系，比如区分自然科学和社会科学。接受了系统性的西方科学训练的朋友往往会把中国先贤经典，尤其是儒家经典归类到所谓的社会科学领域，这就犯了"小知不及大知"的毛病。事实上，中国先贤经典，尤其是先秦经典，是基于整体论世界观的"东方科学经典"。"东方科学"是能够贯穿自然世界和人类社会的智慧结晶。

中国先贤经典有着自身的客观性。这种客观性首先表现在学习的方向性和阶梯性上，方向错了，或南辕北辙，或误入歧途。中国人为什么尊师？因为老师是指引方向的人。而人一生学习最大的错误就是方向错误。学习中国文化必须循序渐进，如果理解了中国文化的客观性，就很容易理解这一点，小孩子还没有学会走路，你会指望他先开始跑步吗？这显然是不符合客观规律的。

所以在中国古代，孩童有孩童的学习内容，成年人有成年人的学习内容。朱熹说："古者初年入小学，只是教之以事，如礼、乐、射、御、书、数及孝、弟、忠、信之事。自十六七入大学，然后教之以理，如致知、格物及所以为孝弟忠信者。"第一阶段称为"小学"，第二阶段称为"大学"。"小学是学其事，大学是穷其理"，小学是学习如何洒扫应对、事亲敬长等具体的道德规范，而大学是研究为何要事亲的道理，也就是道德心性从何而来，人为什么要成圣成贤等终极关怀的问题。在道德生活中，既要知其然，又要进一步知其所以然，培养道德自觉和道德自律，达到"从心所欲而不逾矩"的境界。

《礼记·王制》："小学在公宫南之左，大学在郊，天子曰辟雍，诸侯曰泮宫。"《大戴礼记·保傅》："束发而就大学，学大艺焉，履大节焉。"卢辩注："大学，王宫之东者。束发，谓成童。"《汉书·礼乐志》有："古之王者莫不以教化为大务，立大学以教于国，设庠序以化于邑。"

关于小学，《变通小学义塾章程》中对每天的礼仪程式做了说明：每天天明即起，必先在父母前揖禀，洒扫家庭内外，然后入塾；到塾时，先于先生前谒礼，然后轮流洒扫，整几拂案；读书听训，须静寂无哗，不得多言喧闹，坐立尤须端正，切戒歪斜；每归用膳，总须为父母捧粥饭各一次，晚归必向父母兄长伯叔姑婶前作揖叫应……。传统蒙学对礼仪规范、生活习惯等的规定可谓细致入微。

关于大学，《礼记·学记》中说："比年入学，中年考校。一年视离经辨志，三年视敬业乐群，五年视博习亲师，七年视论学取友，谓之小成。九年知类通达，强立而不反，谓之大成。夫然后足以化民易俗，近者说服而远者怀之,此大学之道也。"

▍原文

　　大学之道,在明明德,在亲民,在止于至善。

　　知止而后有定,定而后能静,静而后能安,安而后能虑,虑而后能得。物有本末,事有终始,知所先后,则近道矣。

　　古之欲明明德于天下者,先治其国;欲治其国者,先齐其家;欲齐其家者,先修其身;欲修其身者,先正其心;欲正其心者,先诚其意;欲诚其意者,先致其知;致知在格物。

▍纳百川·成智慧

　　大学的宗旨就在于传播大德,通过教化(亲民)推动人走向全面发展而革新民众(新民),最终达到完美的境界。

　　如果(一个人)学会了取舍,他就有了定力;当一个人有了定力,他的内心就可以走向平静;当一个人有了定力而又内心平静,他整个人就会处于一种安详的状态;这样他就可以深入思考(进行学习);思考后就可以有所得。万物都有其本源与末梢,万事都有其始终,知道了先后的顺序,就已经在向大道迈进了。

　　古时候,一个人如果想彰显大德于天下,就要先治理好自己的国家;如果想治理好自己的国家,就要先治理好自己的家族;要想治理好自己的家族,就要先修身到位;要想修身到位,首先要端正心态;而要想端正心态,就必须心意真诚;而做到心意真诚,就在于已经获得了真知;而获得真知就在于深入探究事物的道理。

　　这段话体现了儒家思想中关于个人修养、社会治理和道德实践的深刻见解。它揭示了从修身到齐家,再到国家治理的递进关系,以及实现这些目标所需的内在修养过程；强调了个人修养的重要性，认为个人的道德品质是社会和谐与国家治理的基础。个人修养的起点是"明明德"，即清晰地认识并践行自己的道德理念。这要求个人不断地自我反省和提升。"亲民"这个概念的核心，意味着循道而行，通过教化（亲民）推动人走向全面发展而革新民众（新民），从而走向真善美的境界。"止于至善"则是一种理想追求，鼓励人们不断追求道德上的完善，以达到最高的善。在修养的过程中，"知止"是一个关键的转折点，意味着要有自知之明，知道自己的极限和目标，这样才能有"定"，即内心的坚定和目标的明确；有了"定"，人的内心才能"静"，即达到一种平和与宁静的状态；内心的宁静是"安"的前提，而"安"则是深思熟虑（"虑"）的基础；深思熟虑之后，人才能达到"得"，即实现目标和获得智慧。另外，这段话还强调了事物发展的顺序性，即"物有本末，事有终始"，指出了认识事物发展的先后顺序对于实现目标的重要性，进一步提出从国家到家庭再到个人的修养路径，即"治国必先齐家，齐家必先修身，修身必先正心，正心必先诚意，诚意必先致知，致知在格物"。这表明，要想实现大的治理目标，必须从个人做起，通过不断的学习和实践，达到对事物本质的深刻理解。

整体而言，这段话体现了儒家思想中关于道德修养、社会和谐与国家治理的系统性思考，强调了从内而外的修养过程和对事物本质的深刻洞察。

原文

　　物格而后知至，知至而后意诚，意诚而后心正，心正而后身修，身修而后家齐，家齐而后国治，国治而后天下平。自天子以至于庶人，壹是皆以修身为本。

其本乱而末治者，否矣。其所厚者薄，而其所薄者厚，未之有也。此谓知本，此谓知之至也。

所谓诚其意者，毋自欺也。如恶恶臭，如好好色，此之谓自谦。故君子必慎其独也。

小人闲居为不善，无所不至，见君子而后厌然，掩其不善，而著其善。人之视己，如见其肺肝然，则何益矣。此谓诚于中形于外。故君子必慎其独也。

曾子曰："十目所视，十手所指，其严乎！"富润屋，德润身，心广体胖，故君子必诚其意。

诗云："瞻彼淇奥，绿竹猗猗，有匪君子，如切如磋，如琢如磨，瑟兮僩兮，赫兮喧兮，有匪君子，终不可谖兮。"如切如磋者，道学也；如琢如磨者，自修也；瑟兮僩兮者，恂慄也；赫兮喧兮者，威仪也；有匪君子，终不可谖兮者，道盛德至善，民之不能忘也。

纳百川·成智慧

探究事物背后的规律才能获得真知，有了真知才会意念真诚，意念真诚后才会有一颗端正的心。这个时候才有可能修身成功，而后才能齐家治国平天下，一以贯之，一路向前。从天子到普通老百姓，（如果想获得成功）莫不以修身为根本。

没有修身之本，而想齐家治国平天下是不可能的。这等同于把该重视的反倒忽视了，把该忽视的反倒重视了，这样怎么可以呢？明白了这个道理，就明白了事物的根本，这就叫致知。

所谓意念真诚，就在于不自欺欺人。就像讨厌臭味那样讨厌邪恶，就像喜欢美丽的女子那样喜欢光明，这样（出于真诚）才能自我平衡。所以，君子要谨慎对待独处的时光（独处是考察诚意的最好方式）。

而那些缺乏修身之本的人，在闲居独处的时候，什么样的坏事都能做得出来。而他们见到有修养的人后又赶紧掩盖自己不好的行为，彰显自己优良的行为。人们了解自己（的外部），就像了解内在的五脏六腑那样，这样的掩藏有什么用处呢？意念真诚虽然是内在的品质，但是他一定会彰显于外在特征上（相由心生）。所以君子一定要谨慎对待自己独处的时光。

更何况，曾子说："人总是不可能避免处于他人的关注下，所以不能不严格要求自己。"财富可以装饰房屋，道德可以滋润身心，内心阔达，身体自然就舒泰，所以君子一定要谨慎对待自己的独处时光。

《诗经》里说："在淇水回旋的深潭之畔，绿竹茂盛的地方，住着文采斐然的卫武公。他治学就像切磋骨器那样严谨，他修身就像琢磨玉器那样谨慎。他的仪表庄重威严，他的品德光明显扬。这样学识渊博、德行高尚的卫武公，老百姓当然难以忘怀。"

这段文字是儒家思想的文学化表达，它以诗意的语言，描绘了一幅从个人修养到社会和谐的宏伟蓝图。它如同一首深邃的诗，吟唱着从内心深处到广阔天地的和谐旋律。它首先引领我们进入一个对事物深刻洞察的世界，在这里，知识不仅仅是外在的积累，更是内在智慧的觉醒。随着认识的深化，人的意志变得纯净，心灵变得正直，如同清澈的泉水，洗净了杂念，显现出本真的自我。随后，这股内在的力量开始向外扩散，影响着家庭以至社会，最终达到国家的治理和世界的和平。这个过程就像是一棵树从根部吸收养分，逐渐生长，直至枝繁叶茂，为世界带来一片绿荫。

文中还巧妙运用对比，揭示了君子与小人的内心世界和行为表现。君子即使在无人之时，也如同在众目睽睽之下，保持着高尚的品德；而小人则在无人时放纵自我，一旦面对君子，便感到羞愧，试图掩盖自己的不足。此外，文中通过《诗经》中的诗句，以雕刻和打磨的比喻，形象地描绘了君子不断自我完善的过程，这不仅是对外在行为的规范，更是对内在品德的雕琢，使之日益完善，达到道德的至善。

整体而言，这段文字以其文学语言和深邃的内涵，展现了儒家文化中关于个人修养与社会责任的哲学思考，同时也为我们提供了一种追求道德完善和社会和谐的价值观和行为准则。它如同一盏明灯，照亮了人们道德修养和社会实践的道路。

▌原文

《康诰》曰"克明德"，《太甲》曰"顾諟天之明命"，《帝典》曰"克明峻德"，皆自明也。

汤之《盘铭》曰"苟日新，日日新，又日新"，《康诰》曰"作新民"，《诗》云"周虽旧邦，其命维新"，是故君子无所不用其极。

《诗》云："邦畿千里，惟民所止。"诗云："绵蛮黄鸟，止于丘隅。"子曰："于止，知其所止，可以人而不如鸟乎？"

《诗》云："穆穆文王，于缉熙敬止。"为人君止于仁，为人臣止于敬，为人子止于孝，为人父止于慈，与国人交止于信。

《诗》云："於戏！前王不忘。"君子贤其贤而亲其亲，小人乐其乐而利其利，此以没世不忘也。

▌纳百川·成智慧

《康诰》中强调要能光耀大德于天下，《太甲》中明确指出要时刻不忘上天赋予的使命,《帝典》则说要彰显伟大的德行。这些经典所强调的都是要修己明德。

商汤时期的浴盆上刻着这样的话语:"既然一天之内能洗净污垢,焕然一新,就可以天天洗净污垢,天天焕然一新,永远保持清新。"《康诰》里说:"要振作殷商的遗民,让他们奋发图新。"《诗经》里说:"周虽然是一个古老的国度,但天命却是新的。"从这个角度来说,有德行的人总是不断地自我更新,以求达到完美的境界。

《诗经》里说:"京都方圆千里,人民安居乐业。"《诗经》里还说:"鸣叫的黄鸟居住在多树的山岗。"孔子感叹说:"连黄鸟都知道该居住在什么地方,难道人反而不如鸟吗?"

《诗经》里说:"文王的风度庄重而恭敬,行事光明正大又谨慎。"作为国君要有仁爱之心,作为臣子,要有敬畏之心;为人子女,要有孝敬之心;为人父母要有慈爱之心;与天下人交往要讲究信誉。

《诗经》说:"前代贤德的君王不被忘怀。"后代的君子推崇他的贤德,热爱他的事业,后世的老百姓从他开创的事业里获得了安乐,享受到了利益,所以他才长久被人敬仰和纪念。

这段话中引用了《诗经》《康诰》《太甲》《帝典》以及汤的《盘铭》,展现了儒家思想中的几个核心概念:贤德、明德、新民、止、仁、敬、孝、慈和信。

贤德与明德:君子以贤德为榜样,亲近贤德之人,小人则追求自己的快乐和利益;《康诰》中的"克明德"和《太甲》中的"顾諟天之明命"以及《帝典》中的"克明峻德"都强调了自我修养和明确道德的重要性。

新民与日新:汤的《盘铭》中的"苟日新,日日新,又日新"和《康诰》中的"作新民"以及《诗经》中的"周虽旧邦,其命维新"都表达了不断更新和自我革新的思想,君子应当在各个方面都追求极致,不断进步。

止:《诗经》中的"邦畿千里,惟民所止"和"绵蛮黄鸟,止于丘隅"以及孔子的提问"于止,知其所止,可以人而不如鸟乎"都体现了"止"的概念,即知道何时应当停止,找到正确的定位和目标。

仁、敬、孝、慈、信:《诗经》中的"穆穆文王,于缉熙敬止"以及孔子关于不同角色应当止于何种德行的论述,强调了在不同社会关系中应当遵循的道德原则;君王应当止于仁,臣子应当止于敬,子女应当止于孝,父亲应当止于慈,人与人之间的交往应当止于信。

整体来看,这段话反映了儒家思想中对于个人修养、社会关系和道德行为的深刻理解。它提倡个人应当追求高尚的道德品质,不断自我更新,同时在社会中找到正确的位置和行为准则,以实现个人的完善和社会的和谐。

原文

子曰:"听讼,吾犹人也,必也使无讼乎!"无情者不得尽其辞,大畏民志,此谓知本。

所谓修身在正其心者:身有所忿懥,则不得其正;有所恐惧,则不得其正;有所好乐,则不得其正;有所忧患,则不得其正。心不在焉,视而不见,听而不闻,食而不知其味。此谓修身在正其心。

所谓齐其家在修其身者,人之其所亲爱而辟焉,之其所贱恶而辟焉,之其所畏敬而辟焉,之其所哀矜而辟焉,之其所敖惰而辟焉。故好而知其恶,恶而知其美者,天下鲜矣。故谚有之曰:"人莫知其子之恶,莫知其苗之硕。"此谓身不修不可以齐其家。

所谓治国必先齐其家者,其家不可教而能教人者无之。故君子不出家而成教于国。孝者,所以事君也;弟者,所以事长也;慈者,所以使众也。

《康诰》曰"如保赤子",心诚求之,虽不中,不远矣。未有学养子而后嫁者也。

■ 纳百川·成智慧

孔子说:"审理诉讼,我也能和其他人一样,审明是非曲直,但是我更在意的是让诉讼不要发生(治未病)。"让奸佞之徒不敢为自己作奸犯科的行为巧言令色狡辩,让人们普遍具有敬畏心,这就是法治的根本。

修身的根本在于正心,如果内心有愤怒,就无法正心;如果内心有恐惧,则无法正心;如果内心贪图享乐,则无法正心;如果内心患得患失,则无法正心。如果内心不端正,思想不集中,就容易视而不见、听而不闻、食美食而不知其味。所以说,修身首先在于正心。

之所以说家族治理在于修身,是因为如果不修身就会偏爱自己喜欢的人,而对不喜欢的人产生偏见,容易无法认清楚自己敬畏的人,对自己同情的人往往支持多,对被自己评价为傲慢懒惰的人往往苛责。所以说,喜欢一个人同时能发现他的不足,厌恶一个人同时能看到他的长处,这样的人实在是太少了。所以民谚说"人们往往因为溺爱看不到自己子女的缺点,往往因为贪婪看不到自己禾苗的繁硕",这就是不进行修身就不能治理好家族的道理。

所以说齐家才能治国,不能齐家而能治国是不太可能的。所以说,有修养的君子就是不离开家也能收到在一国教化的成效,因为孝顺父母和侍奉君王的道理相通,与兄长相处的道理和追随长官的道理一致,为人父母的慈爱之心和为官一方的爱民之心并无二致。

所以《康诰》里说,爱护民众就像父母爱护自己的幼子那样,如此诚心诚意,就算达不到既定目标,也不会差太远。所以,齐家和治国的关系,就像结婚和养子,有谁见过先学会养孩子再出嫁的女子呢?

这段话是关于个人修养、家庭管理和国家治理的教导。

听讼与无讼。孔子说,他在审理案件时,也像普通人一样需要听取双方的陈述,但他的理想是使社会达到"无讼"的和谐状态。他认为,只有当人们能够克制自己的情感和恐惧,不因私欲而偏颇,才能真正理解事情的本质。

修身与正心。孔子强调修身的关键在于正心。当一个人内心充满愤怒、恐惧、欲望或忧虑时,他的心就无法保持正直。心不正,人的行为也会偏离正道。孔子用"视而不见,听而不闻,食而不知其味"来形容心不在焉的状态,说明只有心正,才能做到真正的觉察和体验。

齐家与修身。孔子指出,如果一个人不能修身,那么他也无法管理好自己的家庭。人们往往对自己亲近或厌恶的人有偏见,而这种偏见会影响对事物的正确判断。孔子认为,能够公正地看待自己所爱和所恶的人是罕见的。他用"人莫知其子之恶,莫知其苗之硕"这个谚语来说明人们往往看不到自己孩子的过错,就像他们看不到自己田里庄稼的繁硕。

治国与齐家。孔子认为,如果一个人不能管理好自己的家庭,那么他也无法治理国家。他强调家庭是社会和国家的基础,君子应该从家庭做起,通过家庭的和谐来影响国家。孝顺、尊敬长辈和慈爱是管理国家的重要品质。

《康诰》与教育。孔子引用《康诰》中的"如保赤子"来说明教育的重要性。他认为,教育应该像保护婴儿一样,以真诚和关爱为基础。即使教育的方法不完全正确,只要出发点是真诚的,也不会偏离太远。

孔子还指出，没有人在学会养育孩子之后才结婚，这表明教育是一种自然而发的行为，不需要事先学习。

总的来说，孔子在这段话中强调了个人修养、家庭和谐和国家治理之间的内在联系。他认为，只有通过修身正心，才能达到家庭的和谐，进而实现国家的治理。教育和真诚是实现这一目标的关键。

原文

一家仁，一国兴仁；一家让，一国兴让；一人贪戾，一国作乱。其机如此。此谓一言偾事，一人定国。尧舜率天下以仁，而民从之；桀纣率天下以暴，而民从之。其所令反其所好，而民不从。是故君子有诸己而后求诸人，无诸己而后非诸人。所藏乎身不恕，而能喻诸人者，未之有也。故治国在齐其家。

《诗》云"桃之夭夭，其叶蓁蓁，之子于归，宜其家人"，宜其家人而后可以教国人；《诗》云"宜兄宜弟"，宜兄宜弟，而后可以教国人；《诗》云"其仪不忒，正是四国"，其为父子兄弟足法，而后民法之也。此谓治国在齐其家。

所谓平天下在治其国者，上老老而民兴孝，上长长而民兴弟，上恤孤而民不倍，是以君子有絜矩之道也。所恶于上，毋以使下；所恶于下，毋以事上；所恶于前，毋以先后；所恶于后，毋以从前；所恶于右，毋以交于左；所恶于左，毋以交于右，此之谓絜矩之道。

《诗》云："乐只君子，民之父母。"民之所好好之，民之所恶恶之，此之谓民之父母。《诗》云："节彼南山，维石岩岩，赫赫师尹，民具尔瞻。"有国者不可以不慎，辟则为天下僇矣。《诗》云："殷之未丧师，克配上帝，仪监于殷，峻命不易。"道得众则得国，失众则失国。

第四章　王官学术与诸子百家的智慧

▌纳百川·成智慧

有充满仁爱的家庭才会有充满仁爱的国家，有谦让的家庭才会有谦让的国度；君王一人贪婪暴戾，整个国家就会纷乱。其中的原理就是如此。尧舜以仁爱之心对待天下，天下人也以仁爱之心对之；桀纣以暴虐之心对待天下，天下人也以暴虐之心对之。政令若与自己的行径相反，是不会有人真正遵从的。所以君子用自己拥有的美德去要求别人，剔除了自己的恶性才会去纠正别人。很少听说自己做不到而能要求别人做到的。所以治国首先在于齐家。

《诗经》里描述"桃花艳丽可爱，枝叶青翠茂盛。这个美丽的姑娘出嫁了，全家人都喜乐开怀"，只有让一家人相亲和睦，才有可能教化整个国家的百姓；《诗经》里说"兄弟和睦"，只有家族和谐才能去教化社会；《诗经》里说"国君的礼仪正确，才能成为各国的表率"，国君做到了让自己的家族遵纪守法，人民自然就会遵从法律。所以治国首先在于治理家族。

所谓平天下在治理国家的道理就在于：国君敬老，百姓就会兴起孝道；国君尊敬长者，百姓就会兴起敬长之风；国君怜惜孤儿，举国就会关心这样的孩童。所以说，德行高尚的人是懂得以身示范的道理的。如果厌恶上级的无礼，就不能无礼对待自己的下属；厌恶下级对待自己的方式，就不要用同样的方式对待自己的上级；厌恶前人对待自己的方式，就不要以这样的方式对待后人；厌恶后人对待自己的方式，就不要这样对待前人；厌恶左边的人对待自己的方式，就不要这样对待右边的人；厌恶右边的人对待自己的方式，就不要这样对待左边的人。这就是君子的示范之道。

《诗经》里说："内心祥和的君王，是天下百姓的父母。一个国君如果能以百姓的欢乐为欢乐，痛恨百姓所痛恨的，就相当于百姓的父母。

《诗经》还说:"巍峨雄壮的终南山,山势险峻陡峭。声名赫赫的尹太师,是百姓关注的焦点啊。"所以说,当权者不可以不谨慎,稍有差池就会为天下人所不容。《诗经》中指出:"殷商没有丧失民心的时候,因为符合天道,所以能统率天下(一旦丧失民心,马上就落个改朝换代的下场),所以说,我们要以殷商为鉴,要明白代天行命是一件很不容易的事情。"治国之道就在于得民心者得天下,失民心者失天下。

这段话通过引用《诗经》和孔子的言论,阐述了家庭、个人与国家之间的关系,以及治理国家和实现社会和谐的原则。

家庭与国家的关系。家庭是社会和国家的缩影。一个家庭如果充满仁爱,那么整个国家也会充满仁爱;一个家庭如果谦让,整个国家也会谦让。这说明了家庭的和谐与国家的稳定息息相关。

个人行为与国家治理。领导者的行为会直接影响人民。尧舜以仁爱领导天下,人民也会跟随;桀纣以暴政统治,人民也会效仿。领导者的命令如果与他们的行为相反,人民不会服从。因此,君子应该先要求自己,再要求他人。

修身齐家治国。治理国家的基础在于管理好自己的家庭。《诗经》中的"桃之夭夭,其叶蓁蓁,之子于归,宜其家人"以及"宜兄宜弟"等,都强调了家庭和谐的重要性。只有家庭和谐,才能进一步教育国人。

絜矩之道。絜矩之道是指君子在行为上的自我约束原则。君子应该避免对他人做自己所不喜欢的事情,无论是对上级、下级,还是对前后左右的人。这是一种推己及人的原则,体现了儒家的"恕"道。

民心与国家命运。《诗经》中的"乐只君子,民之父母"表明,领导者应该像父母一样关心人民的喜好和厌恶。而"节彼南山,维石岩岩,赫赫师尹,民具尔瞻"则提醒领导者要谨慎行事,因为他们的行为会受到人民的关注。最后,"殷之未丧师,克配上帝,仪监于殷,峻命不易"强调了得到民心的重要性。

原文

是故君子先慎乎德,有德此有人,有人此有土,有土此有财,有财此有用。德者本也,财者末也。外本内末,争民施夺,是故财聚则民散,财散则民聚。是故言悖而出者,亦悖而入;货悖而入者,亦悖而出。

《康诰》曰"唯命不于常",道善则得之,不善则失之矣。《楚书》曰:"楚国无以为宝,惟善以为宝。"舅犯曰:"亡人无以为宝,仁亲为宝。"

《秦誓》曰:"若有一介臣,断断兮,无他技,其心休休焉,其如有容焉。人之有技,若己有之;人之彦圣,其心好之,不啻若自其口出。寔能容之,以能保我子孙黎民,尚亦有利哉!人之有技,媢嫉以恶之;人之彦圣,而违之俾不通。寔不能容,以不能保我子孙黎民,亦曰殆哉!"唯仁人放流之,迸诸四夷,不与同中国。此谓唯仁人为能爱人,能恶人。

见贤而不能举,举而不能先,命也;见不善而不能退,退而不能远,过也。好人之所恶,恶人之所好,是谓拂人之性,菑必逮夫身。是故君子有大道,必忠信以得之,骄泰以失之。

纳百川·成智慧

所以国君要审慎地修养自己的德行。有了德行,就会获得民心;有了民心,就能保住国土;保住了国土,就会滋养财富;有了财富,国家就会用度不缺。德行是财富的根本,财富是德行的末梢。

如果国君表面讲德行,内心重财富,与民争利就不可避免,结果是获得了财富,却失去了民心。所以说,国君的政令如果违背了本末之理,怎么出去就会怎么回来,不义之财也会因为不义而失去。

《康诰》里说"天命并非永恒不变",积德行善就可以获得它,不积德行善就会失去它。《楚书》里说:"楚国没有什么宝贝,我们只是把善当作宝贝。"重耳的舅舅子范教导晋文公说:"流亡在外的人没有什么宝贝,只有把热爱亲族当作宝贝。"

《秦誓》里说:"有这样的一个臣子,能力不出众,但是道德出众,内心宽广,有容人之量。别人有能力,他就像自己有能力一样高兴;别人德才兼备,他不是仅仅口头赞扬,而是发自内心地喜爱。如果有这样的大臣,就可以保证我们的子孙和黎民百姓的幸福,对国家有利啊!反之,如果妒忌他人的才能,打压他人的贤能,使之不能为君王所知晓,这样的人不能留下来啊!因为他不仅不能保证我们子孙和黎民百姓的幸福,还要祸害国家啊!"只有仁德的君主可以把这样嫉贤妒能的人流放到蛮荒之地,让他不能与中原之地相通。所以说,只有德行高尚的人才知道爱什么人,恨什么人。

发现贤能的人而不能举荐,即使举荐了也不重用,这就是怠慢人才;发现邪恶的人不能罢黜,或者罢黜了却不把他流放到远方,这就是过失。喜欢人民厌恶的,讨厌人民喜欢的,这就是逆民心,灾害一定会降临。所以治国之道就在于亲忠信、远骄泰。

这段文字是《大学》中的一段经典论述,它以深邃的智慧和精练的语言,阐述了德行与物质财富的关系,以及君子应有的品德和行为准则。其核心观点是,德行是一切的基础。"是故君子先慎乎德,有德此有人,有人此有土,有土此有财,有财此有用。"这句话告诉我们,一个有德行的君子,会吸引人们聚集在他身边,进而拥有土地和财富。这里的"德"是根本,而"财"只是结果,不能本末倒置。接着,它警告我们不要过度追求物质财富，而忽视了道德的修养。"外本内末，争民施夺，是故财聚则民散，财散则民聚。"这句话意味着，如果一个统治者只关注财富而忽视德行，最终会导致人心离散；相反，如果能够慷慨解囊，与民同乐，就能赢得民心。它引用了《康诰》《楚书》和《秦誓》等古代文献，进一步强调了德行的重要性。"道善则得之，不善则失之矣。"这句话告诉我们，命运不是一成不变的，只有行善积德，才能得到命运的眷顾。

基于以上认知，它最终提出了君子应有的行为准则："见贤而不能举，举而不能先，命也；见不善而不能退，退而不能远，过也。"这句话意味着，君子应该能够识别并提拔贤能之人，远离不善之人，这是君子应有的品德。

■原文

生财有大道，生之者众，食之者寡，为之者疾，用之者舒，则财恒足矣。仁者以财发身，不仁者以身发财。未有上好仁而下不好义者也，未有好义其事不终者也，未有府库财非其财者也。

孟献子曰："畜马乘，不察于鸡豚；伐冰之家，不畜牛羊；百乘之家，不畜聚敛之臣。与其有聚敛之臣，宁有盗臣。"此谓国不以利为利，以义为利也。长国家而务财用者，必自小人矣。彼为善之，小人之使为国家，菑害并至，虽有善者，亦无如之何矣。此谓国不以利为利，以义为利也。

■纳百川·成智慧

积累财富的道理就在于，创造财富的人多而消耗财富的人少，管理财富的人勤快而使用财富的人节俭，这样，财富就会充足。仁德的人用财富来完善品性，小人则以消耗品性的方式来聚敛财富。没听说过国君仁义而臣子不讲道义的，也没听说过臣子讲道义而国事不能够善始善终的，更没有听说过国家库府里有财富而国君没有财富的。

孟献子说:"用得起用四匹马拉的豪华马车的人，不应该斤斤计较养鸡养猪的小利；凿冰祭丧的家庭，犯不着再追求养牛羊的利益；大国公卿之家，不会蓄养专门聚敛财富的家臣。与其蓄养这样的家臣，宁可有盗窃库府的家臣。"

这样说的目的是告诉大家：国家真正的财富不是财宝而是道义。治理一国的君王专注于积累财富，这一定是听信了小人的谗言。而国君往往认为小人是为了国家，是善意的。而一旦国君任用了这样的人，天灾人祸就会纷至沓来。

一旦如此，即使有与国为善的贤臣，也于事无补。这是因为，物质财富不是国家真正的财富，道义才是国家真正的财富。

这段文字如同一位智者的谆谆教诲，它以一种温和而坚定的语气，向我们传达了关于财富和德行的深刻见解。它告诉我们，真正的财富之道不在于贪婪的积累，而在于一种平衡和节制的生活态度。生产者众多，消费者少，这是对资源的珍惜和对劳动的尊重。创造财富迅速，使用财富合理，这是对效率的追求和对智慧的运用。仁者以财发身，不仁者以身发财。这句话如同一面镜子，映照出每个人内心深处的价值观。仁者用财富来培养自己的德行和才能，他们知道，真正的富有不在于拥有多少，而在于能够给予多少；而不仁者将自我价值与财富挂钩，他们追求的是物质的积累，却忽视了精神的空虚。

"未有上好仁而下不好义者也"，这句话如同一股清流，洗涤着社会的浮躁。它提醒我们，一个国家的领导者如果能够以仁德为先，那么他的人民也会受到感染，整个社会就会形成一种积极向上的风气。孟献子的言论，更代表对国家治理的一种理想追求。他告诉我们，一个国家不应该以聚敛财富为目的,而应该以正义和道德为根基,这样的国家,才能真正实现长治久安。

最后,这段文字以一种警示的口吻,提醒我们过分追求财富的危害。它如同警钟敲响在每个人的心头,提醒我们不要迷失在物质的诱惑中,而忘记了道德的光芒。

《中庸》(节选)

原文

天命之谓性,率性之谓道,修道之谓教。道也者,不可须臾离也;可离非道也。是故君子戒慎乎其所不睹,恐惧乎其所不闻。莫见乎隐,莫显乎微,故君子慎其独也。

纳百川·成智慧

"天命之谓性",说的是人秉承的天命就叫作性,所以在日常生活中我们往往用"性命"一词来表示生命,这也就意味着生命的本质特征在于天命与人的赋能。"率性之谓道",说的是按照这种天性待人处事就是替天行道。而"修道之谓教"是指圣人带领民众以道修身就是教化。

"道也者,不可须臾离也,可离非道也。"这句话是说,修行者应该无时无刻不循道而行,即使有片刻的背离,都是离经叛道。所以"君子戒慎乎其所不睹,恐惧乎其所不闻"。为什么君子"戒慎""恐惧"呢?因为在别人看不见的地方、听不见的地方,错误的滋生就好像在黑暗中发现光点、在细小的东西里挑出巨物那样容易。所以修行的人才不可不谨慎对待独处的时光。

原文

喜怒哀乐之未发，谓之中；发而皆中节，谓之和。中也者，天下之大本也；和也者，天下之达道也。致中和，天地位焉，万物育焉。

仲尼曰："君子中庸，小人反中庸。君子之中庸也，君子而时中。小人之反中庸也，小人而无忌惮也。"

子曰："中庸其至矣乎！民鲜能久矣。"

纳百川·成智慧

喜怒哀乐没有发动的时候，就叫作"中"；合乎情理的发动，就叫作"和"。从这里我们不难看出："和"绝不是和稀泥。与君子和，彬彬有礼，一团和气；与奸佞和，就要迎头痛击，激浊扬清，拨乱反正。"和"的标准在于"中节"。"和"是一种结果，不是手段。为了达到"中节"，无论是和平的手段还是斗争的手段都是可以的。"以斗争求团结则团结存，以退让求团结则团结亡"就是对战争年代求"和"的真知灼见。"中"是万物的根基，而"和"则是根基的发动。有了"中和"的状态，天地万物就能各立其位，万物生生不息。

孔子说：君子的言行符合中庸的原则，而小人的言行却违背了中庸的原则。君子之所以能做到中庸，是因为他时时刻刻都以中庸的标准要求自己。小人之所以违背中庸，是因为其言行往往肆无忌惮。

所以孔子感慨说："中庸可以说是最高的道德标准了，但是很少有人能坚持它。"

原文

子曰："道之不行也，我知之矣：知者过之，愚者不及也。道之不明也，我知之矣：贤者过之，不肖者不及也。人莫不饮食也，鲜能知味也。"

子曰:"道其不行矣夫!"

子曰:"舜其大知也与!舜好问而好察迩言,隐恶而扬善,执其两端,用其中于民,其斯以为舜乎!"

子曰:"人皆曰予知,驱而纳诸罟擭陷阱之中,而莫之知辟也。人皆曰予知,择乎中庸,而不能期月守也。"

子曰:"回之为人也,择乎中庸,得一善,则拳拳服膺而弗失之矣。"

子曰:"天下国家可均也,爵禄可辞也,白刃可蹈也,中庸不可能也。"

子路问强。子曰:"南方之强与?北方之强与?抑而强与?宽柔以教,不报无道,南方之强也,君子居之。衽金革,死而不厌,北方之强也,而强者居之。故君子和而不流,强哉矫!中立而不倚,强哉矫!国有道,不变塞焉,强哉矫!国无道,至死不变,强哉矫!"

纳百川·成智慧

孔子很清楚大道不能畅行的根本原因,就是聪明的人甚至贤能的人往往超过了中庸的上限,而愚鲁的人和行为不端的人往往突破了中庸的下限。过犹不及,所以大道很难通行天下。

舜可以说是有大智慧的人了,他可以做到不耻下问,能够耐心倾听老百姓的言语,抑制丑恶的,弘扬美好的,能够兼察事物好与坏的两端,选取最适宜的在百姓中施行,这就是他能成为明君的原因。普通人往往口头上说自己有智慧,但在欲望的驱使下,陷入牢笼、陷阱和捕网中而不自知;嘴上说着自己有智慧,选择了中庸之道却连一个月都坚守不了。而颜回的为人却不这样,选择了中庸之道,知晓其中任何一种善行,就牢牢记在心间,一时一刻也不忘记。所以说,中庸之难究竟有多难呢?国家可以治理清明,高官厚禄可以放弃,赴汤蹈火可以在所不辞，也未必能做到中庸。

子路向孔子请教强大。孔子回答说：您问的是南方的强，还是北方的强，还是你自己定义的强呢？用宽厚柔和教化别人，对待恶人不冤冤相报，这就是南方的强，君子就属于这个范畴；头枕武器，身披盔甲睡觉，上战场，舍生忘死而不畏惧，这是北方的强大，勇敢强悍的人就属于这个范畴。君子擅长协调但又不随波逐流，这是一种强大；坚守中庸而不偏不倚，也是一种强大；国家清明时，在遭遇个人艰难困苦时不改志向，这是一种强大；国家动乱，宁死不变操守，这更是一种强大啊！

■原文

子曰："素隐行怪，后世有述焉，吾弗为之矣。君子遵道而行，半途而废，吾弗能已矣。君子依乎中庸，遁世不见知而不悔，唯圣者能之。"君子之道费而隐。夫妇之愚，可以与知焉；及其至也，虽圣人亦有所不知焉。夫妇之不肖，可以能行焉；及其至也，虽圣人亦有所不能焉。天地之大也，人犹有所憾。故君子语大，天下莫能载焉；语小，天下莫能破焉。《诗》云："鸢飞戾天，鱼跃于渊。"言其上下察也。君子之道，造端乎夫妇，及其至也，察乎天地。

■纳百川·成智慧

孔子说："那些故弄玄虚、标新立异的人，甚至会被后世传颂，但我不会这么做；君子遵循大道前行，有人半途而废，我不会这样；那些遵循中庸之道的君子，避世隐居不为人重视，他们绝不会因此而后悔。这样的人就是圣人啊。"君子遵循的大道，极其实用而又非常难以捉摸。即使是普通凡夫俗子也能知晓一二；但是要全部通晓，即使是圣人也无法做到；即使是普通老百姓也可以践行一二，但是要做到极致，即使是圣人也不能达到。天地无所不包，但是人们还是有不满意的地方。当君子谈大道的宏阔，似乎找不到可以承载它的东西；而谈及大道的精微，似乎又小到几乎无法剖析它。《诗经》中说："老鹰可以飞上蓝天，游鱼可以下潜至深渊。"中庸之道就是这样。君子坚守的中庸之道，可以是凡夫俗子的生活之道，也可以是天地运转之大道。

原文

子曰："道不远人，人之为道而远人，不可以为道。《诗》云：'伐柯伐柯，其则不远。'执柯以伐柯，睨而视之，犹以为远。故君子以人治人，改而止。忠恕违道不远，施诸己而不愿，亦勿施于人。君子之道四，丘未能一焉：所求乎子以事父，未能也；所求乎臣以事君，未能也；所求乎弟以事兄，未能也；所求乎朋友先施之，未能也。庸德之行，庸言之谨；有所不足，不敢不勉；有余，不敢尽。言顾行，行顾言，君子胡不慥慥尔！"

纳百川·成智慧

大道离我们并不远。如果有人因为修道而孤芳自赏，那就不是在修习大道。《诗经》中说"砍伐木头制作斧柄，其实手中的斧柄就是样本"，所以说"其则不远"。即使如此，抬眼一看，还是觉得做得不是很像。所以，君子以人道治理人，直到当事人痛改前非为止。忠、恕和中庸之道接近，所以说自己不喜欢的，也不要施加在别人身上。中庸之道有四个方面，我孔丘几乎一个方面都没有做好。我要求做子女的孝顺父母，而我自己却做得不够好；我要求做臣子的忠于君主，对此我也做得不够好；我要求做弟弟的要尊重兄长，我同样做得不够好；我要求交朋友要先拿出诚意，而我自己却没有做出表率。中庸道德的践行，中庸言语的严谨，做得不够好的方面，不敢不勤勉；做得尚佳的时候，也不能说是尽善尽美了。如果能做到谨言慎行、言行一致，那么君子怎么会不忠厚老实呢？

■ 原文

君子素其位而行，不愿乎其外。素富贵，行乎富贵；素贫贱，行乎贫贱；素夷狄，行乎夷狄；素患难，行乎患难。君子无入而不自得焉。在上位不陵下，在下位不援上，正己而不求于人，则无怨。上不怨天，下不尤人。故君子居易以俟命。小人行险以徼幸。子曰："射有似乎君子，失诸正鹄，反求诸其身。"

■ 纳百川·成智慧

君子依据自己的身份地位行事，不受外界的干扰。身处富贵，就按富贵的地位行事；身处贫贱，就按贫贱的地位行事；身处夷狄之地，就按夷狄的作风行事；身处苦难之中，就按苦难的处境行事。所以，无论处于何种境地，君子都能泰然处之。身处高位时不欺凌部下，作为下属时不巴结上官。端正自己而不苛求别人，就不容易抱怨。君子不会怨天尤人，平静对待时世变迁静候自己的使命。但小人则是冒险寻求侥幸所得。所以孔子说，君子之道就像射箭，射不中目标，应该从自己身上而不是靶子上找原因啊。

■ 原文

君子之道，辟如行远，必自迩；辟如登高，必自卑。《诗》曰："妻子好合，如鼓瑟琴。兄弟既翕，和乐且湛。宜尔室家，乐尔妻帑。"子曰："父母其顺矣乎！"

第四章　王官学术与诸子百家的智慧

子曰："鬼神之为德，其盛矣乎？视之而弗见，听之而弗闻，体物而不可遗，使天下之人齐明盛服，以承祭祀。洋洋乎如在其上，如在其左右。《诗》曰：'神之格思，不可度思！矧可射思！'夫微之显，诚之不可掩，如此夫。"

■纳百川·成智慧

君子求道，就好像远行必然从脚下开始，登高必然从低处起步。《诗经》里说："夫妻恩爱，就像琴瑟和鸣；兄弟和睦，情深意切。欢乐祥和的家庭里，夫妻子女都会快乐。"这样的家庭自然就让父母放心了。

鬼神的功绩不可谓不大啊，虽然看不见它，听不见它，但是它生养万物，到了祭祀的时节，所有人都斋戒、沐浴、盛装出席，就好像它在我们身边一样。《诗经》里说："造物之神何时降临是无法预测的，所以怎么可以怠慢呢？"从细微到宏大，真实的事物总是无法掩盖的。

■原文

子曰："舜其大孝也与！德为圣人，尊为天子，富有四海之内。宗庙飨之，子孙保之。故大德必得其位，必得其禄，必得其名，必得其寿。故天之生物，必因其材而笃焉。故栽者培之，倾者覆之。《诗》曰：'嘉乐君子，宪宪令德。宜民宜人，受禄于天，保佑命之，自天申之。'故大德者必受命。"

■纳百川·成智慧

舜是一个大孝子，他有圣人的品德、天子的地位、四海的财富，享受宗庙中的祭祀，子孙也因他得到庇护。所以说，大德行道的人必然会获得财富，获得该有的美名，能够尽终其天年。上天生养万物，必然会根据其本性来决定是否厚待它们。值得培养的就培养，自暴自弃的就放弃。《诗经》里是这样描述周成王的："这样优雅和善的君子，美德名满天下，无论是平民百姓还是士大夫，都能与他和谐相处，所以他能够承受天命，贵为天子。"从这个意义上说，大德行道的人必然会承受天命。

原文

子曰："无忧者，其惟文王乎！以王季为父，以武王为子，父作之，子述之。武王缵大王、王季、文王之绪，一戎衣而有天下。身不失天下之显名，尊为天子，富有四海之内。宗庙飨之，子孙保之。武王末受命，周公成文武之德，追王大王、王季，上祀先公以天子之礼。斯礼也，达乎诸侯大夫，及士庶人。父为大夫，子为士，葬以大夫，祭以士；父为士，子为大夫，葬以士，祭以大夫。期之丧，达乎大夫；三年之丧，达乎天子。父母之丧，无贵贱，一也。"

纳百川·成智慧

最无忧无虑的君王，应该数周文王了吧。他的父亲季开创了基业，他的儿子武王拓展了他的事业。武王继承了先辈的功勋，消灭了殷纣而统一了天下。虽然以下犯上，但是因为是伐无道，所以声名不减反增。尊贵为天子，拥有四海之富，享受宗庙祭祀，能够庇佑子孙。武王晚年才承受天命成为天子，他的弟弟周公辅佐成王完成了文王、武王未竟的事业，追尊武王的祖父、父亲为先王，用天子的礼仪祭祀他们。这种礼仪制度从诸侯、士大夫一直贯彻到普通老百姓。父亲是大夫，儿子是士的，以大夫的礼节下葬，以士的礼节祭祀；父亲是士，儿子是大夫的，以士的礼节下葬，以大夫的礼节祭祀。一年之期的丧礼，一直向上贯彻到士大夫阶层；三年之期，也就是父母的丧礼，一直贯彻到皇帝本人。在父母丧葬的礼节上，没有等级贵贱之分，从天子到庶民都是一样的。

▍原文

子曰："武王、周公，其达孝矣乎！夫孝者，善继人之志，善述人之事者也。春秋修其祖庙，陈其宗器，设其裳衣，荐其时食。宗庙之礼，所以序昭穆也。序爵，所以辨贵贱也。序事，所以辨贤也。旅酬下为上，所以逮贱也。燕毛，所以序齿也。践其位，行其礼，奏其乐，敬其所尊，爱其所亲，事死如事生，事亡如事存，孝之至也。郊社之礼，所以事上帝也；宗庙之礼，所以祀乎其先也。明乎郊社之礼、禘尝之义，治国其如示诸掌乎！"

▍纳百川·成智慧

武王和周公可以说是非常孝顺的人了。所谓孝，就是要继承先人遗志，完成先人未竟的事业。在祭祀的季节修葺祖庙，陈列好祭祀的礼器，摆上先人遗留下来的衣裳，进献祭祀先祖的时令吃食。按照宗庙祭祀的礼制，祭祀时要把长幼、亲疏、远近的次序排列出来，还要按照爵位将不同等级的人分辨出来，同时还要按照才能的大小，在祭祀时安排不同的工作内容。敬酒时，晚辈先向长辈敬酒，让祖先的恩泽惠及每个晚辈。举行宴会时，按照长幼顺序排列座次。各就其位，各行其礼，敬畏应该敬畏的，热爱自己的亲人。侍奉亡人就如同他还在世，这就是孝的最高境界啊。郊社的祭礼，是用来祭拜天帝的；宗庙的祭礼，是祭祀祖先的。明白了郊社之礼的意义、大祭小祭的道理，治理国家就像看清自己的手掌一样容易。（根据《礼记·王制》，天子四时之祭，春曰礿，夏曰禘，秋曰尝，冬曰烝。）

▎**原文**

哀公问政。子曰:"文武之政,布在方策。其人存,则其政举;其人亡,则其政息。人道敏政,地道敏树。夫政也者,蒲卢也。故为政在人,取人以身,修身以道,修道以仁。仁者,人也,亲亲为大;义者,宜也,尊贤为大。亲亲之杀,尊贤之等,礼所生也。在下位不获乎上,民不可得而治矣!故君子不可以不修身;思修身,不可以不事亲;思事亲,不可以不知人;思知人,不可以不知天。"

▎**纳百川・成智慧**

鲁哀公向孔子请教如何治国理政。孔子告诉他说:"文王、武王治国理政的道理都写在书板和竹简上了。如果有贤臣,他们的政令就会被贯彻得很好;倘若没有贤臣,他们的政令就不会执行得很好。所以说,用人之道就是要让政令得到很好的推广,用地之道就是让树木成长得更好。治国理政就像水塘中的芦苇,水好,芦苇才会好(古代历来有以水喻民的惯例,这里的水指贤臣)。所以说,治国理政的关键在于贤臣,要想获得贤臣,君王就要注重修身,而修身就要遵循大道,对于君王而言,遵循大道的具体表现就是爱人(民)。爱人最重要的就是要学会亲疏远近有别;所谓义就是采取适宜的方式与人相处,最重要的就是尊重贤人。明白了亲疏远近、高低贵贱,就知道礼制从哪里来了。如果处于下位的人不能从处于上位的人那里得到帮助,就不可能获得民心,国家也就很难被治理清明。所以说,有担当的人不能不考虑修身,而修身就不能不考虑爱人,爱人就不能不明了什么人值得爱,要想知道什么人值得爱,就必须了解天地之间的规律。

第四章　王官学术与诸子百家的智慧

■ **原文**

天下之达道五，所以行之者三。曰：君臣也，父子也，夫妇也，昆弟也，朋友之交也，五者天下之达道也。知，仁，勇，三者天下之达德也，所以行之者一也。或生而知之，或学而知之，或困而知之，及其知之，一也。或安而行之，或利而行之，或勉强而行之，及其成功，一也。子曰："好学近乎知，力行近乎仁，知耻近乎勇。"知斯三者，则知所以修身；知所以修身，则知所以治人；知所以治人，则知所以治天下国家矣。

■ **纳百川·成智慧**

天下通行的大道有五，践行这些大道的方式有三。五道分别是君臣之道、父子之道、夫妻之道、兄弟之道和朋友之道，智慧、仁爱、勇敢则是天下通行的三种美德。践行这些道、德的核心在于专一。这个道理，有的人生而知之，有的人通过学习获得，还有的人因为经历困苦，吃一堑长一智而获得，但是等他们真正明白了，就不会有什么差异了。有的人自然而然就去践行，有的人为了利益而去践行，还有的人被迫践行，但是等他们成功了，效果也是一样的。孔子说：好学的人就接近智慧了，身体力行的人就接近仁爱了，知道羞耻以后就接近勇敢了。知道了智慧、仁爱和勇敢，就知道该怎么修身；知道了如何修身，就会明白如何管理人；明白了怎么管理人，就知道怎么管理国家了。

■ **原文**

凡为天下国家有九经，曰：修身也，尊贤也，亲亲也，敬大臣也，体群臣也，子庶民也，来百工也，柔远人也，怀诸侯也。修身则道立，尊贤则不惑，亲亲则诸父昆弟不怨，敬大臣则不眩，体群臣则士之报礼重,子庶民则百姓劝,来百工则财用足,柔远人则四方归之,怀诸侯则天下畏之。

齐明盛服,非礼不动。所以修身也;去谗远色,贱货而贵德,所以劝贤也;尊其位,重其禄,同其好恶,所以劝亲亲也;官盛任使,所以劝大臣也;忠信重禄,所以劝士也;时使薄敛,所以劝百姓也;日省月试,既廪称事,所以劝百工也;送往迎来,嘉善而矜不能,所以柔远人也;继绝世,举废国,治乱持危。朝聘以时,厚往而薄来,所以怀诸侯也。凡为天下国家有九经,所以行之者一也。

纳百川·成智慧

这段文字提出治理天下有九条准则,即修养身心、尊重贤能、爱惜亲族、尊敬杰出的大臣、体恤群臣、爱护老百姓、吸引手工业者、宽厚对待边远部族、安抚各路诸侯。修养身心,大道就会确立;尊重贤能,就不会有困惑;爱惜亲族,则家族和睦;尊敬杰出的大臣,就不会被小人蛊惑;体恤群臣,就会得到相应的回报;爱护百姓,百姓就会勤勉地工作;吸引手工业者,会让财富丰盈;宽厚地对待边远部族,则四海归心;安抚好了诸侯,天下就会敬畏朝廷。

内心清净,仪表端庄,无礼的事情不做,这就是修身之道;远离谗言和美色,轻财宝而重道德,这是勉励贤能的最好方式;尊重他们的爵位,并给之以相应的俸禄,和他们好恶同心,就是爱惜亲族的方式;给大臣们足够的下属官吏,就是激励他们勤勉工作的方式;给予充分信任和丰厚的薪俸是劝勉士人的方式;轻徭役,减赋税,是激励百姓的方式;每日检查,每月考核,给予的报酬与其劳动相匹配就是激励手工业者的方式;来时热烈欢迎,走时依依送别,嘉奖善行,同情才能不足的人,这就是宽待边远部族的方式;延续中断俸禄的世家,复兴颓败的邦国，治理叛乱，解救危难，定期接见，轻贡礼，重赏赐，就是安抚诸侯的方式。凡是治理国家的都不能避免这九个方面，践行它们的核心在于诚信。

■原文

凡事豫则立，不豫则废。言前定则不跲，事前定则不困，行前定则不疚，道前定则不穷。在下位不获乎上，民不可得而治矣。获乎上有道，不信乎朋友，不获乎上矣；信乎朋友有道，不顺乎亲，不信乎朋友矣；顺乎亲有道，反诸身不诚，不顺乎亲矣；诚身有道，不明乎善，不诚乎身矣。诚者，天之道也；诚之者，人之道也。诚者不勉而中，不思而得，从容中道，圣人也。诚之者，择善而固执之者也。

■纳百川·成智慧

任何事情事先谋划就容易成功，不谋划就容易失败。说话前考虑清楚就不会言语阻滞，做事情考虑清楚就不容易遭遇意外，行动前想清楚就不会内心不安，规则制定前想清楚就不会陷入困境。下级得不到上级支持，就不能治理好百姓。得到上级的支持之道在于得到朋友信任，得到朋友信任之道在于能够孝顺父母，真正的孝顺父母在于真心诚意，而真心诚意的道理在于知晓善恶。诚实是天地之道，所以也是为人处世之道，真诚的人不用勉励就能达到目标，不用过多思考就能有所得，所以自然而然达到中庸，这就是所谓的圣人。因此说，所谓真诚，就是选择善良并且坚持不懈。

■原文

博学之，审问之，慎思之，明辨之，笃行之。有弗学，学之弗能，弗措也；有弗问，问之弗知，弗措也；有弗思，思之弗得，弗措也；有弗辨，辨之弗明，弗措也；有弗行，行之弗笃，弗措也。人一能之己百之，人十能之己千之。果能此道矣。虽愚必明，虽柔必强。

■ 纳百川·成智慧

博览群书，深入探究，仔细思考，清晰分辨，认真实践。认真学习，如果没有学会就绝不停止；深入探究，如果没有弄清楚，就绝不停止；仔细思考，如果没有想明白，就绝不停止；努力辨析，如果辨析不清，就绝不停止；认真实践，实践不到，也绝不停止。别人一遍就可以了，我可以一百遍；别人十遍可以了，我就一千遍。能这样坚持不懈，即使愚笨的人也会变聪明，懦弱的人也会变刚强。

■ 原文

自诚明，谓之性。自明诚，谓之教。诚则明矣，明则诚矣。唯天下至诚，为能尽其性；能尽其性，则能尽人之性；能尽人之性，则能尽物之性；能尽物之性，则可以赞天地之化育；可以赞天地之化育，则可以与天地参矣。

其次致曲。曲能有诚，诚则形，形则著，著则明，明则动，动则变，变则化。唯天下至诚为能化。至诚之道，可以前知。国家将兴，必有祯祥；国家将亡，必有妖孽。见乎蓍龟，动乎四体。祸福将至：善，必先知之；不善，必先知之。故至诚如神。

■ 纳百川·成智慧

因内心真诚而通晓大道，这是天性的作用；因为通晓大道而内心真诚，这是教化的作用。做到了真诚就可以明道，明白了大道就会内心真诚。只有那些最真诚的心，才能真正替天行道；真正替天行道就一定可以实现人的天命，这样就可以物尽其用；做到了物尽其用，就知道了天地化育万物的功效，知道了天地化育万物的功效，就可以与天地相参，天人合一。

稍逊圣人的贤人，能从小事入手而达到真诚，达到了真诚之后就显露出来，日积月累，日益显著，终有一天可以通晓大道，通晓了大道就可以践行大道，这样就可以改变世界。改变了世界就有了化育之功。所以说，只有那些最真诚的人可以承担化育之功。内心真诚、通晓大道的人可以预测未来。国家如果将要兴旺，一定有吉祥的征兆；国家如果即将败亡，一定会有不吉利的征兆。这些或者显像于筮卦之术中，或者显像于人们的日常生活中，据此可以福祸先知。所以说，至真至诚就像是神灵那样。

▌原文

诚者自成也，而道自道也。诚者物之终始，不诚无物，是故君子诚之为贵。诚者非自成己而已也，所以成物也。成己，仁也；成物，知也。性之德也，合外内之道也，故时措之宜也。

▌纳百川·成智慧

所谓真诚就是由真而成，所以说是自己成就自己；而大道自然统率万物。诚就是依道而行，所以它贯穿事物始终。不依道而行，就不会成物，所以君子以诚为贵。真正的真诚不仅成就自己，而且成就万物。成就自己叫作仁，成就万物叫作智慧。这就是本性之德，符合天地之间的大道，随时随地都适合去施行。

原文

故至诚无息，不息则久，久则征；征则悠远，悠远则博厚，博厚则高明。博厚，所以载物也；高明，所以覆物也；悠久，所以成物也。博厚配地，高明配天，悠久无疆。如此者，不见而章，不动而变，无为而成。天地之道，可一言而尽也。其为物不贰，则其生物不测。天地之道：博也，厚也，高也，明也，悠也，久也。今夫天，斯昭昭之多，及其无穷也，日月星辰系焉，万物覆焉。今夫地，一撮土之多，及其广厚，载华岳而不重，振河海而不泄，万物载焉。今夫山，一卷石之多，及其广大，草木生之，禽兽居之，宝藏兴焉。今夫水，一勺之多，及其不测，鼋鼍、蛟龙、鱼鳖生焉，货财殖焉。

《诗》曰"惟天之命，於穆不已！"，盖曰天之所以为天也；"於乎不显，文王之德之纯！"，盖曰文王之所以为文也，纯亦不已。

纳百川·成智慧

至真至诚就不会停息，永不停息就长久不殆，长久不殆就会应验；应验了之后就更会流传，流传之后就会广博深厚，广博深厚之后就会高大光明。广博深厚就可以承载万物，高大光明就可以覆盖万物，经久不息就可以孕育万物。所以说，大地广博深厚，苍天高大光明，天地经久不衰。天地不刻意显像却自然彰明，不刻意变动却改变万物，无为而治却达成一切。天地之间大道，用一句话来说就是——以不变的大道对待万物，以不可穷尽的大道生养万物。所以天地之道，广博、深厚、高大、光明、长久、不息。说到天，小而言之不过是一片光明，大而言之，无穷无尽，承载日月星辰，覆盖万物。说到地，小而言之，不过是一抔土，大而言之，承载三山五岳而不觉沉重，收拢江河湖海也不见泄漏，万物都生长在大地上。谈及山，小而言之，几块石头而已，大而言之，奇花异草、苍松翠柏生长于此，百鸟万兽生长于此，各种宝藏埋藏于此。谈及水，小而言之，一勺也是水，大而言之，蛟龙、鼋鼍和各种鱼鳖都生于此，数不清的货物、财宝也产自此。

《诗经》里说：天道永不停歇，这就是天命，从不刻意外显，文王的道德如此精纯啊，这就是文王之所以为王的原因吧，因为精纯就不会停止。

▋原文

大哉！圣人之道洋洋乎！发育万物，峻极于天。优优大哉！礼仪三百，威仪三千，待其人而后行。故曰："苟不至德，至道不凝焉。"故君子尊德性而道问学，致广大而尽精微，极高明而道中庸，温故而知新，敦厚以崇礼。是故居上不骄，为下不倍；国有道，其言足以兴；国无道，其默足以容。《诗》曰："既明且哲，以保其身。"其此之谓与！

▋纳百川·成智慧

圣人奉行的大道是多么的浩大啊！生发抚育万物，高耸可以达到天庭。这样的大道包揽万物，有礼仪三百、威仪三千，圣人出就会被推行。所以说，如果没有最高明的德行，大道就不会被施行。所以君子尊崇德行，学习大道，既能广博深厚，又能精致细微，既能够达到高大光明的境地，又可以遵循中庸之道，能够通过回顾旧识而理解新知，为人朴实厚道而尊崇礼节。所以能做到身居上位不傲慢，身居下位不背离。国家政治清明的时候，建言献策，兴国安邦；国家政治昏庸的时候，就用静默保全自己。《诗经》里说，通晓大道而又富有人生智慧，所以能保全自己，说的就是这个道理。

原文

子曰："愚而好自用，贱而好自专，生乎今之世，反古之道：如此者，灾及其身者也。"非天子，不议礼，不制度，不考文。今天下车同轨，书同文，行同伦。虽有其位，苟无其德，不敢作礼乐焉；虽有其德，苟无其位，亦不敢作礼乐焉。子曰："吾说夏礼，杞不足征也；吾学殷礼，有宋存焉。吾学周礼，今用之，吾从周。"

纳百川·成智慧

孔子说："愚蠢的人喜欢刚愎自用，卑贱的人往往独断专行，生活在当今社会，却打算泥古不化，像这样的人，灾祸一定会降临到他们身上。"不是天子，不会妄议礼制，不敢制定法度，不会考定文字。如今天下车同轨，书同文，有共同的伦理道德。虽然有天子的身份，如果没有天子的德行，是不敢制作礼乐的；有了天子的德行，但是没有天子的地位，也是不敢制作礼乐的。孔子说："如果我们谈夏朝的礼仪，如今只有杞国存在，是不足以验证的；如果我们谈殷商的礼仪，也只有一个宋国尚存。但是周朝的礼仪，大家都还在实行着，所以，我遵从周朝的礼法。"

原文

王天下有三重焉，其寡过矣乎！上焉者虽善无征，无征不信，不信，民弗从；下焉者虽善不尊，不尊不信，不信，民弗从。故君子之道，本诸身，征诸庶民，考诸三王而不缪，建诸天地而不悖，质诸鬼神而无疑，百世以俟圣人而不惑。质诸鬼神而无疑，知天也；百世以俟圣人而不惑，知人也。是故君子动而世为天下道，行而世为天下法，言而世为天下则。远之则有望，近之则不厌。《诗》曰："在彼无恶，在此无射。庶几夙夜，以永终誉！"君子未有不如此而蚤有誉于天下者也。

纳百川·成智慧

君王统治天下有三件重要的事情——礼仪、法治、文字，做好了这三件事，就不会有太多的过错了。身居上位，虽然善良却不能被人验证，不能被人验证就不能取信于民，不能取信于民就不能让百姓服从；身居下位者虽然善良却不被尊崇，不被尊崇就不能取信于民，不能取信于民就不能让百姓服从。所以说，君子之道在于自身的德行能够得到验证和取信于民。能够经得起夏商周三代礼制的考究而不错，要立于天地之间而没有悖误，要经得起鬼神考验而不存疑，能够历经百代等待圣人而不存疑惑。经得起鬼神考验，是上达天意；历经百代等待圣人而不困惑，这是通晓民意。所以君子行动的方向就是世世代代天下的方向，君子践行的方法可以世世代代为天下效法，君子的言谈内容可以世世代代为天下的准则。离得远了就让人仰慕，离得近了就让人亲近。《诗经》里说："诸侯们在领土上让人尊敬，来觐见天子，也没人讨厌他们。他们早起晚睡，勤于政事，美名长久流传。"所以说，君子身处天地之间，没有不这样却能获得美名的。

原文

仲尼祖述尧舜，宪章文武：上律天时，下袭水土。辟如天地之无不持载，无不覆帱，辟如四时之错行，如日月之代明。万物并育而不相害，道并行而不相悖，小德川流，大德敦化，此天地之所以为大也。

唯天下至圣为能聪明睿知，足以有临也；宽裕温柔，足以有容也；发强刚毅，足以有执也；齐庄中正，足以有敬也；文理密察，足以有别也。溥博渊泉，而时出之。溥博如天，渊泉如渊。见而民莫不敬，言而民莫不信，行而民莫不说。是以声名洋溢乎中国，施及蛮貊。舟车所至，人力所通，天之所覆，地之所载，日月所照，霜露所坠，凡有血气者，莫不尊亲，故曰配天。

纳百川·成智慧

孔子遵循尧舜的传统，效法文王、武王的典章制度，对上符合天时节律，对下因循水土地利。这就好像天地没有什么不能加载的，没有什么不能覆盖的；如同四季流转，日月更迭。万物共生彼此不侵害，大道并行而不背离，小德如江海川流不息，大德则温厚教化万物。这就是天地这么盛大的原因啊。

只有天下最崇高的圣人，才能拥有智慧，足以君临天下。宽宏大量，温和柔顺，能够包容天下；奋发图强，刚强勇毅，足以决断天下大事；威严庄重，中正平和，使人肃然起敬；通晓事理，明辨秋毫，所以能区别善恶；他的美德宽广而深厚，应时而发；因为宽广而深厚，民众没有不敬服的。号令天下，没有不信服的；起而践行，没有不高兴的。声名传遍中国，远播边陲，只要是舟车可以到的地方，人力可以通行的地方，天能覆盖到的地方，地能承载的地方，日月可以照到的地方，霜露能够坠落的地方，但凡有血气的，不由得不敬仰和亲近。这就叫德配天地。

原文

唯天下至诚，为能经纶天下之大经，立天下之大本，知天地之化育。夫焉有所倚？肫肫其仁！渊渊其渊！浩浩其天！苟不固聪明圣知达天德者，其孰能知之？

第四章 王官学术与诸子百家的智慧

■ 纳百川·成智慧

只有天下的最真诚,才能成为经纶天下的原则,才能立天下的根本,才能知晓化育万物的道理。是他有所凭借吗?不过是因为他仁心诚挚,思虑深刻,德高如天。如果不是聪明智慧达到天地智慧的高度,怎么可能知晓这一切呢?

■ 原文

《诗》曰:"衣锦尚䌹。"恶其文之著也。故君子之道,暗然而日章;小人之道,的然而日亡。君子之道,淡而不厌,简而文,温而理,知远之近,知风之自,知微之显,可与入德矣。《诗》云:"潜虽伏矣,亦孔之昭!"故君子内省不疚,无恶于志。君子之所不可及者,其唯人之所不见乎!《诗》云:"相在尔室,尚不愧于屋漏。"故君子不动而敬,不言而信。《诗》曰:"奏假无言,时靡有争。"是故君子不赏而民劝,不怒而民威于铁钺。《诗》曰:"不显惟德!百辟其刑之。"是故君子笃恭而天下平。《诗》云:"予怀明德,不大声以色。"子曰:"声色之于以化民,末也。"《诗》曰:"德輶如毛。"毛犹有伦,上天之载,无声无臭,至矣!

■ 纳百川·成智慧

《诗经》里说"在锦衣上披上单衣",这是因为厌恶锦衣的华彩。所以君子之道,看似平淡无奇却逐日彰显;小人之道,看似光彩耀眼却逐日衰亡。君子之道,外在平淡而内在丰富,外表简单而内含文采,外表温和而内在有原则,了解远处从近处开始,教化外人从自己开始,知道微小会影响宏大的道理,所以能够进入大德的境界。《诗经》里说:"鱼儿潜在深水之中,仍然可以被人看见。"君子经常省察自己的内心就会没有懊恼，就不会影响心志。所以说，君子之所以不可追赶，就在于他能在人们看不见的地方用功。《诗经》里说："独处一室，内心坦荡而无愧疚。"君子能够还没行动就赢得尊敬，没有言语就获得信任。《诗经》里说："默默祈祷，祈祷不要再起纷争。"所以真正的君子可以做到不赏赐财富就能激励民众，不威吓就能让百姓敬畏。《诗经》里说："充分弘扬美德，诸侯就会效法。"所以君子有真诚的敬畏心，天下就会太平。《诗经》里说："文王从不疾言厉色，他的德行让人怀念。"孔子说："以疾言厉色来教化百姓，是本末倒置啊。"《诗经》里说"道德犹如鸿毛"，但即使是鸿毛，也有可以类比的，上天所承载的（即天道）却无声无味，这就是最高的境界啊。

《论语》（节选）

原文

子曰："学而时习之，不亦说乎！有朋自远方来，不亦乐乎！人不知而不愠，不亦君子乎！"

纳百川·成智慧

学而时习之，是什么意思呢？首先让我们来看看最初的"学"字字形：

最初的"学"是两只手拿着"爻"的字体组合。爻在古文化中象征天地变化，手拿着爻是把握天地变化的意思。也就是说，"学"字的本义是获得真知。

"习"字,《说文解字》中说"数飞也",是小鸟学飞的意思。

综合以上,这段话的意思是:获得真知,并且去实践它,难道不是很快乐的事情吗?有朋友从远方来,难道不是一件快乐的事情吗?别人不了解我乃至误解我,我却不生气,这就是君子的风度。

每次读到这样一段话,都会感慨:几千年前的中国人幸福的来源是真知、实践、友谊而不是豪宅、大餐。很显然,社会达尔文主义者是不适合中国国情的。

原文

有子曰:"其为人也孝弟,而好犯上者,鲜矣;不好犯上而好作乱者,未之有也。君子务本,本立而道生。孝弟也者,其为仁之本与!"

曾子曰:"吾日三省吾身,为人谋而不忠乎?与朋友交而不信乎?传不习乎?"

纳百川·成智慧

有子(孔子的学生)说:"我们很少听说,一个人在家里孝顺父母,爱护兄弟姐妹,在外却喜欢冒犯上位;从不冒犯上位却喜欢作乱的人,基本不存在。君子专注于根本的东西,根本的东西得到了确立,大道就会畅行。孝悌就是仁爱的根本。"

曾子说:"我每天都会省察自己:帮别人做事尽心尽力了吗?与朋友交往言而有信了吗?老师教授的知识用心温习了吗?"

原文

子曰:"道千乘之国,敬事而信,节用而爱人,使民以时。"

子曰:"弟子入则孝,出则弟,谨而信,泛爱众而亲仁。行有余力,则以学文。"

子夏曰："贤贤，易色；事父母，能竭其力；事君，能致其身；与朋友交，言而有信。虽曰未学，吾必谓之学矣。"

子曰："君子不重，则不威，学则不固。主忠信，无友不如己者。过，则无惮改。"

曾子曰："慎终，追远，民德归厚矣。"

纳百川·成智慧

孔子说："治理一个实力雄厚的诸侯国，就是要做事有敬畏感，做人言而有信，节约用度，爱护百姓，安排百姓服劳役要尽量在农闲的时候。"

孔子说："作为年轻人，在家就要孝顺父母，在外就要敬重兄长，做事严谨，为人守信，要以博爱的胸怀对待众人，要亲近有仁德的君子。完成应做的事情，如果还有精力的话，就去学习经典。"

子夏说："尊重贤能，远离欲望。孝顺父母能够竭尽全力，服务君王能全心全力为其分忧，与朋友交往言而有信，这样的人，即使他谦虚说自己没啥学问，我会认为他是一个学而有成的人。"

孔子说："君子没有内涵，就不会让人敬畏，即使学习，也很难有所得，培养起诚实守信的品德，不要与品性还不如自己的人交往。犯了错误，不要怕改正。"

曾子说："能够慎重对待丧礼，能够严肃追忆先祖，让人知道从哪里来到哪里去，整个社会就会民风淳朴、道德隆盛。"

原文

子禽问于子贡曰："夫子至于是邦也，必闻其政，求之与？抑与之

第四章　王官学术与诸子百家的智慧

与?"子贡曰:"夫子温、良、恭、俭、让以得之。夫子之求之也,其诸异乎人之求之与?"

■ 纳百川·成智慧

子禽问子贡:"先生每到一个国家,必然能获知这个国家的政事。他是求别人告诉他的,还是别人主动告诉他的呢?"子贡回答他说:"先生依靠自己的温和、善良、恭敬、俭朴、谦卑,让别人主动告诉自己。所以说,先生获取政事的方式和一般人是不太一样的。"

■ 原文

子曰:"父在观其志,父没观其行,三年无改于父之道,可谓孝矣。"

有子曰:"礼之用,和为贵,先王之道,斯为美,小大由之。有所不行,知和而和,不以礼节之,亦不可行也。"

有子曰:"信近于义,言可复也;恭近于礼,远耻辱也。因不失其亲,亦可宗也。"

■ 纳百川·成智慧

孔子说:"父亲在的时候,主要看他的志向;父亲不在的时候就要看他的行为;多年也不改父亲的初衷,这才是孝道。"

有子说:"礼制的作用在于和谐,先王的做法就是如此,无论事情大小,和谐为美。但是为了和谐而和谐,不用礼法节制,就做不到这一点。"

有子说:"信符合大义,才能言而有信;恭敬符合礼制,才能远离耻辱。因为这样做符合事物的根本,所以符合大道。"

237

原文

子曰:"君子食无求饱,居无求安,敏于事而慎于言,就有道而正焉,可谓好学也已。"

子贡曰:"贫而无谄,富而无骄,何如?"子曰:"可也,未若贫而乐,富而好礼者也。"子贡曰:"《诗》云'如切如磋,如琢如磨',其斯之谓与?"子曰:"赐也,始可与言《诗》已矣,告诸往而知来者。"

子曰:"不患人之不己知,患不知人也。"

纳百川·成智慧

孔子说:"君子不沉溺于物欲,不满足于小家庭的安逸,做事勤勉而言语谨慎,追寻道德高尚的人,随时调整自己的状态。这就叫好学。"

子贡问孔子:"贫穷时不谄媚,富贵时不骄傲,这样的人应该算不错了吧?"孔子说:"的确不错,但是贫穷时仍然不忘记完善德行,富贵时更加崇尚礼节更好。"子贡说:"《诗经》里说,就像加工骨器那样,切完了还要磋,就像加工玉器那样,琢完了还要磨,说的就是这样的感觉吧?"孔子说:"你有这种感觉,我就可以给你讲《诗经》了,因为你能举一反三了。"

孔子说:"不要担心别人不了解自己,要担心自己不了解别人。"

原文

子曰:"为政以德,譬如北辰,居其所而众星共之。"

子曰:"《诗》三百,一言以蔽之,思无邪。"

子曰:"道之以政,齐之以刑,民免而无耻;道之以德,齐之以礼,有耻且格。"

子曰:"吾十有五而志于学,三十而立,四十而不惑,五十而知天命，六十而耳顺，七十而从心所欲不逾矩。"

■纳百川·成智慧

孔子说："施行德政，就像北斗因处在了正确的位置而为众星环绕那样自然。"

孔子说："《诗经》有三百篇之多，它的优点，一言以蔽之，就是思想光明纯正。"

孔子说："一个国家如果用政令来引领百姓，用刑法来规范百姓，老百姓就会仅仅被动地追求免于刑罚而不知道礼义廉耻；如果以道德引领百姓，用礼仪来规范百姓，老百姓就会明白礼义廉耻而能主动修正自己的错误。"

孔子说："我十五岁时立志求学，三十岁时初步有了自己的立身之本，四十岁就不再被现象而迷惑，五十岁渐渐就明白了人生的意义，六十岁就能够通晓自己所知晓的，到了七十岁就可以随心所欲而不逾越礼法。"

■原文

孟懿子问孝，子曰："无违。"樊迟御，子告之曰："孟孙问孝于我，我对曰'无违'。"樊迟曰："何谓也？"子曰："生，事之以礼；死，葬之以礼，祭之以礼。"

孟武伯问孝，子曰："父母唯其疾之忧。"

子游问孝，子曰："今之孝者，是谓能养。至于犬马，皆能有养；不敬，何以别乎？"

子夏问孝，子曰："色难。有事，弟子服其劳；有酒食，先生馔，曾是以为孝乎？"

▍纳百川·成智慧

孟懿子向孔子讨教什么是孝,孔子回答他说:"不要有违礼节。"樊迟给孔子驾车的时候,孔子告诉他说:"孟孙向我请教孝道,我告诉他说,不要违背礼节。"樊迟追问具体是什么意思,孔子进一步解释说:"生前按礼仪侍奉他们,死后按礼仪安葬他们,祭祀他们。"

后来孟懿子的儿子孟武伯又向孔子请教孝道,孔子说:"要能做到让父母仅仅担心你们的健康就对了(这句话的潜台词是子女品行无忧,就是行孝)。"

子游向孔子请教孝道,孔子回答说:"今天所谓的孝道不过是供养父母,可是你想想,你家里同样也养着狗和马,除了供养,如果不能敬重父母,那这之间有什么区别呢?"

子夏向孔子请教孝道,孔子说:"对父母和颜悦色是最难的,不要以为为父母做点儿事,给父母点儿好吃的就是孝顺。"

▍原文

子曰:"吾与回言终日,不违,如愚。退而省其私,亦足以发,回也不愚。"子曰:"视其所以,观其所由,察其所安。人焉廋哉?人焉廋哉?"

子曰:"温故而知新,可以为师矣。"

子曰:"君子不器。"

子贡问君子,子曰:"先行其言而后从之。"

子曰:"君子周而不比,小人比而不周。"

子曰:"学而不思则罔,思而不学则殆。"

子曰:"攻乎异端,斯害也已。"

■ 纳百川·成智慧

孔子说:"我曾经和颜回说了一整天,也听不到他的意见,整个人就像个傻子。等他退下了,观察他私下的言行,发现他不仅理解了我的观点,还能启发别人,所以说颜回一点儿都不傻啊。"所以说,看一个人,不仅要看他做了什么,还要了解他为什么这么做,以及做事以后的心境,如此这般,人还能隐藏自己吗?

孔子说:"回顾旧识而能获得新知,这样的人就可以当老师了。"

真正的君子不会像一器一物,他纵横开阖,不滞于物。

子贡问孔子什么是君子,孔子说,行在言先、言行合一的人才配谈君子。

孔子说:"小人勾结而不团结,君子团结而不勾结。"

孔子说:"学习而不思考就会混沌,思考而不学习就会停滞不前。"

孔子说:"研究错误的东西,本身就是错误。"

■ 原文

子曰:"由!诲女知之乎!知之为知之,不知为不知,是知也。"

子张学干禄。子曰:"多闻阙疑,慎言其余,则寡尤;多见阙殆,慎行其余,则寡悔。言寡尤,行寡悔,禄在其中矣。"

哀公问曰:"何为则民服?"孔子对曰:"举直错诸枉,则民服;举枉错诸直,则民不服。"

季康子问:"使民敬、忠以劝,如之何?"子曰:"临之以庄,则敬;孝慈,则忠;举善而教不能,则劝。"

■ 纳百川·成智慧

孔子说:"子路啊,我来教教你如何获得真知,那就是明白的不要装糊涂，糊涂的不要装明白，坚持下去就会获得真知。"

子张请教入仕的路径，孔子说："要以广博的见闻来减少疑惑，即使是自己明白的也要慎言，这样就能减少忧患；还要用广博的见闻来规避风险，即使自己有能力做也要慎行，这样就能减少后悔。说话不带来忧患，行为不导致懊悔，仕途就会一帆风顺。"

鲁哀公请教孔子："怎么做才能让老百姓顺服呢？"孔子回答说："让正直的人比小人更有地位，老百姓就顺服；如果让小人比正直的人更得势，老百姓就不会顺服。"

季康子请教孔子说："如何才能让老百姓发自内心地敬重、忠诚于国家呢？"孔子回答说："用庄重的态度对待他们，他们就会回以尊敬；孝敬年老的爱护年少的，他们就会忠心耿耿；选用贤德的人教育能力不够的人，他们就会受到激励。"

原文

或谓孔子曰："子奚不为政？"子曰："《书》云'孝乎！唯孝，友于兄弟'。施于有政，是亦为政，奚其为为政？"

子曰："人而无信，不知其可也。大车无輗，小车无軏，其何以行之哉？"

子张问："十世可知也？"子曰："殷因于夏礼，所损益，可知也；周因于殷礼，所损益，可知也。其或继周者，虽百世可知也。"

子曰："非其鬼而祭之，谄也。见义不为，无勇也。"

纳百川·成智慧

有人问孔子，你为啥不从政呢？孔子说："《尚书》里说，孝顺不仅仅是孝敬父母，它也会延伸到友爱兄弟。所以说，做的事情只要原理可以应用到政治上就等于是从政了,何必拘泥于当不当官呢?"

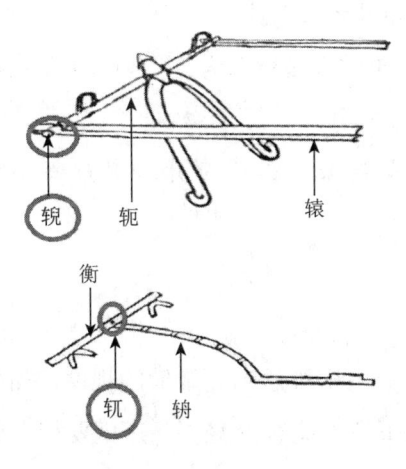

孔子说:"人如果不讲信用,那就没办法了,这就好像大车没有了輗,小车没有了軏,就没法行走了。"为什么没了輗、軏,车就没法行走了呢?古代用牛拉的车叫大车,用马拉的车叫小车,要把牲口套在车辕上。车辕前面有一道横木,就是套牲口的地方。大车的横木叫轭,轭两头都有关键点(活销),輗就是轭的关键。车子没有它,自然无法套住牲口,那怎么能走呢?軏是小车上的销钉。具体见图4-1。

辕:车前套牲口的直木,适用于大车。

輈:在牲口之间的单根曲木,适用于小车。

轭:车辕前端牲口脖子上的器具,适用于大车。

衡:车辕前端牲口脖子上的横木,适用于小车。

輗:车辕前端与轭相连的销钉,用于大车。

軏:车辕前端与轭相连的销钉,用于小车。

图 4-1 古代车的部分构造示意

子张问孔子:"十代以后的礼制可以知晓吗?"孔子回答说:"殷商沿袭夏朝礼制,有所增减,所以可知;周朝沿袭殷商礼制,有所增加,所以可知。此后沿袭周朝的礼制,虽有所增减,但礼制的本质是不变的,所以即使百代以后也是可以推知的。"

孔子说:"不是自己应该祭祀的鬼神而去祭祀它,这叫谄媚;遇见了正义的事情而不有所作为,这叫怯懦。"

▍原文

孔子谓季氏："八佾舞于庭，是可忍也，孰不可忍也？"

三家者以《雍》彻，子曰："'相维辟公，天子穆穆'，奚取于三家之堂？"

子曰："人而不仁，如礼何？人而不仁，如乐何？"

林放问礼之本，子曰："大哉问！礼，与其奢也，宁俭；丧，与其易也，宁戚。"

子曰："夷狄之有君，不如诸夏之亡也。"

季氏旅于泰山。子谓冉有曰："女弗能救与？"对曰："不能。"子曰："呜呼！曾谓泰山不如林放乎？"

子曰："君子无所争，必也射乎！揖让而升，下而饮。其争也君子。"

▍纳百川·成智慧

孔子谈论季氏时说："他在家中乐舞达到了八佾的规模，如果这样的事情都能容忍，那还有什么事情不能容忍呢？"这里要稍微解释一下，八佾是天子舞蹈礼制，一个大臣用天子的礼制显然是僭越的行为，所以无法容忍。

叔孙、孟孙、季孙三家的大夫在祭祀自己祖先的仪式中，按照天子的礼制，唱着《雍》撤去了祭品，孔子就说："'相维辟公，天子穆穆'这样的词句怎么可以用在三家祭祀的场合呢？"因为它的意思是：四方诸侯助祭，主祭的是庄严肃穆的天子。

孔子说："做人，没有仁爱之心，礼仪对他能有什么用呢？做人没有了仁爱之心，礼乐又对他有什么作用呢？"

林放问孔子，礼的根本是什么，孔子回答说："你的问题很宏大，我们不妨这样比拟一下，通常而言，就礼仪来说，与其奢靡不如节俭，以丧礼为例，与其大操大办，不如内心真正悲戚。"

孔子说："野蛮之地即使有首领，也不如文明之地没有君王。"

季孙氏打算祭祀泰山，孔子问冉有："你能阻止他吗？"冉有说不能。孔子说："难道泰山之神还不如林放懂得礼制，居然会接受季孙氏的祭拜？"（据史书记载，林放是殷代忠臣比干的后裔，一生致力于礼的研究。）

孔子说："君子之间没有什么争夺的，如果有，恐怕就是射箭了。即使是射箭，也是相互作揖礼让后依次射箭，射完之后互相敬酒，这就是君子之争啊。"

■ 原文

子夏问曰："'巧笑倩兮，美目盼兮，素以为绚兮'，何谓也？"子曰："绘事后素。"曰："礼后乎？"子曰："起予者商也，始可与言《诗》已矣。"

子曰："夏礼吾能言之，杞不足征也；殷礼吾能言之，宋不足征也。文献不足故也，足则吾能征之矣。"

子曰："禘自既灌而往者，吾不欲观之矣。"或问禘之说。子曰："不知也。知其说者之于天下也，其如示诸斯乎！"指其掌。

祭如在，祭神如神在。子曰："吾不与祭，如不祭。"

■ 纳百川·成智慧

子夏请教孔子说："'美丽脸庞的笑容，明媚的眼神，在洁白脂粉的映衬下会更加美丽'这句话想说明什么呢？"孔子说："先有白底，才能作画。道理就是这样。"子夏有所感悟："这就是礼乐产生于仁义之后的原因吧？"孔子回应说："你倒是给了我启发，看来我有必要和你谈谈《诗经》了。"

孔子说："我可以谈谈夏礼，却不能用它的后代杞国来明证；我也可以谈谈殷朝的礼法，但是他的后代国宋国也不能明证。之所以如此，是因为我们大家掌握的资料不足，如果充足，我就可以来证明它。"

孔子说："当下的禘祭之礼，从献酒环节之后，我就不想看了。"有人向孔子请教禘祭背后的道理，孔子说："这个我不知道，但是我知道如果懂得了这个道理，治理天下就像随手摆放东西那样容易。"

孔子说："祭祀祖先，就如同祖先在那里一样虔诚；祭祀神灵，就如同神灵亲临一样庄重。所以说，如果让别人代替祭祀，就如同没有祭祀。"

原文

王孙贾问曰："'与其媚于奥，宁媚于灶'，何谓也？"子曰："不然，获罪于天，无所祷也。"

子曰："周监于二代，郁郁乎文哉！吾从周。"

子入太庙，每事问。或曰："孰谓鄹人之子知礼乎？入太庙，每事问。"子闻之，曰："是礼也。"

子曰："射不主皮，为力不同科，古之道也。"

子贡欲去告朔之饩羊，子曰："赐也！尔爱其羊，我爱其礼。"

子曰："事君尽礼，人以为谄也。"定公问："君使臣，臣事君，如之何？"孔子对曰："君使臣以礼，臣事君以忠。"

纳百川·成智慧

王孙贾请教孔子："'与其巴结奥神，不如巴结灶神'这句话是什么意思呢？"孔子回答说："不这样的话，得罪了上天，就不用祈祷了。"（奥神虽然级别高于灶神，但民间传说中，灶神有向上天汇报的权力，所以说"县官不如现管"。)

孔子说："周朝的礼制借鉴了夏商的礼制,所以蔚为大观,因此我赞同周礼。"

孔子进入太庙,每件事情都要询问。于是就有人说了:"谁说那个鄹城人的后代懂得礼制呢(孔子的叔父曾经做过鄹城的大夫,这里用'鄹人之子'指代孔子),他到了太庙,每件事都要问问。"孔子听说了,回应说:"这就是礼啊。"

这里要解释一下,入太庙是进行祭祀活动,虽然祭祀活动的规定程序是相同的,但每次活动的计划是不同的。参与祭祀活动的人员向活动组织者询问了解活动的具体安排和细节,不只是出于礼貌,更不是装出不懂而请教别人的样子来表现自己的谦逊,而是恭敬和认真的表现。所以孔子才回答"是礼也"。

孔子说："射箭不是为了射透箭靶,因为每个人的力量是不同的,从古至今都是这样啊。"

子贡不想在告朔仪式上用羊祭祀。孔子说："赐啊(子贡姓端木名赐),你爱惜羊,我却爱惜礼啊!"

孔子说："人们按照礼节与君王相处,却被认为是谄媚。"定公请教孔子："那么,君王任用臣子,臣子侍奉君王,应该怎么样呢?"孔子回答说："君王要以礼对待臣子,臣子要以忠心回报君王。"

原文

子曰："《关雎》,乐而不淫,哀而不伤。"

哀公问社于宰我,宰我对曰："夏后氏以松,殷人以柏,周人以栗,曰使民战栗。"子闻之,曰："成事不说,遂事不谏,既往不咎。"

子曰："管仲之器小哉!"或曰："管仲俭乎?"曰："管氏有三归,

官事不摄，焉得俭？""然则管仲知礼乎？"曰："邦君树塞门，管氏亦树塞门；邦君为两君之好，有反坫。管氏亦有反坫，管氏而知礼，孰不知礼？"

纳百川·成智慧

孔子说："《关雎》这首诗，欢乐而不放荡，哀怨而不伤痛。"

哀公向宰我请教制作土地公牌位的材料，宰我说："夏朝的人用松木，殷朝的人用柏树，周朝的人用栗木，用意是要让老百姓战战兢兢。"

孔子听说了，就对他说："事情已经做了就不要再解释了，事情已经做完了就不要规劝了，过去做的事情当下就不要再追究了。"

孔子说："管仲的气量很小啊。"有人问："管仲的生活简朴吗？"孔子回答说："管仲有藏钱的库府，他的下属也是一事一职，很少有人多干事。他怎么会节俭呢？"又有人问："那么管仲知礼吗？"孔子说："君王的府邸有照壁，管仲的院子里也有照壁；君王的房间里有招待贵宾用来放置酒杯的台子，管仲的房子里也有。如果说他知礼，那还有谁不知礼呢？"

原文

子语鲁大师乐，曰："乐其可知也。始作，翕如也；从之，纯如也，皦如也，绎如也，以成。"

仪封人请见，曰："君子之至于斯也，吾未尝不得见也。"从者见之。出曰："二三子何患于丧乎？天下之无道也久矣，天将以夫子为木铎。"

子谓《韶》"尽美矣，又尽善也"，谓《武》"尽美矣，未尽善也"。

子曰："居上不宽，为礼不敬，临丧不哀，吾何以观之哉？"

第四章 王官学术与诸子百家的智慧

■ 纳百川·成智慧

孔子与鲁国的太师讨论音乐演奏,他说:"演奏音乐的过程往往是这样的,开始的时候,音乐慢慢响起,渐渐地开始走向和谐,这个时候开始抑扬顿挫、节奏分明,最后乐声慢慢收缓,演奏就这样结束了。"

仪这个地方的边防长官求见孔子,他说:"到我们这个地方的贤人君子,我都会请求见面的。"孔子的学生带他去见孔子。会面之后,他对孔子的学生说:"不必替你们的老师失去官职而伤心。这是因为天下无道的时间太长了,老天爷用这个机会让你们的老师来传播大道。"

孔子谈到《韶》乐时,说《韶》乐优美极了,内容也很好;谈到《武》乐时,说《武》乐优美极了,不过内容还不够好。

孔子说:"处于高位的人,待下不能宽宏大量,行礼仪时不能恭敬严肃,居丧时没有悲痛哀伤的表情,这种行为我看不下去。"

■ 原文

子曰:"里仁为美。择不处仁,焉得知?"

子曰:"不仁者不可以久处约,不可以长处乐。仁者安仁,知者利仁。"

子曰:"唯仁者能好人,能恶人。"

子曰:"苟志于仁矣,无恶也。"

子曰:"富与贵,是人之所欲也,不以其道得之,不处也。贫与贱,是人之所恶也,不以其道得之,不去也。君子去仁,恶乎成名?君子无终食之间违仁,造次必于是,颠沛必于是。"

子曰:"我未见好仁者,恶不仁者。好仁者,无以尚之;恶不仁者,其为仁矣,不使不仁者加乎其身。有能一日用其力于仁矣乎?我未见力不足者。盖有之矣,我未之见也。"

纳百川·成智慧

孔子说:"常怀仁爱之心才能获得美好。而背离仁爱之心,又怎么会获得智慧呢?"

孔子说:"心中没有仁爱就难以安于贫苦,也同样无法保有长久安乐的生活。有仁德的人与人为善,智慧的人会助益有仁德的人。"

孔子说:"有仁德的人才有可能真正爱应该敬爱的人,真正痛恨应该恨的人。"

孔子说:"如果真正以仁德为志向,就不会犯大错。"

孔子说:"富贵是人人都向往的,但如果这种富贵违背了大道,君子是不会置身其中的;贫贱是人人都试图规避的,但如果因规避贫贱而违背了大道,还不如处于贫贱当中。君子离开了仁德,还叫什么君子?君子就是一顿饭的工夫也不会背离仁德,无论是仓促、局促还是颠沛流离,都不会离开仁德。"

孔子说:"真正追求仁德的人,没有工夫去理睬不仁的人,因为对他们来说,对仁德的追求就是他们生命的一切。而那些与不仁的人纠缠不休的人,是因为害怕不仁的东西侵染了自己。他们可以用一天的时间完全花在仁德上吗?这应该是不会力有不逮,或者有力有不逮的,但是我没有见过。"

原文

子曰:"人之过也,各于其党。观过,斯知仁矣。"

子曰:"朝闻道,夕死可矣。"

子曰:"士志于道,而耻恶衣恶食者,未足与议也。"

子曰:"君子之于天下也,无适也,无莫也,义之与比。"

子曰:"君子怀德,小人怀土;君子怀刑,小人怀惠。"

子曰:"放于利而行,多怨。"

子曰:"能以礼让为国乎?何有?不能以礼让为国,如礼何?"

子曰:"不患无位,患所以立;不患莫己知,求为可知也。"

■ 纳百川·成智慧

孔子说:"人的过错有各种类型。所以,看看这个人的过错,就知道他是哪种人。"

孔子说:"大道如此美妙,如果早晨知道晚上就死了也没啥后悔的。"

孔子说:"号称追寻大道,却以吃不好穿不好为羞耻,这种人是不值得与他论道的。"

孔子说:"君子看天下万事万物,不会先入为主,刻板僵化,而是根据大道灵活变动。"

孔子说:"君子关心天下的道义,而小人则整天想自己故土的利益;君子关心法令制度,小人念念不忘个人私利。"

孔子说:"以个人私利行事,必然招致怨恨。"

孔子说:"如果能用礼仪道德治理国家,那还有什么困难呢?如果无法用礼仪道德治理国家,那如何传播礼制呢?"

孔子说:"不要担心没有职位,而要担心没有胜任职位的能力;不要担心别人不了解自己,要学会推销自己。"

■ 原文

子曰:"参乎!吾道一以贯之。"曾子曰:"唯。"子出,门人问曰:"何谓也?"曾子曰:"夫子之道,忠恕而已矣。"

子曰:"君子喻于义,小人喻于利。"

子曰:"见贤思齐焉,见不贤而内自省也。"

子曰:"事父母几谏,见志不从,又敬不违,劳而不怨。"

子曰:"父母在,不远游,游必有方。"

子曰:"三年无改于父之道,可谓孝矣。"

子曰:"父母之年,不可不知也。一则以喜,一则以惧。"

子曰:"古者言之不出,耻躬之不逮也。"

子曰:"以约失之者鲜矣。"

子曰:"君子欲讷于言而敏于行。"

子曰:"德不孤,必有邻。"

子游曰:"事君数,斯辱矣;朋友数,斯疏矣。"

纳百川·成智慧

孔子说:"参啊,我的学术有一个基本的原则贯穿始终,你明白吗?"曾参说:"明白。"孔子离开后,别的学生问曾子:"老师说的是什么意思啊?"曾子回答说:"老师的学问贯穿始终的就是忠和恕啊。"

孔子说:"君子能理解大义,小人只能明白私利。"

孔子说:"看见优秀的人要思考如何像他们一样优秀,看见素质差的人就要反省自己是否也有和他们一样的缺点。"

孔子说:"侍奉父母,发现父母的错误要委婉规劝。如果他们并不听从,依然要恭敬顺从地对待,即使内心劳烦,也不能在他们面前抱怨。"

孔子说:"父母在的时候,轻易不要远游。要远游,就要有详尽的出游计划让父母放心。"

孔子说:"父亲去世多年后,却依然按照父亲生前的生活方式生活,大概可以算得上孝了。"

第四章 王官学术与诸子百家的智慧

孔子说:"父母的年龄不可以不知道,一方面为他们的健康长寿而高兴,另一方面也为他们的日渐衰老而难过。"

孔子说:"过去的人们话语较少,是因为他们认为言行不一致是可耻的事情。"

孔子说:"因为自我克制而犯错误的情况很少。"

孔子说:"君子说话慎重,行为果断。"

孔子说:"有德行的人不会孤单,必然有与自己志同道合的人。"

子游说:"侍奉君主进谏的次数过多,就会遭到羞辱;对待朋友劝告的次数过多,就会被朋友疏远。"

■ 原文

子谓公冶长:"可妻也,虽在缧绁之中,非其罪也!"以其子妻之。子谓南容:"邦有道不废,邦无道免于刑戮。"以其兄之子妻之。子谓子贱:"君子哉若人!鲁无君子者,斯焉取斯?"子贡问曰:"赐也何如?"子曰:"女,器也。"曰:"何器也?"曰:"瑚琏也。"或曰:"雍也,仁而不佞。"子曰:"焉用佞?御人以口给,屡憎于人。不知其仁,焉用佞?"

■ 纳百川·成智慧

孔子谈论公冶长时说:"可以把女儿嫁给这个人,虽然他坐过牢,但这不是他的错。"于是就把女儿嫁给他了。孔子谈论南容时说:"国家政治清明时,他可以有所作为;国家政治昏庸时,他也可以自保。"所以就把自己的侄女嫁给他了。孔子讨论子贱时说:"这个人是个君子啊,如果鲁国没有君子的话,他的品德从哪里来呢?"子贡问孔子:"先生如何评价我呢?"孔子说:"你倒是个器物。"子贡继续问:"是什么器物呢？"孔子回答说："宗庙里的瑚琏。"瑚琏是古代宗庙里盛黍稷的器皿，把子贡比作瑚琏以示其重要。有人说，冉雍这个人有仁德但是口才不好。孔子就说："为啥非要口才好呢？巧舌如簧的人往往令人讨厌。我不太清楚冉雍是不是有德行的人，但是为什么一定要口才好呢？"

▎**原文**

子使漆雕开仕，对曰："吾斯之未能信。"子说。

子曰："道不行，乘桴浮于海，从我者其由与！"子路闻之喜，子曰："由也！好勇过我，无所取材。"

孟武伯问："子路仁乎？"子曰："不知也。"又问，子曰："由也，千乘之国，可使治其赋也，不知其仁也。""求也何如？"子曰："求也，千室之邑、百乘之家，可使为之宰也，不知其仁也。""赤也，何如？"子曰："赤也，束带立于朝，可使与宾客言也，不知其仁也。"

▎**纳百川·成智慧**

孔子让漆雕开去做官，漆雕开说："我对做官一事还没准备好。"孔子听了很欣慰。

孔子说："我的抱负不能实现，我就乘坐木筏到海上去。能跟我一起走的人大概只有子路吧！"子路听说了非常高兴。孔子说："由啊，你勇武过人，但是还不擅长裁度事理。"

孟武伯请教孔子："子路有仁德吗？"孔子说："我不清楚。"孟武伯又问了一遍，孔子回答说："子路啊，如果有一个千乘兵车的大国，可以让他去执掌军事。至于说他有没有仁德，我就不知道了。"孟武伯又问："冉求这个人怎么样？"孔子说："冉求嘛，在一个千户规模的大邑，一个拥有百辆兵车的县里，可以让他去做县宰。至于他有没有仁德，我就不清楚了。"孟武伯接着问:"公西赤这个人如何?"孔子回答说:"公西赤这个人,可以穿着礼服与宾客谈笑自如。至于他的仁德,我不太清楚。"

原文

子谓子贡曰:"女与回也,孰愈?"对曰:"赐也何敢望回?回也闻一以知十,赐也闻一以知二。"子曰:"弗如也,吾与女,弗如也!"

宰予昼寝,子曰:"朽木不可雕也,粪土之墙不可圬也,于予与何诛?"子曰:"始吾于人也,听其言而信其行;今吾于人也,听其言而观其行。于予与改是。"

子曰:"吾未见刚者。"或对曰:"申枨(chéng)。"子曰:"枨也欲,焉得刚?"

子贡曰:"我不欲人之加诸我也,吾亦欲无加诸人。"子曰:"赐也,非尔所及也。"

子贡曰:"夫子之文章,可得而闻也;夫子之言性与天道,不可得而闻也。"

纳百川·成智慧

孔子问子贡:"你和颜回谁更优秀呢?"子贡说:"我怎么能跟颜回比呢?颜回可以举一反十,我只能举一反二。"孔子说:"我赞同你的说法。"

宰予白天睡觉,孔子知道了就说:"腐朽的木头没法雕刻,粪土一样的土墙没法粉刷。对于宰予我已经没话可说了。"后来孔子说:"过去我评价一个人,是听他的话就相信他的行为,而现在,我评价一个人,不光听其言,还要观其行,就是宰予让我这样改变的。"

孔子说："我好像没有见过刚强不屈的人。"有人说："申枨就是这样的人啊。"孔子说："他私欲太盛，怎么可能刚强不屈呢？"子贡说："我不喜欢别人强加于我，我也不打算强加于人。"孔子说："赐啊，这是你做不到的。"

子贡说："先生的文章，我们可以听闻，但是先生说的天性与天道却无法靠听闻获得。"这句话其实表明了学习的真谛：智慧是人与人，老师和学生共同建构出来的，不是死读书读出来的。

原文

子路有闻，未之能行，唯恐有闻。

子贡问曰："孔文子何以谓之文也？"子曰："敏而好学，不耻下问，是以谓之文也。"

子谓子产："有君子之道四焉：其行己也恭，其事上也敬，其养民也惠，其使民也义。"

子曰："晏平仲善与人交，久而敬之。"

子曰："臧文仲居蔡，山节藻棁，何如其知也？"

子张问曰："令尹子文三仕为令尹，无喜色，三已之无愠色，旧令尹之政必以告新令尹，何如？"子曰："忠矣。"曰："仁矣乎？"曰："未知，焉得仁？"

"崔子弑齐君，陈文子有马十乘弃而违之。至于他邦，则曰：'犹吾大夫崔子也。'违之。之一邦，则又曰：'犹吾大夫崔子也。'违之，何如？"子曰："清矣。"曰："仁矣乎？"曰："未知，焉得仁？"

第四章　王官学术与诸子百家的智慧

纳百川·成智慧

子路是这样一种人,听到一个道理,如果还没有践行,就害怕听见新的道理。换言之,他是一个努力践行知行合一的人。

子贡请教孔子:"孔文子为什么谥号是'文'呢?"孔子告诉他说:"他学习积极主动,不以向比自己身份低的人请教为羞耻,所以谥号为'文'。"

孔子谈论子产时说:"他身上有君子的四条准则:自身谦逊,对上恭敬,平常给百姓实惠,劳用百姓循乎道义。"

孔子说:"晏平仲擅长与人交往,与人交往越久,别人就越尊重他。"

孔子说:"臧文仲把龟壳藏在雕刻有山岳的斗拱和绘画有花草图案短柱的家庙里,这个人的智慧怎么样呢?"当时,用大龟占卜,使用山节藻梲都是天子礼制,而臧文仲却在家庙里模仿这些,就像现在的暴富阶层,豪宅名车,炫耀性消费,这是聪明还是不聪明呢?所以孔子说"何如其知也"。

令尹是楚国春秋时期最高官衔,子文是春秋时期著名的楚国令尹。子张请教孔子:"子文三次当令尹,也没见他有啥高兴的;三次被罢免,也不见他有啥愠怒。新的令尹来的时候,他总是认真交接。这个人怎么样?"孔子说:"可谓忠于职守啊。"有人问:"这算得上仁德吗?"孔子回复说:"不清楚啊,怎么才算仁德呢?"

崔子杀了国君,当时,陈文子有十乘马。古代四马为一乘,那么十乘马算是达到什么样的财富水平呢?《左传·晋公子重耳之亡》中有"及齐,齐桓公妻之,有马二十乘",说的是重耳到了齐国,齐桓公给他娶了妻子,并赠他二十乘马。所以说,十乘马是不少的财富。陈文子放弃万贯家财,愤然离开了齐国,每到一个国家,只要发现当权者与崔子

257

一样，就离开。有人问，这个人怎么样？孔子说："算得上清白了。"有人继续问："能称得上仁德吗？"孔子说："我不知道，怎么才能算仁德呢？"

原文

季文子三思而后行，子闻之曰："再斯可矣。"

子曰："宁武子，邦有道则知，邦无道则愚。其知可及也，其愚不可及也。"

子在陈，曰："归与！归与！吾党之小子狂简，斐然成章，不知所以裁之。"

子曰："伯夷、叔齐不念旧恶，怨是用希。"

子曰："孰谓微生高直？或乞醯焉，乞诸其邻而与之。"

子曰："巧言、令色、足恭，左丘明耻之，丘亦耻之；匿怨而友其人，左丘明耻之，丘亦耻之。"

纳百川·成智慧

季文子做事前反复考虑，孔子听说了就告诉他，考虑两遍就可以了。

孔子评价宁武子说："国家政治清明他就发挥聪明才智，国家政治昏庸他就装疯卖傻。他的聪明才智可以学到，他的装疯卖傻你可就学不到了。"

孔子在陈国时，说："为什么不回去呢？我家乡的年轻人有远大的志向，但缺乏行之有效的方法；很有思想，却不知道如何施展。"

孔子说："伯夷、叔齐不对旧恶念念不忘，所以别人对他的怨恨也就少了。"用一句话来说，就是以德报怨，消解了怨恨。

孔子说："微生高直爽啊，问他要点醋，他（自己没有）就跟自己的邻居借了给我们。"

孔子说:"花言巧语,装出一副和善和谦恭的样子,这样的行为,左丘明认为可耻,我也认为可耻;心里怀着对对方的怨恨,表面上却显得非常友好,这样的行径,左丘明认为可耻,我也认为可耻。"

▍原文

颜渊、季路侍,子曰:"盍各言尔志?"子路曰:"愿车马衣轻裘,与朋友共,敝之而无憾。"颜渊曰:"愿无伐善,无施劳。"子路曰:"愿闻子之志。"子曰:"老者安之,朋友信之,少者怀之。"

子曰:"已矣乎!吾未见能见其过而内自讼者也。"

子曰:"十室之邑,必有忠信如丘者焉,不如丘之好学也。"

▍纳百川·成智慧

颜渊、子路陪在孔子的身边,孔子说,你们也说说各自的志向吧。子路说:"我愿意和我的朋友共享车马衣物,用坏了也没关系。"颜渊说:"希望自己可以做到不夸奖自己的长处与功劳。"子路对孔子说:"我们也想听听您的志向。"孔子回应说:"希望老年人安乐,希望朋友们都信任我,希望年轻人都能得到关怀(这就是长者风范啊)。"

孔子说:"我很少看到因犯错误而在内心惩罚自己的人。"

孔子说:"有十户之家的地方,就会有像我这样忠信的人,但是像我这么好学的人不多见。"

▍原文

子曰:"雍也可使南面。"

仲弓问子桑伯子,子曰:"可也,简。"仲弓曰:"居敬而行简,以临

259

其民，不亦可乎？居简而行简，无乃大简乎？"子曰："雍之言然。"

哀公问："弟子孰为好学？"孔子对曰："有颜回者好学，不迁怒，不贰过。不幸短命死矣。今也则亡，未闻好学者也。"

子华使于齐，冉子为其母请粟，子曰："与之釜。"请益，曰："与之庾。"冉子与之粟五秉。子曰："赤之适齐也，乘肥马，衣轻裘。吾闻之也：君子周急不继富。"

原思为之宰，与之粟九百，辞。子曰："毋！以与尔邻里乡党乎！"

纳百川·成智慧

孔子说："冉雍这个人可以去做官。"

仲弓问子桑伯子这个人怎么样，孔子回答说："这个人不错，做事不烦琐。"仲弓继续讨教说："如果态度严谨，做事简约，以这种方式来管理百姓，应该是不错的吧？但是如果态度随意，做事也很简单，这样对待百姓就太草率了吧！"孔子说："冉雍，你说得很对。"

哀公问孔子："您的弟子中谁最好学呢？"孔子说："颜回最好学，不会迁怒别人，同样的错误不会犯两次。不幸的是，他短命早死了，现在没有他这样的人了，我也不清楚谁是好学的人了。"

公西赤（字子华）出使齐国。冉子请求孔子给他母亲一些粮食，孔子说，给她一釜吧；冉子请求多给一些，孔子说，那就再多给她一庾吧，结果冉子给了五秉。孔子婉转地批评他说："子华到齐国去，骑的是高头大马，穿的是华贵的裘皮大衣。我听说，君子周济别人，要周济的是那些有迫切需要的穷人，而不是衣食无忧的富人。"

这里要说一下，按当时的度量衡，六斗四升为一釜，两斗四升为一庾，十六斛为一秉，一斛为十斗。所以说，冉子给的远超过孔子的吩咐了。原思在孔子家做管家，孔子给了他九百斗小米，他推辞不要。孔子说:"不必推辞,你可以拿去周济你家乡的亲戚。"

原文

子谓仲弓曰:"犁牛之子骍且角,虽欲勿用,山川其舍诸?"

子曰:"回也,其心三月不违仁,其余则日月至焉而已矣。"

季康子问:"仲由可使从政也与?"子曰:"由也果,于从政乎何有?"曰:"赐也可使从政也与?"曰:"赐也达,于从政乎何有?"曰:"求也可使从政也与?"曰:"求也艺,于从政乎何有?"

季氏使闵子骞为费宰。闵子骞曰:"善为我辞焉!如有复我者,则吾必在汶上矣。"

伯牛有疾,子问之,自牖执其手,曰:"亡之,命矣夫!斯人也而有斯疾也!斯人也而有斯疾也!"

子曰:"贤哉,回也!一箪食,一瓢饮,在陋巷,人不堪其忧,回也不改其乐。贤哉,回也!"

纳百川·成智慧

孔子对仲弓说:"那种长着周正的犄角和红色毛发的小牛,虽然你舍不得用它来祭祀,但是山川之神会忘记它吗?"

孔子说:"颜回可以沉浸在仁德之中,但是其他弟子就不如他了。"

季康子请教孔子:"可以用仲由处理政事吗?"孔子回答说:"仲由做事果断,处理政事有什么困难呢?"季康子又问:"可以用子贡处理政事吗?"孔子回答说:"子贡人情练达,处理政事有什么困难呢?"季康子接着问:"可以用子有处理政事吗?"孔子回答说:"子有多才多艺,处理政事有什么困难呢?"

季氏派人去请闵子骞去他的封地做主管,闵子骞说:"替我婉言谢绝吧，如果再来请我，我就要逃到汶水之滨去了。"伯牛生病，孔子去探望，从窗户里握着他的手表示慰问，感慨地说："重病如此，也许是天命吧！这样的人怎么会得如此重病呢！"孔子为什么这么感伤呢？因为伯牛（姓冉名耕，少孔子七岁）是"七十二贤"之一，与上文中的闵子骞、下文中的颜回并称"仁德三杰"（孔门弟子中仁德修养最好的三个人）。

孔子说："颜回是多么的贤德啊，即使衣食简陋，身处陋巷，处在普通人难以容忍的境地，他也不会放弃自己的追求。他真的是很贤德啊。"

原文

冉求曰："非不说子之道，力不足也。"子曰："力不足者，中道而废。今女画。"

子谓子夏曰："女为君子儒，无为小人儒！"

子游为武城宰。子曰："女得人焉耳乎？"曰："有澹台灭明者，行不由径，非公事，未尝至于偃之室也。"

子曰："孟之反不伐，奔而殿，将入门，策其马，曰：'非敢后也，马不进也。'"

子曰："不有祝鮀之佞，而有宋朝之美，难乎免于今之世矣！"

子曰："谁能出不由户？何莫由斯道也？"

子曰："质胜文则野，文胜质则史。文质彬彬，然后君子。"

子曰："人之生也直，罔之生也幸而免。"

子曰："知之者不如好之者，好之者不如乐之者。"

■ 纳百川·成智慧

冉求说："我不是不传播您的学说啊，只是力量有所不逮。"孔子说："力量不足也要走到走不动为止才对啊，你现在是画地为牢，不肯向前啊。"孔子对子夏说："你要做一个有道德修养的君子型学者，不要做一个缺德无道的小人型学者。"子由在武城做长官，孔子问他："你在那里发现什么人才了吗？"子由回答说："有一个叫澹台灭明的人，他做事光明磊落，不是为了公事从来不来找我。"

孔子说："孟之反这个人不夸耀，打了败仗时（这里主要指公元前484年，鲁国与齐国之战），他总是殿后；等他快进入城门时，人们夸奖他，赞扬他仁义，他则谦虚地说：'不是我不想跑，主要是我的马不快。'"

孔子说："没有祝鮀的口才，却有宋朝的美貌，在这个世道很危险啊。"

孔子说："谁能不经过大门而走到院子里呢？为什么人却可以不经过仁义的大道呢？"孔子说："形式大于内容就会浮夸，内容大于形式就显得粗放。君子之道，就在于表里如一，内外统一。"

孔子说："生存的价值在于真实，虚假的东西有时也能生存是因为它们侥幸一时而已。"

孔子说："懂得某种学问不如研究它，研究它不如以研究它为快乐。"这就是学习的境界啊。

■ 原文

子曰："中人以上，可以语上也；中人以下，不可以语上也。"

樊迟问知，子曰："务民之义，敬鬼神而远之，可谓知矣。"问仁，曰："仁者先难而后获，可谓仁矣。"

子曰:"知者乐水,仁者乐山;知者动,仁者静;知者乐,仁者寿。"

子曰:"齐一变,至于鲁;鲁一变,至于道。"

子曰:"觚不觚,觚哉!觚哉!"

■ 纳百川·成智慧

孔子说:"禀赋中等以上的人,可以告诉他高深的学问;中等以下的人,就不能告诉他这些了。"

樊迟请教怎么才算智慧,孔子告诉他说:"致力于为人民服务,尊敬鬼神但要远离,这就是智慧。"又请教什么是仁德,孔子说:"吃苦在前,享乐在后,就是仁德。"

孔子说:"聪明的人喜欢水,仁德的人喜欢山;聪明的人喜欢活动,仁德的人喜欢安静;聪明的人内心快乐,仁德的人健康长寿。"

孔子说:"齐国一政治改革,就达到鲁国的水平了;鲁国一政治改革,就达到先王的水平了。"

孔子说:"觚不像个觚,这叫什么觚(gū)?"

■ 原文

宰我问曰:"仁者,虽告之曰'井有仁焉',其从之也?"子曰:"何为其然也?君子可逝也,不可陷也;可欺也,不可罔也。"

子曰:"君子博学于文,约之以礼,亦可以弗畔矣夫!"

子见南子,子路不说。夫子矢之曰:"予所否者,天厌之!天厌之!"

子曰:"中庸之为德也,其至矣乎!民鲜久矣。"

子贡曰:"如有博施于民而能济众,何如?可谓仁乎?"子曰:"何事于仁!必也圣乎?尧舜其犹病诸!夫仁者,己欲立而立人,己欲达而达人。能近取譬,可谓仁之方也已。"

■ 纳百川·成智慧

宰我问孔子："有仁德的人，如果你告诉他，有个仁人掉进井里了，他会跳下去吗？"孔子说："怎么会这么想呢？君子可以去井边救人，但怎么会跳进井里呢？君子可以被蒙蔽，但不会被愚弄。"

孔子说："君子要广泛学习，并且用礼制节制自己，就不会背离大道了。"

孔子去见南子，子路不高兴。孔子说："如果我有什么行为不端，就让老天爷惩罚我。"

孔子说："中庸作为道德，是至高无上的道德。但是老百姓缺少它已经很久了。"

子贡问孔子："如果有人能周济天下百姓，他算仁德吗？"孔子说："何止是仁德，简直就是圣人。尧舜也做不到啊。所谓仁德的人，自己想成就的，也同样成就别人，自己想通达的，同样去通达别人，能够由自己而推及他人。这就是仁德啊。"

■ 原文

子曰："述而不作，信而好古，窃比于我老彭。"

子曰："默而识之，学而不厌，诲人不倦，何有于我哉？"

子曰："德之不修，学之不讲，闻义不能徙，不善不能改，是吾忧也。"

■ 纳百川·成智慧

孔子说："在讲述大道本义而不掺杂自己的见解，以及忠实和推崇先贤的思想方面，我能和老子、彭祖相提并论。"

孔子说:"在学习上不流于形式,且始终充满激情,教育别人不厌其烦,这三个方面,我做到了哪些呢?"

孔子说:"不能够勤勉于修身养德,不能够传播学问大道,知道正义的标准却不能遵循,有了缺点却无法改正。这就是我担忧的。"

原文

子之燕居,申申如也,夭夭如也。子曰:"甚矣吾衰矣,久矣吾不复梦见周公。"

子曰:"志于道,据于德,依于仁,游于艺。"

子曰:"自行束脩以上,吾未尝无诲焉。"

子曰:"不愤不启,不悱不发,举一隅不以三隅反,则不复也。"

纳百川·成智慧

孔子不工作的时候,是非常放松惬意的,这就叫张弛有度。孔子对衰老的恐惧在于不再时刻想着周公。这是因为周公制作了礼乐,而孔子一生的理想就在于恢复周礼,"不复梦见周公"是对自己怠慢理想的投射。

孔子的追求在于:以弘扬大道为志向,以德行为依据的准绳,以仁爱为心灵的依靠,以六艺为自由驰骋的王国。

孔子说:"只要力所能及对教育表达了敬意,我都会教诲他。"因为束脩本质上是礼物馈赠,多少是不限的。

孔子说:"思考不到呼之欲出的状态就不启发他,言语不到话到嘴边的境地,就不帮助他阐发;不能够举一反三的学生,就要逐条阐释。"

第四章 王官学术与诸子百家的智慧

▌原文

子食于有丧者之侧，未尝饱也。子于是日哭，则不歌。

子谓颜渊曰："用之则行，舍之则藏，惟我与尔有是夫。"

子路曰："子行三军，则谁与？"子曰："暴虎冯河，吾不与也。必也临事而惧，好谋而成者也。"

子曰："富而可求也，虽执鞭之士，吾亦为之；如不可求，从吾所好。"

子之所慎：齐、战、疾。

▌纳百川·成智慧

身边如果有人办丧事，孔子就很难吃饱饭，这就是同理心。吊丧的日子，孔子不会作歌，这就是仁。

孔子对颜渊说："时机得当，就当仁不让；时机不当，就退隐归藏。只有我和你才可以做到啊。"

子路问："先生如果统率三军，你会重用谁？"孔子说："徒手与虎搏斗，不用船只渡河，即使死了也不后悔，这样的人我是不会用的。我一定用那些遇事谨慎、擅长谋划成事的人。"

孔子说："符合道义的富贵，就应该大胆追求，至于做什么不重要；如果不是符合道义的富贵，绝不追求，要遵从自己内心的追求。"

孔子慎重对待的事情有三：斋戒、战争、疾病。

▌原文

子在齐闻《韶》，三月不知肉味，曰："不图为乐之至于斯也。"

冉有曰："夫子为卫君乎？"子贡曰："诺，吾将问之。"入曰："伯夷、叔齐何人也？"曰："古之贤人也。"曰："怨乎？"曰："求仁得仁，又何怨？"出曰："夫子不为也。"

纳百川·成智慧

孔子在齐国学习《韶》，沉醉其中，几乎忘记了物欲的快乐。后来他感慨："没想到学习音乐带来的快乐如此强大啊！"

冉有请教子贡说："老师会帮助卫国国君吗？"子贡说："我去问问。"拜见了孔子后问："伯夷、叔齐是什么样的人啊？"孔子说："古代的贤德之人啊。"子贡又问："他们互相谦让王位，他们后悔了吗？"孔子回答说："渴求仁德而得到了仁德，有什么怨恨的呢？"子贡出来对冉有说："看情况，老师是不会帮助卫国国君的。"

原文

子曰："饭疏食，饮水，曲肱而枕之，乐亦在其中矣。不义而富且贵，于我如浮云。"

子曰："加我数年，五十以学《易》，可以无大过矣。"

子所雅言，《诗》《书》执礼，皆雅言也。

叶公问孔子于子路，子路不对。子曰："女奚不曰：'其为人也，发愤忘食，乐以忘忧，不知老之将至云尔。'"

子曰："我非生而知之者，好古，敏以求之者也。"

子不语怪、力、乱、神。

纳百川·成智慧

孔子说："饮无茶，食无肉，甚至没有枕头，枕着自己的胳膊睡觉，也可以很快乐。那些不义之财、无道的地位，对我而言，就像天上的浮云。"

孔子说："老天如果能借给我几年时间，让我在五十岁时就能学习《易经》，这辈子估计就不会犯什么大错了。"

孔子平时用鲁语说话，但是在读《诗》《书》和赞礼时，都使用雅言。雅言是周王朝京都地区的语言，相当于我们当下的普通话。

孔子周游列国，来到楚国叶邑，叶公沈诸梁接待了他们。叶公不太了解孔子，就向子路请教，子路不知道怎么回答他。孔子听说了，就笑着对子路说："你为什么不告诉他，我是一个推行正道可以忘记吃饭，忘记忧愁，甚至可以忘记自己快要衰老了的人。"

孔子说："我并不是生来就知道这么多知识，不过是爱好古代知识，后天勤奋学习的结果。"

孔子也不太讨论那些神鬼志怪、外力的影响，他更在意人自身的勤奋努力。

■原文

子曰："仁远乎哉？我欲仁，斯仁至矣。"

陈司败问："昭公知礼乎？"孔子曰："知礼。"孔子退，揖巫马期而进之，曰："吾闻君子不党，君子亦党乎？君取于吴，为同姓，谓之吴孟子。君而知礼，孰不知礼？"巫马期以告，子曰："丘也幸，苟有过，人必知之。"

子与人歌而善，必使反之，而后和之。

子曰："文，莫吾犹人也。躬行君子，则吾未之有得。"

子曰："若圣与仁，则吾岂敢？抑为之不厌，诲人不倦，则可谓云尔已矣。"公西华曰："正唯弟子不能学也。"

子疾病，子路请祷。子曰："有诸？"子路对曰："有之。《诔》曰：'祷尔于上下神祇。'"子曰："丘之祷久矣。"

子曰："奢则不孙，俭则固。与其不孙也，宁固。"

子曰："君子坦荡荡，小人长戚戚。"

子温而厉，威而不猛，恭而安。

纳百川·成智慧

孔子说："仁距离我们是近还是远，取决于我们是否有追求仁的决心，一心求仁，仁就会到来。"

陈司败问孔子："鲁昭公通晓礼节吗？"孔子回答说："他知道的。"等孔子走了，陈司败对巫马期行礼后走上前说："我过去听说君子不会偏袒，难道现在变了吗？鲁君从吴国娶了同姓的女子（这不合礼法），为了隐瞒，改名为吴孟子。鲁君这样做如果还算知晓礼法，那什么叫不知礼法呢？"巫马期把这些告诉了孔子，孔子感慨说："我还算幸运啊，犯了错误，人家还愿意告诉我。"

孔子与人唱歌，如果别人唱得好，他就会让人家再唱，自己跟着轻轻应和。

孔子说："钻研学习，我大概不比别人差；但是知行合一，我就差得多了。"

孔子说："如果谈论圣和仁，我哪里敢当啊！我不过是钻研学问、教导别人不敢懈怠罢了。"公西华说："这恰恰是我们做不到的啊！"

孔子病情加重，子路为他祈祷，孔子询问是否有这回事。子路回答说："我确实为您向天地之间的神祇祈祷了。"孔子说："其实我也祈祷很久了。"

孔子说："奢侈就容易骄纵，节俭就容易固陋，与其骄纵，不如固陋。"

孔子说："君子心胸开阔，心情坦荡，小人心胸狭隘而心绪不宁。"

孔子温和而又严肃，威严而不凶猛，恭敬而且安详。

第四章　王官学术与诸子百家的智慧

《孟子》（节选）

> **原文**

公孙丑上·第一章

公孙丑问曰："夫子当路于齐，管仲、晏子之功，可复许乎？"

孟子曰："子诚齐人也，知管仲、晏子而已矣！或问乎曾西曰：'吾子与子路孰贤？'曾西蹴然曰：'吾先子之所畏也。'曰：'然则吾子与管仲孰贤？'曾西艴然不悦，曰：'尔何曾比予于管仲！管仲得君如彼其专也，行乎国政如彼其久也，功烈如彼其卑也：尔何曾比予于是！'"曰："管仲，曾西之所不为也，而子为我愿之乎？"

曰："管仲以其君霸，晏子以其君显，管仲、晏子犹不足为与？"

曰："以齐王，由反手也。"

曰："若是，则弟子之惑滋甚！且以文王之德，百年而后崩，犹未洽于天下。武王、周公继之，然后大行。今言王若易然，则文王不足法与？"

曰："文王何可当也！由汤至于武丁，贤圣之君六七作；天下归殷久矣，久则难变也。武丁朝诸侯，有天下，犹运之掌也。纣之去武丁，未久也，其故家遗俗，流风善政，犹有存者；又有微子、微仲、王子比干、箕子、胶鬲，皆贤人也，相与辅相之，故久而后失之也。尺地莫非其有也，一民莫非其臣也。然而文王犹方百里起，是以难也。

"齐人有言曰：'虽有智慧，不如乘势；虽有镃基，不如待时。'今时则易然也。

"夏后、殷、周之盛，地未有过千里者也，而齐有其地矣；鸡鸣狗吠相闻，而达乎四境，而齐有其民矣。地不改辟矣，民不改聚矣；行仁政而王，莫之能御也！且王者之不作，未有疏于此时者也；民之憔悴于

271

虐政，未有甚于此时者也。饥者易为食，渴者易为饮。孔子曰：'德之流行，速于置邮而传命。'当今之时，万乘之国行仁政，民之悦之，犹解倒悬也。故事半古之人，功必倍之，惟此时为然。"

纳百川·成智慧

公孙丑问孟子："您在齐国时，管仲和晏子的功绩，有可能再次出现吗？"

孟子说："你真的是齐国人，只知道管仲和晏子。有人曾经问曾西：'你和子路谁更贤能？'曾西立刻感到不安，说：'子路是我先父所敬畏的人。'那人说：'那么你和管仲谁更贤能？'曾西生气地说：'你怎么能将我和管仲相比！管仲得到君主的信任如此之深，掌握国家政权如此之久，但他的功绩却如此之低微；你怎么能将我和这样的人相比！'"又说："管仲是曾西所不愿意做的，你以为我愿意做吗？"

公孙丑说："管仲使他的君主称霸，晏子使他的君主显赫，管仲和晏子还不足以效仿吗？"

孟子说："以齐国来做，就像反手一样容易做到。"

公孙丑说："如果是这样，那么我就更困惑了。以文王的德行，百年之后才去世，还没有完全赢得天下。武王和周公继承他的事业，然后才大行其道。现在如果把王道说得那么容易，那么文王不值得效仿吗？"

孟子说："文王怎能被比肩！从汤到武丁，有六七位贤圣的君主；天下归属于殷朝已经很久了，时间越长越难以改变。武丁召集诸侯，拥有天下，就像在手掌上运转一样。纣王距离武丁的时间并不长，他的家族遗留下来的风俗、良好的政治传统，还有一些留存；还有微子、微仲、王子比干、箕子、胶鬲等贤人辅助，所以过了很久才失去天下。每一寸土地都是他的，每一个百姓都是他的臣民。然而文王还是从百里之地开始,所以很难。

"齐国有句谚语说:'即使有智慧,也不如乘势;即使有根基,也不如等待时机。'现在时机已经到了。

"夏、商、周三代的盛世,领土没有超过千里的,而齐国已经有了这样的领土;鸡鸣狗吠的声音可以传遍四方,一直到达国境,齐国已经有了这样的百姓。土地不再需要开垦,百姓不再需要聚集;如果实行仁政,没有人能够阻挡!

"而且,王者没有出现,没有比现在更久的时候了;百姓受暴政的折磨,没有比现在更严重的时候了。饥饿的人容易满足于食物,口渴的人容易满足于饮料。

"孔子说:'德行的传播,比设立驿站传递命令还要快。'

"现在,如果一个拥有万辆战车的大国实行仁政,百姓的喜悦,就像解除了倒挂的困境一样。所以,事半功倍,只有现在是这样的。"

孟子在最后这段话中强调了仁政的重要性和实施仁政的时机。他通过比较古代的文王和武王,以及分析当时的齐国,来说明仁政不仅能够迅速传播,而且能够带来巨大的变革。孟子认为,当时的齐国已经具备了实行仁政的所有条件:广阔的土地、众多的百姓,以及一个合适的时机。他用"饥者易为食,渴者易为饮"这样的比喻,形象地说明了百姓对于仁政的渴望,以及仁政一旦实施,将如何迅速地得到人民的拥护和支持。

孟子还引用了孔子的话,强调德行的传播速度之快,暗示仁政的实施将迅速改善人民的生活状况,带来社会的和谐与繁荣。最后,孟子用"故事半古之人,功必倍之,惟此时为然"来强调,现在是实施仁政的最佳时机,其效果将是古代的两倍,这不仅是对齐国的期望,也是对所有统治者的劝诫,鼓励他们抓住时机,实行仁政,以实现国家的长治久安。

第四节　法家

春秋战国时期，社会动荡不安，各国纷争不断，法家应运而生。与儒家相区别，法家构建了一套基于人性恶的入世系统和源于天道而及人道的解释体系。一般而言，儒家注重仁义道德，强调礼治，主张以德治国；法家则注重法律和制度，强调法治，以法治国。前者强调上限思维，侧重扬善；后者强调底线思维，侧重惩恶。法家的这些思想在历史上产生了深远的影响。自汉代以来，实行的法律制度就是以法家思想为基础的。同时，法家思想也对东亚地区的法律文化产生了影响，成为东亚法律文化的重要组成部分。

商鞅（前390年—前338年），法家思想的关键实践者，在秦国推动了一系列变革举措。通过严刑峻法、奖励军功等手段，有力地巩固了国家权力，使秦国成为战国时期强大国家之一。商鞅主张"一断于法"，弱化"刑不上大夫"的特权观念，强调君主集权，认为君主应享有无上权力。他倡导"耕战"政策，注重农业与社会秩序稳定，主张因时变法，强调法律应随时代变迁而调整。

乐毅，战国著名军事家，原为赵国人，后投燕，为燕昭王谋士。他倡导变法革新，加强君权，认为法治为治理国家的最佳方式。同时，乐毅关注经济发展，推动燕国繁荣。他军事才能卓越，曾率燕军击败齐国，占领七十余城，为燕国扩张领土。

剧辛（—前243年），战国时期法家思想的代表人物，提倡政治改革，强调强化君主权威，主张法治，认为这是国家治理的最优策略。他高度重视经济的发展，致力于推动社会的繁荣进步。剧辛的观点独具匠心，他倡导"以法治民"，坚信法律是治理国家的最佳工具，只有依法才能实现社会的稳定和繁荣。他还提出"刑无等级"的观念，强调不论身份地位，违反法律者都应受到相应的惩罚。

李斯（约前259年—前208年），秦朝卓越政治家，倡导以法治国的理念，强调严格的法律法规为国家的基石。李斯坚信，法律是维护国家秩序、保障社会繁荣稳定的最优选择。他重视君主权力的至高无上，主张君主应享有绝对权威。在秦朝时期，李斯推动了一系列改革措施，包括实行土地私有制、统一文字、统一度量衡等，对秦朝的繁荣发展产生了深远影响。

法家思想可以在法家典籍中得到体现：

《管子》（节选）

■ **原文**

凡有地牧民者，务在四时，守在仓廪。国多财，则远者来；地辟举，则民留处；仓廪实，则知礼节；衣食足，则知荣辱；上服度，则六亲固；四维张，则君令行。故省刑之要，在禁文巧；守国之度，在饰四维；顺民之经，在明鬼神、祇山川、敬宗庙、恭祖旧。不务天时，则财不生；不务地利，则仓廪不盈。野芜旷，则民乃菅；上无量，则民乃妄；文巧不禁，则民乃淫；不璋两原，则刑乃繁；不明鬼神，则陋民不悟；不祇山川，则威令不闻；不敬宗庙，则民乃上校；不恭祖旧，则孝悌不备。四维不张，国乃灭亡。

■ **纳百川·成智慧**

凡拥有国土需要治理百姓的，要务在于顺应四时开展生产，要能够仓廪充实。国家富强了，边远地区的就会来归顺；土地垦殖了，百姓就会居留下来；物质丰富了，人民就会懂礼节；食物充足了，人民就会懂得荣辱；国家的管理者如果能行事有章法、有节制，老百姓之间的关系也就会融洽；礼义廉耻得到宣扬，国家的法令就容易推行。所以避免繁重的刑罚就在于禁止奇技淫巧；保证国家的法度就在于礼义廉耻；教化民众的关键在于培养起对天地的敬畏感，对大自然的感恩情怀，对祖先的追思和对长者故旧的尊重。不顺应天时，就不会产生财富；不顺应地利，就不会物产丰富。田野荒芜了，就意味着人民已经懈怠；国家的管理层行事没有节制，老百姓就会胆大妄为；奇技淫巧不能禁绝，老百姓就会生活无度；不明白这两个的根源，社会就会混乱；没有敬畏感，鄙陋的人就不会醒悟；不敬拜山川，就不会有人听从法令；不追思祖先，就会有人犯上作乱；不尊重长者故旧，孝悌就很难推行。礼义廉耻"四维"不能推行，国家就会败亡。

▍原文

国有四维，一维绝则倾，二维绝则危，三维绝则覆，四维绝则灭。倾可正也，危可安也，覆可起也，灭不可复错也。何谓四维？一曰礼，二曰义，三曰廉，四曰耻。礼不逾节，义不自进，廉不蔽恶，耻不从枉。故不逾节，则上位安；不自进，则民无巧诈；不蔽恶，则行自全；不从枉，则邪事不生。

▍纳百川·成智慧

国家的安定有赖于四个条件，失去一个条件，国家就开始不稳定；失去两个条件，国家就开始危险；失去三个条件，国家就容易倾覆；四个条件全部失去，国家就灭亡了。不稳定可以想办法稳定，危险可以想办法转危为安，国家倾覆可以重新建国，但是国家灭亡了，就没有办法了。那么，这四个条件是什么呢？它们是礼、义、廉、耻。懂得礼仪就不会逾越节制，知晓正义就不会自私自利，清正廉洁就不会遮蔽罪恶，懂得羞耻就不会行为不端。不逾越节制，君王的地位就安稳；不自私自利，老百姓就不会取巧弄诈；不遮蔽罪恶，老百姓就会行为端正；不作奸犯科，就不会有奸邪的事情发生。

■原文

政之所兴，在顺民心；政之所废，在逆民心。民恶忧劳，我佚乐之；民恶贫贱，我富贵之；民恶危坠，我存安之；民恶灭绝，我生育之。能佚乐之，则民为之忧劳；能富贵之，则民为之贫贱；能存安之，则民为之危坠；能生育之，则民为之灭绝。故刑罚不足以畏其意，杀戮不足以服其心。故刑罚繁而意不恐，则令不行矣；杀戮众而心不服，则上位危矣。故从其四欲，则远者自亲；行其四恶，则近者叛之。故知予之为取者，政之宝也。

■纳百川·成智慧

政令的兴废，完全取决于是否顺应民心。所以，百姓忧虑不安，君王就要有能力让他们放松愉悦；百姓厌倦贫贱，君王就要让他们富裕；百姓讨厌流离失所，君王就要给他们安定；百姓担心不能有后，君王就要创造条件让他们安心繁育后代。能让百姓放松愉悦的君王，百姓就有可能为他分担忧劳；能够让百姓生活富足的君王，老百姓就可能为他忍受一时的贫困；愿意为老百姓生活安定而努力的君王，老百姓就愿意为他流离失所；关心百姓生儿育女的君王，老百姓就愿意为他贡献子女。所以说，刑罚并不能真正改变内心的意旨，杀戮也不能让人口服心服。单靠刑罚无法让人恐惧，政令也就不能推行；乱开杀戮就会民怨沸腾，君王的地位也就岌岌可危。所以说，满足老百姓合理的欲望,边远地方的人也会亲近;违背了老百姓的基本需求,就是亲近的人也会反叛。

所以说,懂得给予之后才能索取,就明白从政的法宝了!

▌原文

错国于不倾之地,积于不涸之仓,藏于不竭之府,下令于流水之原,使民于不争之官,明必死之路,开必得之门,不为不可成,不求不可得,不处不可久,不行不可复。错国于不倾之地者,授有德也;积于不涸之仓者,务五谷也;藏于不竭之府者,养桑麻、育六畜也;下令于流水之原者,令顺民心也;使民于不争之官者,使各为其所长也;明必死之路者,严刑罚也;开必得之门者,信庆赏也;不为不可成者,量民力也;不求不可得者,不强民以其所恶也;不处不可久者,不偷取一世也;不行不可复者,不欺其民也。故授有德,则国安;务五谷,则食足;养桑麻、育六畜,则民富;令顺民心,则威令行;使民各为其所长,则用备;严刑罚,则民远邪;信庆赏,则民轻难;量民力,则事无不成;不强民以其所恶,则诈伪不生;不偷取一世,则民无怨心;不欺其民,则下亲其上。

▌纳百川·成智慧

建立国家要有坚实的基础,把粮食存在取之不尽的粮仓,把财物放在用之不竭的府库,颁布政令要像源头的流水,役使民众要有百姓信得过的官员,要让人明白惩罚与奖励的路径,不去做做不成的事情,不去追求得不到的东西,不待在不能持久的地方,不推行不能重复的事情。

国家要想有稳定的基础,一定要任用有德行的人;粮食要想放在取之不尽的粮仓,就意味着要努力生产粮食;财物要想放在用之不竭的库府，就意味着要种桑养蚕和蓄养六畜；政令如果像流水一样有始有终，就要顺应民心；让百姓安心工作就在于发挥他们各自的特长；让百姓有所为有所不为，就要赏罚分明；根据国力，量体裁衣，不做超出国力的事情；不要违背民意，去做那些没有结果的事情；不待在不能持久的地方，在于不要鼠目寸光；不推行不能重复的事情，在于不欺骗民众。所以说，国家任用有德行的人，就安定；勤于农业生产，就不会缺粮食；种桑养蚕和蓄养六畜，人民就会富足；顺应民心，政令威严，使人能发挥自己的长处，则所用就充足；严明刑罚，人民就会远离邪行；奖励落到实处，人民就不怕危难；体恤民力，就可以把事情做成；不强迫民众做他们厌倦的事情，欺诈就不会发生；不贪图一时的安逸，百姓就不会抱怨；不欺骗民众，百姓就会拥护政府。

原文

以家为乡，乡不可为也；以乡为国，国不可为也；以国为天下，天下不可为也。以家为家，以乡为乡，以国为国，以天下为天下。毋曰不同生，远者不听；毋曰不同乡，远者不行；毋曰不同国，远者不从。如地如天，何私何亲？如月如日，唯君之节！御民之辔，在上之所贵；道民之门，在上之所先；召民之路，在上之所好恶。故君求之，则臣得之；君嗜之，则臣食之；君好之，则臣服之；君恶之，则臣匿之。毋蔽汝恶，毋异汝度，贤者将不汝助。言室满室，言堂满堂，是谓圣王。城郭沟渠，不足以固守；兵甲强力，不足以应敌；博地多财，不足以有众。惟有道者，能备患于未形也，故祸不萌。天下不患无臣，患无君以使之；天下不患无财，患无人以分之。故知时者，可立以为长；无私者，可置以为政；审于时而察于用，而能备官者，可奉以为君也。缓者，后于事；吝于财者，失所亲；信小人者，失士。

■ 纳百川·成智慧

　　用治家的方式治理乡县，不会有好结果。同理，用治理县乡的方式治理国家，用治理国家的方式治理天下，都不会有好结果。根本原因在于小知不及大知，从局部是不可能窥全局的。所以说，不要因为不同姓就不听人家的正确意见；不要因为不同乡，就不推行人家正确的做法；不要因为不同国，就不采纳人家的方案。要像天地对待万物那样无亲无私；要像日月普照大地那样不分内外，这就是君王治理天下的节操。治理天下的核心，在于君王尊崇什么。号召百姓的方式就在于君王的评价标准。君王追求的，臣民就想去追求；君王想吃的，臣民也就想尝试；君王提倡的，臣民就会推广；君王厌弃的，臣民就会隐匿它。所以不要隐藏自己的错误，不要乱自己的法度，否则贤能的人就不会来帮助你。在房间里说话就要让整个房间里的人听清楚，在朝堂上说话就要让满朝堂的人听明白，这才是圣明的君王。高大的城墙和幽深的护城河并不足以固守，坚硬的盔甲和锋利的武器并不足以御敌，地大物博不一定拥有民众的拥护，只有遵循大道才能避祸于无形。天下不患没有能臣，而担忧没有明君；天下不患没有财富，而担忧没有管理财富的人。所以说，通晓天时的人，可以为长官；没有私心的人，可以任用为官；通晓天时而又能节用财物，还能发现可以为官的人，这样的人就可以推举为君王了。行动迟缓的人，错过做事的最好时机；贪财小气的人，会失去亲近的人；听信谗言的君王就一定会失去股肱之臣。

■ 原文

　　山高而不崩，则祈羊至矣；渊深而不涸，则沈玉极矣。天不变其常，地不易其则，春秋冬夏，不更其节，古今一也。蛟龙得水，而神可立也；虎豹得幽，而威可载也。风雨无乡，而怨怒不及也。贵有以行令，贱有以忘卑，寿夭贫富，无徒归也。衔命者君之尊也，受辞者君之运也。上无事，则民自试。抱蜀不言，而庙堂既修。槛鹄锵锵，唯民歌之。济济多士，殷民化之，纣之失也。飞蓬之问，不在所宾；燕雀之集，道行不顾。牺牷圭璧，不足以飨鬼神。主功有素，宝币奚为？羿之道，非射也；造父之术，非驭也；奚仲之巧，非斫削也。召远者使无为焉，亲近者言无事焉，唯夜行者独有也。

纳百川·成智慧

山足够高，水足够深，就会让人敬畏，就会有人来祈祷。天地不会改变它的规律，春夏秋冬四季不会改变它的节令，自古及今都是这样。蛟龙得水就会灵异，虎豹得到幽谷就会有威势。风雨没有固定的方向，也不会有人怨怒于它。尊贵者发号施令，位低者忘记卑微，长寿还是短命，富贵抑或贫穷，总是事出有因。能够发号施令，是因为地位高贵；接受指令，是因为尊卑的秩序。君上不需要亲力亲为，百姓也会主动工作。君王仅仅抱着祭祀礼器，庙堂就可以清明。鸿鹄的叫声清脆，人民欢乐歌唱。周朝人才济济，商朝的百姓都可以被教化，所以商纣王失去了天下。没有根据的流言，不必在意；无足轻重的小事，不必担忧。用牛羊玉璧祭祀，不一定得到鬼神护佑。只要君主有功于天地，何必使用珍贵的祭品？后羿射箭，不在于射箭的动作；造父驾车，不在于驾车的动作；车圣奚仲造车的核心，不在于对木材的砍斫。运用变化之妙，存于心。所以说，单靠使者把远方的人叫来，其也未必归顺，单靠说空话让国内亲近，也不会有效果。君王治国犹如深夜独行，（没有外部凭借）依靠的是内在的力量。

原文

平原之隰，奚有于高？大山之隈，奚有于深？訾謷之人，勿与任大。譙巨者可以远举，顾忧者可与致道。其计也速而忧在近者，往而勿召也。举长者可远见也，裁大者众之所比也。美人之怀，定服而勿厌也。必得之事，不足赖也；必诺之言，不足信也。小谨者不大立，訾食者不肥体；有无弃之言者，必参于天地也。坠岸三仞，人之所大难也，而猿猱饮焉，故曰伐矜好专，举事之祸也。

纳百川·成智慧

平原上的低地何言其高，大山里的沟壑何言其深。诋毁好人、吹捧坏人的人不可以委以重任。深谋远虑的人可以依靠他筹划长远，有忧患意识的人可以依靠他治理国家。那些鼠目寸光只顾眼前利益的人，离开了就不要再召回了。见识开阔的人可以有远见，能做出大是大非判断的人可以成为依靠。让天下人心悦诚服，就在于"一心定而万物服"。看似必定能成的事，未必可靠；满口承诺的话，未必可信。谨小慎微、格局太小的人做不了大事，就像挑食的人长不胖一样。如果明白了以上的言语，就可以与天地相参。三仞的悬崖，猿猴来去自如，而人视之为畏途。所以说，放弃原则，豪蛮专横，一定会带来祸端。

原文

不行其野，不违其马。能予而无取者，天地之配也。急倦者不及，无广者疑神，神者在内，不及者在门，在内者将假，在门者将待。曙戒勿怠，后稚逢殃；朝忘其事，夕失其功。邪气入内，正色乃衰。君不君，则臣不臣；父不父，则子不子。上失其位，则下逾其节。上下不和，令乃不行。衣冠不正，则宾者不肃；进退无仪，则政令不行。且怀且威，则君道备矣。莫乐之，则莫哀之；莫生之，则莫死之。往者不至，来者不极。

■纳百川·成智慧

不用去郊野，也不能把马丢弃。一个人如果只是付出而不求索取，就具备了天地的美德。懒惰的人总是缓慢，而勤奋的人总是能抓住时机，抓住时机的人已经在门内，懒散的人还在门外徘徊。早晨懈怠的人，傍晚就会遭殃；早上忘了该做的事情，晚上就失去了做事的报偿。邪气入侵，正气就会衰弱。君王没有君王的威仪，臣下就会失去臣下应有的敬畏。父亲没有父亲的尊严，儿子就会失去儿子的样子。居上位的举止不当，在下位的就会逾越礼节。君臣不和，政令就无法推行。君王衣冠不整，来宾就不肃穆；君王没有进退的智慧，政令就很难推行。刚柔并济，恩威并重，这才是为君之道。君王不能给百姓带来快乐，百姓就不会为君王担忧；君王不能够让百姓安居乐业、生生不息，百姓就不会为君王贡献生命。没有过去的投入，就不会有将来的获取。

■原文

道之所言者一也，而用之者异。有闻道而好为家者，一家之人也；有闻道而好为乡者，一乡之人也；有闻道而好为国者，一国之人也；有闻道而好为天下者，天下之人也；有闻道而好定万物者，天下之配也。道往者，其人莫来；道来者，其人莫往；道之所设，身之化也。持满者与天，安危者与人。失天之度，虽满必涸；上下不和，虽安必危。欲王天下，而失天之道，天下不可得而王也。得天之道，其事若自然。失天之道，虽立不安。其道既得，莫知其为之；其功既成，莫知其释之。藏之无刑，天之道也。疑今者，察之古；不知来者，视之往。万事之生也，异趣而同归，古今一也。

▍纳百川·成智慧

大道是唯一的，但是大道的运用却是千变万化。知晓大道用于治家，可以为一家之主；知晓大道用于治理乡村，就是一乡之长；知晓大道用于治国，就是一国之主；能通晓大道而能安定万物，就是天下共主。背离大道，人民不会归附；顺应大道，人民不会背离。大道所规范的，就应该是我们身体力行的。享受富贵在于顺应大道，转危为安在于顺应民心。违背了天道，再大的富贵也会随风而去；君王和民心相背，就会产生危机。如果想称王天下，不能违背天道；违背了天道就一定会失败。顺应了天道，（称王）就会水到渠成；背离天道，即使勉强称王也会转瞬即逝。顺应了天道，其功用在你不知晓的情况下就会发生；等到大道达成，却很难明晰由来。无相无形，这就是大道啊。困惑于当下，可以去看看前人的经验；困惑于未来，可以借鉴一下过往。万事万物的发生发展，形式各异但本质相同（都是大道的具体显化），从古到今没有改变。

▍原文

万乘之国，兵不可以无主；土地博大，野不可以无吏；百姓殷众，官不可以无长；操民之命，朝不可以无政。

▍纳百川·成智慧

幅员辽阔的大国，军队一定要接受国家领导；幅员辽阔的国土上一定要有各级官吏为国家管理；国家人口众多，各级官吏不可以没有统一的领导；关乎百姓的命运前途，国家一定要政令清明。

第四章 王官学术与诸子百家的智慧

▎**原文**

地博而国贫者,野不辟也;民众而兵弱者,民无取也。故末产不禁,则野不辟;赏罚不信,则民无取。野不辟,民无取,外不可以应敌,内不可以固守,故曰有万乘之号,而无千乘之用,而求权之无轻,不可得也。

▎**纳百川·成智慧**

国土面积大,但是国家却贫穷,那是因为土地没有开垦;人口众多军队却软弱不堪,这是因为没有从民众中挑选出合适的士兵。所以说,投机如果没有禁绝,土地就不会被开垦;赏罚不明,人民就不知道如何取舍。土地没有开垦,人民无所得,对外不能抵御强敌,对内不能坚守国内。如果名义上的大国,连小国的实力都没有的话,国家的权力衰落是不可避免的。

▎**原文**

地辟而国贫者,舟舆饰、台榭广也。赏罚信而兵弱者,轻用众,使民劳也。舟车饰,台榭广,则赋敛厚矣;轻用众,使民劳,则民力竭矣。赋敛厚,则下怨上矣;民力竭,则令不行矣。下怨上,令不行,而求敌之勿谋己,不可得也。

▎**纳百川·成智慧**

土地开垦了国家仍然贫穷,这是因为君王注重舟车的装饰,大兴土木,耗费财力。赏罚分明然而军队仍然战斗力不强,这是因为君王过度使用民力。沉迷于舟车装饰,大兴土木,就一定会横征暴敛;过度使用民力,民力就一定会衰竭。赋税沉重,人民就会抱怨君王;民力衰竭,

285

国家的政令就很难推行。如此,还想让敌国对我们没有觊觎之心,几乎是不可能的。

▌原文

欲为天下者,必重用其国;欲为其国者,必重用其民;欲为其民者,必重尽其民力。无以畜之,则往而不可止也;无以牧之,则处而不可使也。远人至而不去,则有以畜之也;民众而可一,则有以牧之也。见其可也,喜之有征,见其不可也,恶之有刑,赏罚信于其所见,虽其所不见,其敢为之乎?见其可也,喜之无征,见其不可也,恶之无刑,赏罚不信于其所见,而求其所不见之为之化,不可得也。厚爱利,足以亲之;明智礼,足以教之。上身服以先之,审度量以闲之,乡置师以说道之,然后申之以宪令,劝之以庆赏,振之以刑罚,故百姓皆说为善,则暴乱之行无由至矣。

▌纳百川·成智慧

打算管理天下,首先要珍惜当下的国家;打算管理一个国家,就要爱惜一国之民;爱惜一国之民,就是要爱惜民力。如果没有什么可以挽留百姓的,百姓一定会离去而无法挽留;不懂得管理,民众即使留下来也无法使用。远方之人前来归顺而不离去,一定是有吸引他们的地方;人民万众一心,一定是这个国家管理到位。发现他们有做得好的地方,就要嘉奖他们,发现他们有做错的地方,要鞭笞、惩罚,根据他们的表现赏善罚恶,即使在看不见的地方,难道他们就敢肆意妄为吗?发现他们有做得好的地方,虽然表彰却不奖励,发现他们有不好的地方,批评却不惩罚,不能根据他们的表现赏善罚恶,却想着改造他们看不见的地方,这可能吗?君主亲爱民众,给予他们实惠,民众自然亲爱君主;君主以智慧利益明示民众，民众就会得到教化。君上以身作则，身先垂范，再用合适规矩规范民众，在乡村设置师资力量教化民众，再辅之以赏善罚恶，老百姓就会乐于行善，而那些暴乱之行就会消失无踪。

■原文

地之生财有时，民之用力有倦，而人君之欲无穷，以有时与有倦，养无穷之君，而度量不生于其间，则上下相疾也。是以臣有杀其君，子有杀其父者矣。故取于民有度，用之有止，国虽小必安；取于民无度，用之不止，国虽大必危。

■纳百川·成智慧

一定时间内的物质财富产出总是有上限的，人民的劳动力也是有限的，但是君王的欲求可能是无限的。以有限的人力和财富去迎合无穷的君王欲求，其间如果没有任何制衡措施，则君王和人民必然互相仇恨。所以世间才会有臣子杀害君王、儿子杀害父亲的事情。所以取用于民一定要有节制，这样即使国家小也一定安全；取用于民没有节制，国家再大也会败亡。

■原文

地之不辟者，非吾地也；民之不牧者，非吾民也。凡牧民者，以其所积者食之，不可不审也。其积多者其食多，其积寡者其食寡，无积者不食。或有积而不食者，则民离上；有积多而食寡者，则民不力；有积寡而食多者，则民多诈；有无积而徒食者，则民偷幸。故离上不力，多诈偷幸，举事不成，应敌不用。故曰：察能授官，班禄赐予，使民之机也。

▎**纳百川·成智慧**

没有开垦的土地，就不是我们的土地；不接受管理的人，就不是我们的人。管理人民，要以贡献为前提，贡献多的奖励多，贡献少的奖励少，没有贡献的不给奖励。如果贡献很多却没有奖励，那么人民与君王就会离心离德；贡献多而奖励少，人民就会消极懈怠；贡献少而奖励多，人民就会学会投机取巧；没有贡献却获得奖励，人民就会产生侥幸心理。这样的人多了，国内的事情办不成，对外不能抵御外敌。所以说，根据能力授予官职，区分贡献给予奖励，这就是管理人民的关键。

▎**原文**

野与市争民，家与府争货，金与粟争贵，乡与朝争治。故野不积草，农事先也；府不积货，藏于民也；市不成肆，家用足也；朝不合众，乡分治也。故野不积草，府不积货，市不成肆，朝不合众，治之至也。人情不二，故民情可得而御也。审其所好恶，则其长短可知也；观其交游，则其贤不肖可察也。二者不失，则民能可得而官也。

▎**纳百川·成智慧**

田野与市场争夺劳动力，百姓与官府争夺财富，金银与粮食争贵贱，地方与朝廷争夺权力。遇到这种情况，要让农业优先于商贸，官府不要囤积财富，而要藏富于民，市场不要过热，每个家庭要衣食无忧，朝廷不要过分专权，地方要有管理的自主权。所以，田野得到开垦，政府不囤积财富，市场没有过热，朝廷没有专权，这就是管理的好境界啊！人性都是相通的，所以依据人性可以管理民众。了解他们的好恶，就知道他们的长处与短处；了解他们的交友，就可以知道他们贤能与否。通过这两点我们就可以把人民中有能力的人选拔出来任用。

第四章　王官学术与诸子百家的智慧

■原文

地之守在城，城之守在兵，兵之守在人，人之守在粟；故地不辟，则城不固。有身不治，奚待于人？有人不治，奚待于家？有家不治，奚待于乡？有乡不治，奚待于国？有国不治，奚待于天下？天下者，国之本也；国者，乡之本也；乡者，家之本也；家者，人之本也；人者，身之本也；身者，治之本也。故上不好本事，则末产不禁；末产不禁，则民缓于时事而轻地利；轻地利，而求田野之辟、仓廪之实，不可得也。

■纳百川·成智慧

守卫国土要靠坚固的城池，守卫城池要靠勇敢的士兵，选拔士兵要靠忠诚的民众，依靠民众就要让他们丰衣足食；所以说，土地如果得不到开垦，那么城池就很难固守。国君无法管理自己，如何管理民众？一个人不能自治，如何管理一个家庭？一个家庭管理不好，如何管理一个乡？一个乡都管理不好，如何管理一个国家？国家治理不好，如何治理天下？天下是国家的依托，国家是乡的依托，乡是家的依托，家是人的依靠，人性是人的根本，人是治理的基础。所以说，君上不重视农业，商业就会泛滥；商业泛滥，就不会有人去从事农业进而荒废了土地，土地荒芜了，谈粮食丰收就是痴人说梦。

■原文

一年之计，莫如树谷；十年之计，莫如树木；终身之计，莫如树人。一树一获者，谷也；一树十获者，木也；一树百获者，人也。我苟种之，如神用之，举事如神，唯王之门。

■ 纳百川·成智慧

要说一年的规划，重要的莫过于庄稼之事；十年的规划，重要的莫过于种植树木；而一生的规划，重要的莫过于培养人才。庄稼种植一次，收获一次；树木种植一次，可以多次收获；而培养人才，却可以时时收获。如果我们能培养人才并且合理使用，做事情何愁不成功？这就是为君之道。

■ 原文

凡牧民者，使士无邪行，女无淫事。士无邪行，教也；女无淫事，训也。教训成俗，而刑罚省，数也。凡牧民者，欲民之正也；欲民之正，则微邪不可不禁也；微邪者，大邪之所生也。微邪不禁，而求大邪之无伤国，不可得也。

■ 纳百川·成智慧

管理人民核心在于让男子不走邪道，女子不淫邪。男子走正道，需要教化；女子不淫邪，依靠训诫。教化和训诫时间长了，就会约定俗成，就不需要专门的刑罚了，这就是规律。管理人民，在于社会风清气正；社会风清气正，就需要防微杜渐；不防微杜渐，就会千里之堤毁于蚁穴，这个时候再管理，就晚了。

■ 原文

凡牧民者，欲民之有礼也。欲民之有礼，则小礼不可不谨也；小礼不谨于国，而求百姓之行大礼，不可得也。凡牧民者，欲民之有义也。欲民之有义，则小义不可不行；小义不行于国，而求百姓之行大义，不可得也。凡牧民者，欲民之有廉也。欲民之有廉，则小廉不可不修也；

小廉不修于国，而求百姓之行大廉，不可得也。凡牧民者，欲民之有耻也。欲民之有耻，则小耻不可不饰也；小耻不饰于国，而求百姓之行大耻，不可得也。凡牧民者，欲民之修小礼、行小义、饰小廉、谨小耻、禁微邪，此厉民之道也。民之修小礼、行小义、饰小廉、谨小耻、禁微邪，治之本也。

■ 纳百川·成智慧

　　管理人民，不能没有礼仪。推行礼仪就要从小处着眼；小处的礼仪得不到贯彻，而试图让百姓在大是大非面前遵从礼仪，那是不可能的。管理人民，就要让人民追求正义。让人民追求正义就要关注一是一非的正义；在小事情上不能坚持正义，在大事情上也不可能追求正义。管理人民，就要让人民尊崇廉洁。在小事情上能做到廉洁，在大是大非面前才有可能做到廉洁。管理人民还在于让人民有羞耻心。明白羞耻心就在于最基本的羞耻感；如果一个国家的人民没有了基本的羞耻感，那么这个国家就没有了羞耻底线。所以说，管理人民要从礼义廉耻的小处着眼，聚沙成塔，集腋成裘，不以善小而不为，不以恶小而为之，这就是管理人民的根本。

■ 原文

　　凡牧民者，欲民之可御也；欲民之可御，则法不可不审。法者，将立朝廷者也；将立朝廷者，则爵服不可不贵也。爵服加于不义，则民贱其爵服；民贱其爵服，则人主不尊；人主不尊，则令不行矣。法者，将用民力者也；将用民力者，则禄赏不可不重也。禄赏加于无功，则民轻其禄赏；民轻其禄赏，则上无以劝民；上无以劝民，则令不行矣。法者，将用民能者也；将用民能者，则授官不可不审也。授官不审，则民闲其治；民闲其治，则理不上通；理不上通，则下怨其上；下怨其上，则令不行矣。法者，将用民之死命者也；用民之死命者，则刑罚不可不审。刑罚不审，则有辟就；有辟就，则杀不辜而赦有罪；杀不辜而赦有罪，则国不免于贼臣矣。故夫爵服贱、禄赏轻、民闲其治、贼臣首难，此谓败国之教也。

■ 纳百川·成智慧

　　管理民众，不可不重视法律。所谓法律就是政府的尊严，要让百姓尊重政府的尊严，就要珍惜政府的职位。如果把职位授予不义之人，人民就会看轻职位；人民看轻了职位，那么君王就得不到尊重；君王不被尊重，法令就无法推行了。法律的意义还在于以此使用民力。使用民力就应该给予相应的回报，如果相应的回报给错了人，老百姓就不会追求这种回报（因为压根儿得不到）；老百姓不再追求这种回报，君王就没法激励民众；由此，法令也无法推行。法律的意义还在于使用民智，使用民智就要挑选合适的人为官。选拔官吏混乱，民众就会反对官员的治理，君王就无法知道民情。由此上下积怨，政令不通。法律的意义还在于可以让民众为国家舍生忘死。如果想让民众为国家舍生忘死，那么刑罚就要精准，刑罚混乱就会让人避重就轻，避重就轻就会贪赃枉法，杀了好人，放了坏人。如果这样的事情发生了，国家就容易被奸臣颠覆。

　　所以说，轻视政府工作人员的尊严，对国家有功的人缺乏必要的物质激励，故意激起人民抵制政府，吃俸禄的官员首先反对政府，这都是亡国之象啊！

■ 原文

　　国之所以治乱者三，杀戮刑罚，不足用也。国之所以安危者四，城郭险阻，不足守也。国之所以富贫者五，轻税租，薄赋敛，不足恃也。治国有三本，而安国有四固，而富国有五事，五事五经也。

■ 纳百川·成智慧

　　国家治理混乱可以从三个方面入手，单靠杀戮和刑罚是不够的。国家的安危涉及四个方面，单靠城池险固是不够的。国家的富足与否有五个方面，仅仅依靠轻税租、薄徭役是不够的。治理国家有三个基本方面，国家安定在于四个方面，而国家富裕在于五个方面，这五个方面就是国家的五个根本。

■ 原文

　　君之所审者三：一曰德不当其位；二曰功不当其禄；三曰能不当其官。此三本者，治乱之原也。故国有德义未明于朝者，则不可加以尊位；功力未见于国者，则不可授与重禄；临事不信于民者，则不可使任大官。故德厚而位卑者谓之过，德薄而位尊者谓之失。宁过于君子，而毋失于小人：过于君子，其为怨浅；失于小人，其为祸深。是故国有德义未明于朝而处尊位者，则良臣不进；有功力未见于国而有重禄者，则劳臣不劝；有临事不信于民而任大官者，则材臣不用。三本者审，则下不敢求；三本者不审，则邪臣上通，而便辟制威。如此，则明塞于上，而治壅于下，正道捐弃，而邪事日长。三本者审，则便辟无威于国，道涂无行禽，疏远无蔽狱，孤寡无隐治，故曰："刑省治寡，朝不合众。"

■ 纳百川·成智慧

　　君王必须重视的方面有三：德行与职位不匹配；功劳与俸禄不相

当；能力与官职不相称。这三个方面是治理混乱的源头。一国之内，没有德行的人不可以授予高位，功劳能力不能用于国家的人不可以给予丰厚的俸禄，处理政事不能取信于人民的人不可以给予高位。所以说，德行高尚却位置低微就是朝廷的过错，德行不好却位置高高在上就是国家的失误。宁可过错于君子，不可失误于小人；错于君子仅仅是一些埋怨，而失于小人则是国家的祸患。一个国家朝堂之上是德行不彰的高官，那么贤臣就不可能进来了；对国家没有功劳的人却享受丰厚的俸禄，那么真正为国劳心劳力的功臣就会灰心丧气；处理政事却不能取信于民的人当了大官，有能力的官员就会被埋没。把这三个方面弄清楚了，臣下就不敢苛求于上；这三个方面处理不好，奸臣就会当道，君王身边的人就会巧言令色、独断专权，由此，君王就会耳目闭塞，政令不通。这样正道无法推行，违法乱纪的事情日益滋长。所以说，处理好这三个方面，奸佞小人就会失去市场，大路上不会有道德败坏的人，与官方疏远的人也不会被冤枉，孤独无助的人也没有隐情难诉的冤屈。这样需要惩罚的人就少了，需要治理的事情就少了，所以也不需要众多大臣一起商议。

原文

君之所慎者四：一曰大德不至仁，不可以授国柄；二曰见贤不能让，不可与尊位；三曰罚避亲贵，不可使主兵；四曰不好本事，不务地利，而轻赋敛，不可与都邑。此四务者，安危之本也。

故曰："卿相不得众，国之危也；大臣不和同，国之危也；兵主不足畏，国之危也；民不怀其产，国之危也。"故大德至仁，则操国得众；见贤能让，则大臣和同；罚不避亲贵，则威行于邻敌。好本事，务地利，重赋敛，则民怀其产。

纳百川·成智慧

君王要慎重对待的有四个方面：空谈道德却不亲爱民众的人不可以管理国家；不能礼贤下士的人不可以占据高位；主张刑罚却回避有亲缘的人、地位高贵的人，这样的人不能执掌兵权；不努力发展实业，不重视农业，不重视赋税征收（沽名钓誉），这样的人不能执掌一方。这四个方面，是国家安危的根本。

政府官员不能取信于民，这样的国家很危险；大臣不能团结一致，这样的国家很危险；执掌兵权的人没有威严，这样的国家很危险；人民无法拥有自己的财富，这样的国家很危险。所以说，遵循道德而能体恤民众，管理国家就会赢得民心；选贤举能，朝堂之上就会一团和气；刑罚不回避亲缘和权贵，就会在邻国和敌国前树立威信。重视实业，发展农业，即使重视税收收入，老百姓也可以拥有自己的财富。

原文

君之所务者五。一曰山泽不救于火，草木不植成，国之贫也。二曰沟渎不遂于隘，鄣水不安其藏，国之贫也。三曰桑麻不植于野，五谷不宜其地，国之贫也。四曰六畜不育于家，瓜瓠荤菜百果不备具，国之贫也。五曰工事竞于刻镂，女事繁于文章，国之贫也。故曰："山泽救于火，草木植成，国之富也。沟渎遂于隘，鄣水安其藏，国之富也。桑麻植于野，五谷宜其地，国之富也。六畜育于家，瓜瓠荤菜百果备具，国之富也。工事无刻镂，女事无文章，国之富也。"

纳百川·成智慧

君王应该看重的工作有五个方面：山林水泽不能预防火灾，草木不能茁壮成长，国家就会贫穷；沟渠不能畅通，堤坝不够安全，国家就会贫穷；田野里没有桑麻，土地里没有种植五谷，国家就会贫穷；家庭没有蓄养足够的牲畜，没有生产足够的蔬菜瓜果，国家就会贫穷；工匠醉心于奇技淫巧，女工热衷于不实用的织造技巧，国家就会贫穷。所以说：山泽可以免于火灾，草木可以茁壮成长，沟渠畅通，堤坝安稳，桑麻、五谷能够适时适地得到充分种植、收获，牲畜、蔬菜瓜果可以足量收获，老百姓都投身生产而不是追求各种奇技淫巧，国家就一定会富裕。

▍原文

分国以为五乡，乡为之师；分乡以为五州，州为之长；分州以为十里，里为之尉；分里以为十游，游为之宗；十家为什，五家为伍，什伍皆有长焉。筑障塞匿，一道路，搏出入，审闾闬，慎筦键，筦藏于里尉。置闾有司，以时开闭。闾有司观出入者，以复于里尉。凡出入不时，衣服不中，圈属群徒，不顺于常者，闾有司见之，复无时。

▍纳百川·成智慧

将都城的行政区域划分为五个乡，每个乡设立乡师；把每个乡划分为五个州，每个州设立州长；再把每个州划分为十个里，每个里设立里尉；每个里分为十个游，每个游设立游宗；十户人家为一什，五户家庭为一伍，分别设立什长和伍长。修建围墙，隔绝流窜的人；规范道路，使人们的出入有"迹"可循；看好道路关口，管理好钥匙，把钥匙放在里尉那里。设置专门开关城门的官员，定时开关城门。闾有司要负责了解每日进入城门的人的情况，报告给里尉。凡是那些出入时间反常的、衣衫不整的，都要注意，特别是属地内如果有人群不正常流动的，要立刻汇报给上级，不得耽误。

比对古人的公共管理，我们除了形式上有所进步（如大数据、人脸识别），在管理思想上可曾有任何进步呢？一味地邯郸学步，其结果只能是东施效颦、贻笑大方。数典忘祖，是当代最大的悲哀。

▎原文

若在长家子弟、臣妾、属役、宾客，则里尉以谯于游宗，游宗以谯于什伍，什伍以谯于长家，谯敬而勿复。一再则宥，三则不赦。凡孝悌忠信、贤良俊材，若在长家子弟、臣妾、属役、宾客，则什伍以复于游宗，游宗以复于里尉，里尉以复于州长，州长以计于乡师，乡师以著于士师。凡过党，其在家属，及于长家；其在长家，及于什伍之长；其在什伍之长，及于游宗；其在游宗，及于里尉；其在里尉，及于州长；其在州长，及于乡师；其在乡师，及于士师。三月一复，六月一计，十二月一著。凡上贤不过等，使能不兼官，罚有罪不独及，赏有功不专与。

▎纳百川·成智慧

如果是本地大户人家的子弟、家臣或妻妾有问题，里尉就要斥责游宗，游宗要斥责什长、伍长，什长、伍长要斥责当事人的家长，斥责就可以了，不用上报。如果偶尔犯错，可以宽恕；如果是惯犯，一定严惩不贷。如果发现属地有孝悌忠孝贤良俊才，什长、伍长要汇报给游宗，游宗要汇报给里尉，里尉要汇报给州长，州长要汇报给乡师，乡师要汇报给士师。凡是和犯罪有牵连的，涉及家属的，受罚者要包括家长；牵连到家长的，受罚者要包括什长、伍长；牵连到什长、伍长的，受罚者就要包括游宗，以此类推，直到相应的层级。这些基层的情况，三个月要汇报一次，半年要统计一次，一年要总结一次。举荐贤能不能越级，任用的官员不得兼职，惩罚罪犯要包括从犯，奖赏有功的人不要只奖励给立功人本身。凡是提拔贤才，不能超越等级，任用能人，不可让其身兼多职，惩罚罪人，不株连无辜；奖赏功臣，不专宠一人。

原文

孟春之朝，君自听朝，论爵赏校官，终五日。季冬之夕，君自听朝，论罚罪刑杀，亦终五日。正月之朝，百吏在朝，君乃出令，布宪于国，五乡之师，五属大夫，皆受宪于太史。大朝之日，五乡之师，五属大夫，皆身习宪于君前。太史既布宪，入籍于太府。宪籍分于君前。五乡之师出朝，遂于乡官致于乡属，及于游宗，皆受宪。

纳百川·成智慧

正月的早朝，君王要亲自听政，参与考察官吏，论赏官员，持续五天。腊月末，君王也要亲自听政，参与议定罪责，判定罪行，同样持续五天。正月初一，百官集聚朝堂，君王向天下颁布法令，五乡的乡师和五属大夫都从太史那里领受法令典章。百官在朝的日子，五乡的乡师和五属大夫都要认真学习法令。太史颁布了法令之后，法律原本留存太府。把法律文本在君王面前分给大臣们。五乡的乡师离开朝堂之后，通过乡官颁布到属地，一直到游宗都要领到法律文书。

原文

宪既布，乃反致令焉，然后敢就舍；宪未布，令未致，不敢就舍。就舍，谓之留令，罪死不赦。五属大夫，皆以行车朝，出朝不敢就舍，遂行。至都之日，遂于庙致属吏，皆受宪。宪既布，乃发使者致令，以布宪之日，蚤晏之时。宪既布，使者以发，然后敢就舍；宪未布，使者未发，不敢就舍，就舍，谓之留令，罪死不赦。宪既布，有不行宪者，谓之不从令，罪死不赦。考宪而有不合于太府之籍者，侈曰专制，不足曰亏令，罪死不赦。首宪既布，然后可以布宪。

■ 纳百川·成智慧

　　颁布完法令，及时汇报后才可以回家休息。否则就叫作"留令"，这是要杀头的罪行。五属大夫都是乘车来上朝的，离开朝堂之后，不敢回家，立刻去颁布法令。到达都邑的当天，在宗庙召见地方官员，让他们都领受法典。法典颁布之后，立即派使者回复。一定要在颁布法令的当天派遣使者回复，不管早晚。使者派出以后，才能回去休息。法令没有颁发，（法令虽然颁布）使者没有派出，都不敢休息。休息了就是死罪。法令颁布了，不遵从的，叫作不从令，死罪。检查法律文本与太府的原本不符合的，多了叫专制，少了叫亏令，都是死罪。首宪颁布完毕，就可以实施了。

■ 原文

　　凡将举事，令必先出。曰事将为，其赏罚之数，必先明之，立事者，谨守令以行赏罚。计事致令，复赏罚之所加，有不合于令之所谓者，虽有功利，则谓之专制，罪死不赦。首事既布，然后可以举事。

■ 纳百川·成智慧

　　如果想开展工作，就应该先制定相关法令。事情准备实施之前，一定要明确赏罚的规矩。具体操作这个事情的人，一定要按照事先制定的法令、赏罚规则进行奖惩。

　　按照法令考核工作进度，及时汇报对工作的奖惩情况。如果做事似乎有一定的效果，但是对前期制定的法律法规有所违背，这就叫作"专制",这是要杀头的罪行。

以上的做法叫作"首事",首事得到了贯彻,就可以正式开展工作了。

原文

修火宪,敬山泽,林薮积草,夫财之所出,以时禁发焉。使民足于宫室之用,薪蒸之所积,虞师之事也。决水潦,通沟渎,修障防,安水藏,使时水虽过度,无害于五谷,岁虽凶旱,有所粉获,司空之事也。相高下,视肥硗,观地宜,明诏期,前后农夫,以时均修焉,使五谷桑麻,皆安其处,司田之事也。行乡里,视宫室,观树艺,简六畜,以时钧修焉,劝勉百姓,使力作毋偷,怀乐家室,重去乡里,乡师之事也。论百工,审时事,辨功苦,上完利,监一五乡,以时钧修焉,使刻镂文采,毋敢造于乡,工师之事也。

纳百川·成智慧

制定山林防火的法令,保护山林水泽,山水之间的草木是财富的来源,所以要有节制地取用。要保证老百姓造房子、做饭所需的栋梁柴木,这就是虞师的职责。疏通积水,开挖沟渠,修缮堤坝,保证水库的安全,保证水涝的时候不会淹没农田,天旱的时候人民也可以收获粮食,这就是司空的职责。观察地势的高下,洞察土壤的肥沃与贫瘠,调查农夫的劳动时间,按照农时合理安排农业生产,让五谷桑麻都能够顺利生产,这就是司田的职责。巡查乡里,检视老百姓的房屋,观察树木的栽种、六畜的养殖,并且按照社会需求进行调整,激励老百姓认真工作不要偷懒,认真建设家乡,不轻易离开家乡,这就是乡师的职责。评价各种工匠,检查不同阶段的工作,分辨他们的辛劳与业绩,推崇有利于社会的实用产品,统一监管五乡,并且适时调整,让那些华而不实的

第四章　王官学术与诸子百家的智慧

奢侈物品不敢在各乡生产，这就是工师的职责。

▍原文

　　度爵而制服，量禄而用财，饮食有量，衣服有制，宫室有度，六畜人徒有数，舟车陈器有禁。修生则有轩冕、服位、谷禄、田宅之分，死则有棺椁、绞衾（jiǎoqīn）、圹垄之度。虽有贤身贵体，毋其爵，不敢服其服；虽有富家多资，毋其禄，不敢用其财。天子服文有章，而夫人不敢以燕以飨庙，将军大夫以朝，官吏以命，士止于带缘，散民不敢服杂采，百工商贾不得服长鬈貂，刑余戮民不敢服绕，不敢畜连乘车。

▍纳百川·成智慧

　　根据爵位而规定生活等级，根据俸禄而决定消费，饮食有相应的规定，服饰有相应的章法，居住有相应的标准，家里奴仆牲畜的数量是有规定的，乘坐的交通工具和家里的陈设也有相应的规定。在世时在乘车、冠冕、服饰和俸禄田宅方面都有相应的区别，死后在棺椁、入殓时的束带与被褥以及墓穴的大小方面都有区别。所以即使有尊贵的身体，没有相应的爵位也不敢穿那样的衣服；虽然是家财万贯，没有那样的俸禄，也不敢那样花费。天子的衣服有特殊的纹饰，夫人不可以穿家常便服祭拜宗庙，将军大夫要穿朝服，官吏要穿命服，士大夫阶层只能在衣服边缘上修饰，普通百姓不能穿有纹饰的衣服，百工商贾不可以穿羔皮、貂皮，犯过罪的人不可以穿丝质的衣物，不能有自己的车，也不能坐车。

▍原文

　　寝兵之说胜，则险阻不守；兼爱之说胜，则士卒不战；全生之说胜，则廉耻不立；私议自贵之说胜，则上令不行；群徒比周之说胜，则贤不肖不分；金玉货财之说胜，则爵服下流；观乐玩好之说胜，则奸民在上位；请谒任举之说胜，则绳墨不正；谄谀饰过之说胜，则巧佞者用。

■ 纳百川·成智慧

　　松懈军备的论调占了上风，一个国家即使占据险要的地势也没法固守；没有原则的兼爱说法开始流行，士兵就不会勇敢战斗；苟全性命的理论甚嚣尘上，这个社会就不会有礼义廉耻了；异端邪说开始流行，国家的法令就没法推行了；结党营私、党同伐异开始风行，贤能的人和不肖的人就没法分别了（当下的学术评价难点正是如此）；社会上拜金主义风行，政府的爵位就不会有人重视（当下官员腐败的根源在此）；吃喝玩乐成为社会风尚，不务正业的人就会成为社会偶像；跑关系走后门的做法成为常态，人才选拔机制就会名存实亡（还好我们还有高考制度）；溜须拍马、文过饰非成为常态，巧言令色的奸佞之人就会被重用。

■ 原文

　　期而致，使而往，百姓舍己以上为心者，教之所期也。始于不足见，终于不可及，一人服之，万人从之，训之所期也。未之令而为，未之使而往，上不加勉，而民自尽，竭俗之所期也。好恶形于心，百姓化于下，罚未行而民畏恐，赏未加而民劝勉，诚信之所期也。为而无害，成而不议，得而莫之能争，天道之所期也。为之而成，求之而得，上之所欲，小大必举，事之所期也。令则行，禁则止，宪之所及，俗之所被，如百体之从心，政之所期也。

第四章 王官学术与诸子百家的智慧

■ 纳百川·成智慧

规定期限，臣民按时抵达，下达命令，臣民立刻前往，百姓以国家的期望为期望，这就是教化的结果。开始时悄无声息，结束时别人难以追及，一个人以身作则，千万人就可以跟从，这是训诫的效果。不用命令就开始行动，不用驱使就主动前往，国家并没有奖励，百姓却自发行动，这是摒弃流俗、追求高雅的功效。老百姓的内心有善恶的标准，不用刑罚就知道畏惧，不用奖赏就知道努力，这是国家有诚信的原因。做事没有不良的后果，事情做成后没有纷争，得到成果没有谁可以抢夺，这就是遵循天道的结果。做事就一定会成功，追求就一定有结果，国家希冀的，无论大小，都能达成，这是因为我们做的事是正义的。令行禁止，法令所到之处，民俗涉及的地方，人民万众一心，就是施行仁政的效果。

■ 原文

凡立国都，非于大山之下，必于广川之上。高毋近旱，而水用足；下毋近水，而沟防省。因天才，就地利，故城郭不必中规矩，道路不必中准绳。

无为者帝，而无以为者王，为而不贵者霸。不自以为所贵，则君道也；贵而不过度，则臣道也。

■ 纳百川·成智慧

凡是国都选址，不是建设在高山之下，就是建设在广袤的平原上。建设在地势高的地方要考虑缺少水源带来干旱（所以不能太高）；建设在地势低的地方也要考虑不要太靠近大江大河，以防止水患灾害。与江河保持距离还可以凭借大河作为天堑，节省了沟防的支出。所以说，根

303

据具体的情况来分析，根据天时地利建设都城，所以城郭不一定要方方正正，道路也不一定要又长又直。

能做到无为而治的，可以成就帝业；能做到治理朝政而不为其所累的，可以成就王业；把国家治理好却不骄傲的，可以成就霸业。不把勤勤恳恳治理国家作为骄横自满的理由，这是对君王的要求；以勤恳治国为荣耀但不居功自傲，这是对臣子的要求。

《商君书》（节选）

原文

开塞第七

天地设而民生之。当此之时也，民知其母而不知其父，其道亲亲而爱私。亲亲则别，爱私则险。民众，而以别、险为务，则民乱。当此时也，民务胜而力征。务胜则争，力征则讼，讼而无正，则莫得其性也。故贤者立中正，设无私，而民说仁。当此时也，亲亲废，上贤立矣。凡仁者以爱利为务，而贤者以相出为道。民众而无制，久而相出为道，则有乱。故圣人承之，作为土地、货财、男女之分。分定而无制，不可，故立禁；禁立而莫之司，不可，故立官；官设而莫之一，不可，故立君。既立君，则上贤废而贵贵立矣。然则上世亲亲而爱私，中世上贤而说仁，下世贵贵而尊官。上贤者以道相出也，而立君者使贤无用也；亲亲者以私为道也，而中正者使私无行也。……故曰：王道有绳。

纳百川·成智慧

天地设立，人民随之而生。在那个时代，人们只知道自己的母亲而不知道父亲，他们的道路是亲近亲人和偏爱私情。亲近亲人会导致分别,偏爱私情会导致险诈。如果百姓众多,去做导致偏私和险诈的事情,那么社会就会混乱。在那个时代,人们追求胜利和力量的征伐。追求胜利会导致争斗,力量的征伐会导致诉讼,诉讼没有公正,那么人们就无法保持本性。因此,贤能的人树立中正,设立无私,人民就会喜悦于仁爱。在那个时代,亲近亲人的习俗被废除,贤能的人被尊崇。仁爱的人以爱和为他人谋福为追求,而贤能的人以推奉贤人为处世之道。如果民众没有约束,时间长了就会相互争夺,就会有混乱。因此,圣人顺应这一规律,制定了分配土地、财物、男女的制度。划分确定而没有规则,是不行的,所以设立了禁令;禁令设立而没有人执行,是不行的,所以设立了官职;官职设立而没有人统一,是不行的,所以设立了君主。君主一旦设立,那么贤能的人被废除而尊贵的人被尊崇。然而,上古时代人们亲近亲人、偏爱私情,中古时代人们尊崇贤能而喜悦于仁爱,近古时代人们尊崇尊贵而尊崇官职。尊崇贤能的人是为了遵循道义,而设立君主是使贤能的人没有用武之地;亲近亲人的人是以私情为准则,而中正的人是使私情没有行动的空间。……所以说:王道有其准则。

■ 原文

夫王道一端,而臣道亦一端,所道则异,而所绳则一也。故曰:民愚,则知可以王;世知,则力可以王。民愚,则力有余而知不足;世知,则巧有余而力不足。民之生,不知则学,力尽则服。故神农教耕而王天下,师其知也;汤、武致强而征诸侯,服其力也。夫民愚,不怀知而问;世知,无余力而服。故以王天下者并刑,力征诸侯者退德。

■ 纳百川·成智慧

王道和臣道是两种不同的道路,它们所遵循的原则不同,但它们所依据的准则是一致的。所以说，如果民众愚昧，那么智慧就可以用来统治；如果时代智慧，那么力量就可以用来统治。民众愚昧，那么他们有多余的力量但智慧不足；时代智慧，那么人们有多余的技巧但力量不足。民众的生活，如果不知道，就会去学习；如果力量用尽，就会服从。因此，神农教导人们耕作而统治了天下，这是因为他的智慧；汤、武用强大的力量征服了诸侯，这是因为他们的力量。如果民众愚昧，他们不会怀着智慧去询问；如果时代智慧，人们没有多余的力量去服从。因此，统治天下的人会统一刑罚，征服诸侯的人会放弃德行。

■原文

圣人不法古，不脩今。法古则后于时，脩今则塞于势。周不法商，夏不法虞，三代异势，而皆可以王。故兴王有道，而持之异理。武王逆取而贵顺，争天下而上让。其取之以力，持之以义。今世强国事兼并，弱国务力守，上不及虞、夏之时，而下不修汤、武。汤、武塞，故万乘莫不战，千乘莫不守。此道之塞久矣，而世主莫之能废也，故三代不四。非明主莫有能听也，今日愿启之以效。

■纳百川·成智慧

圣人不拘泥于古代的法则，也不单纯追求现代的修为。如果只拘泥于古代的法则，就会落后于时代；如果单纯追求现代的修为，就会受到现实情况的限制。周朝不模仿商朝的做法，夏朝不模仿虞朝的做法，三代的形势各不相同，但都可以成为王者。因此，成为王者有其道路，而保持王者地位则需要不同的理念。武王通过逆反的方式取得天下，却重视顺应的治理，争夺天下时却能谦让。他用力量取得天下，用正义来维持天下。在当今世界，强国致力于兼并，弱国致力于自保，上不及虞、夏的时代，下不学习汤、武的做法。汤、武的做法被阻塞，因此拥有万辆战车的大国无不处于战争之中，拥有千辆战车的小国无不处于防御之中。这种道路已经被阻塞很久了，而世上的君主没有能够废除它的，所以三代之后没有出现第四代王者。不明智的君主无法听进去这些话，今天我愿意用实际效果来启发君主。

■原文

古之民朴以厚，今之民巧以伪。故效于古者，先德而治；效于今者，前刑而法。此俗之所惑也。今世之所谓义者，将立民之所好，而废其所恶；此其所谓不义者，将立民之所恶，而废其所乐也。二者名贸实易，不可不察也。立民之所乐，则民伤其所恶；立民之所恶，则民安其所乐。何以知其然也？夫民忧则思，思则出度；乐则淫，淫则生佚。故以刑治则民威，民威则无奸，无奸则民安其所乐。以义教则民纵，民纵则乱，乱则民伤其所恶。吾所谓利者，义之本也；而世所谓义者，暴之道也。夫正民者，以其所恶，必终其所好；以其所好，必败其所恶。

■纳百川·成智慧

古代的人民朴素而敦厚，现代的人民机巧而虚伪。因此，效仿古代的人，首先推崇德行来治理；效仿现代的人，首先展示刑罚来施行法律。这是风俗所迷惑的。现代所说的义，是建立人民所喜爱的，而废除他们所厌恶的；所谓不义，是建立人民所厌恶的，而废除他们所喜爱的。两者的名字虽然交换了，但实际上是相反的，这一点不可忽视。如果建立人民所喜爱的，那么人民会伤害他们所厌恶的；如果建立人民所厌恶的，那么人民会在他们所喜爱的事物上感到安心。怎么知道是这样呢？当人民忧虑时，他们会思考，思考就会超出常规；当他们快乐时，他们会放纵，放纵就会生出懒惰。因此，用刑罚来治理，人民就会畏惧，人民畏惧就不会有奸邪，没有奸邪，人民就会在他们所喜爱的事物上感到安心。用义来教导，人民就会放纵，人民放纵就会混乱，混乱就会使人民伤害他们所厌恶的。我所说的利，是义的根本；而世人所说的义，是暴政的道路。真正要使人民正直，必须以他们所厌恶的来结束他们所喜爱的；以他们所喜爱的，必然破坏他们所厌恶的。

这段古文表达了一种治理哲学，即通过刑罚来维护秩序，通过德行来引导人民，同时也探讨了义与利的关系。

原文

治国刑多而赏少，故王者刑九而赏一，削国赏九而刑一。夫过有厚薄，则刑有轻重；善有大小，则赏有多少。此二者，世之常用也。刑加于罪所终，则奸不去；赏施于民所义，则过不止。刑不能去奸而赏不能止过者，必乱。故王者刑用于将过，则大邪不生；赏施于告奸，则细过不失。治民能使大邪不生、细过不失，则国治。国治必强。一国行之，境内独治。二国行之，兵则少寝。天下行之，至德复立。此吾以杀刑之反于德而义合于暴也。

纳百川・成智慧

治理国家时，刑罚多而奖赏少，因此王者刑罚九次而奖赏一次，而衰败的国家则奖赏九次而刑罚一次。过错有轻重之分，因此刑罚有轻重之别；善行有大小之异，因此奖赏有多少之差。这两者是世间常用的方法。如果刑罚只施加在罪行的终结之处，那么奸邪就不会消失；如果奖赏只施予民众认为正义的行为，那么过错就不会停止。如果刑罚不能根除奸邪，奖赏不能阻止过错，那么国家必然混乱。因此，王者在罪行即将发生时就施加刑罚，那么重大的邪恶就不会产生；奖赏施予那些举报奸邪的人，那么微小的过错也不会被忽视。治理民众能够使重大的邪恶不产生，微小的过错不被忽视，那么国家就会治理得很好。国家治理得好必然强大。如果一个国家这样做，那么国内就会治理得很好。如果两个国家这样做，那么军队就会减少战争。如果全世界都这样做，那么最高的德行就会重新建立。这就是我认为刑罚的反面是德行，而奖赏的反面是暴政的原因。

这段古文强调了治国时刑罚与奖赏的重要性，以及它们如何影响国家的稳定与发展。作者认为，合理的刑罚和奖赏制度是维护社会秩序和促进国家强盛的关键。

原文

古者，民藂生而群处，乱，故求有上也。然则天下之乐有上也，将以为治也。今有主而无法，其害与无主同；有法不胜其乱，与无法同。天下不安无君，而乐胜其法，则举世以为惑也。夫利天下之民者莫大于治，而治莫康于立君，立君之道莫广于胜法，胜法之务莫急于去奸，去奸之本莫深于严刑。故王者以赏禁，以刑劝；求过不求善，藉刑以去刑。

纳百川·成智慧

古代，人民因为生活在一起而产生混乱，所以他们寻求领导者的存在。既然如此，天下人民乐于有领导者，是为了治理。现在有君主，但没有法律，其危害和没有君主是一样的；有法律却无法压制混乱，和没有法律是一样的。天下人民不能忍受没有君主，却又乐于违反君主制定的法度，那么整个世界都会感到困惑。对天下人民有利的，没有什么比治理更好，而治理没有比立君主更稳定的了，立君主的方法没有比战胜法律更广泛的，战胜法律的任务没有比除掉奸邪更紧迫的，除掉奸邪的根本没有比严厉的刑罚更深的。因此，王者用奖赏来禁止，用刑罚来鼓励；寻求过错而不是寻求善行，借助于刑罚来消除刑罚。

这段古文强调了领导者和法律在国家治理中的重要性，以及通过刑罚来维护社会秩序和促进国家治理的观点。作者认为，只有通过严格的法律和刑罚，才能有效地除掉奸邪，实现国家的稳定和人民的幸福。

《韩非子》（节选）

原文

观行第二十四

古之人目短于自见，故以镜观面；智短于自知，故以道正己。故镜无见疵之罪，道无明过之恶。目失镜，则无以正须眉；身失道，则无以知迷惑。西门豹之性急，故佩韦以缓己；董安于之心缓，故佩弦以自急。故以有余补不足，以长续短，之谓明主。

纳百川·成智慧

古代的人不能看到自己的面容，因此使用镜子来观察自己的脸；智慧不足以自知，因此用道德来纠正自己。所以镜子没有显露瑕疵的罪过，道德没有显露过错的恶名。眼睛失去了镜子，就无法修正自己的眉毛；身体失去了道德，就无法了解自己的困惑。西门豹性格急躁，因此佩戴柔软的皮带来缓和自己；董安于性格迟缓，因此佩戴紧绷的弦来催促自己。因此，用多余的来补充不足的，用长处来弥补短处，这就是明智的君主。

这段古文通过比喻和举例，阐述了自我认知和自我改进的重要性，它强调通过外部工具（如镜子）和内在原则（如道德）来认识和纠正自己的不足。同时，通过西门豹和董安于的例子，展示了如何根据自己的性格特点采取相应的措施来达到自我完善的目的。

▎原文

天下有信数三：一曰智有所不能立，二曰力有所不能举，三曰强有所不能胜。故虽有尧之智而无众人之助，大功不立；有乌获之劲而不得人助，不能自举；有贲、育之强而无法术，不得长胜。故势有不可得，事有不可成。故乌获轻而重其身，非其重于千钧也，势不便也；离朱易百步而难眉睫，非百步近而眉睫远也，道不可也。故明主不穷乌获以其不能自举，不困离朱以其不能自见。因可势，求易道，故用力寡而功名立。时有满虚，事有利害，物有生死，人主为三者发喜怒之色，则金石之士离心焉。圣贤之朴深矣。故明主观人，不使人观己。明于尧不能独成，乌获之不能自举，贲、育之不能自胜，以法术则观行之道毕矣。

▎纳百川·成智慧

天下有三种定数：第一，智慧有它所不能建立的；第二，力量有它所不能举起的；第三，强权有它所不能战胜的。因此，即使有尧那样的智慧，如果没有众人的帮助，伟大的功业也无法建立；有乌获那样的力量，如果没有他人的帮助，他也不能举起自己；有贲、育那样的强权，如果没有策略和技巧，也不能长久地胜利。因此，有些势力是不可获取的，有些事情是不可能完成的。因此，乌获认为千钧之物轻，而自己的身体重，并不是因为他比千钧还重，而是客观条件不允许他举起自己；离朱虽然能轻易地看到百步之外，却难以看清自己的眉毛和眼睫毛，并不是因为百步近而眉毛眼睫毛远，而是因为道路不通。所以明智的君主不会强迫乌获去举起他自己，也不会困扰离朱去看清他自己。利用可能的势力，寻求容易的道路，因此用很少的力量就能建立功名。时间有盈有亏，事情有利有害，事物有生有死，如果君主因为这三种情况表现出喜怒，那么即使是像金石一样坚定的人也会背离他。圣贤的质朴是深沉的。所以明智的君主观察别人，不让别人观察自己。明白尧不能独自成功，乌获不能举起自己，贲育不能战胜自己，通过策略和技巧，根本之道就完备了。

这段古文强调了即使是最伟大的领袖和最强大的个体也有其局限性，需要他人的帮助和适当的策略来实现目标。同时，它也提醒君主要理解并接受这些局限性，通过智慧和策略来弥补个人的不足。

上文我们围绕中国人处世体系的两大系统——出世系统和入世系统（又分人性善、恶两种入世系统）介绍了道家、儒家、法家，总结了其核心思想、代表人物，并节选了典型著作的精华内容。下文我们将介绍商家、医家、兵家、农家，从不同维度探索诸子百家的精妙智慧。

第五节　商家

中国商业的起源和发展可追溯至远古时期。《易·系辞传》中记载："包羲氏没，神农氏作……日中为市，致天下之民，聚天下之货，交易而退，各得其所，盖取诸噬嗑。"这揭示了我国市场起源于神农时期，创立市场的初衷在于便利货物流通、互通有无，为民族生存与发展奠定基础。黄帝时期，"大一统"的建立促使传统农业和牧业进一步发展，为商业的起源奠定了物质基础。及至商朝，商族人开始从事商业活动。商族在商业发展过程中扮演了关键角色，特别是王亥，作为商国第七任国君，在商业发展史上具有重要地位。他发明牛车，提升了交通工具的效能，促使商国人民效仿，投身商业活动。王亥的商业革命为商朝的崛起奠定基础，也为我国商业创造良好开端。

随着时间的推移，中国商业不断壮大。春秋战国时期，商业繁荣，商品交流频繁，商人阶层逐渐崛起，商家开始形成自己的组织，如行会、商会等。在地理分布上，先秦时期的商人群体主要分布在中原地区，如洛阳、大梁、阳翟、临淄、邯郸、陶、睢阳、濮阳等城市。这些城市大多位于交通要道，成为商品流通的重要枢纽。汉朝以来，商业活动更加活跃，大都市和商业中心纷纷涌现。丝绸之路的开通促使中国与中亚、西亚及欧洲的贸易往来日益密切。

较为著名的商人代表包括：

范蠡，字少伯，春秋末期卓越的政治家、军事家、谋略家和经济思想家，史学界赞誉其为治国良臣、兵家奇才、经营之神和商家鼻祖，在我国民间被尊奉为"文财神"。他辅佐勾践，助力兴越国、灭吴国，洗刷会稽之耻，成就一代霸业，受封为上将军。功成之后，他以鸱夷子皮为化名，相传隐居于七十二峰之间，其间三次经商致富，三次散尽家财。后定居于宋国陶丘（今山东省菏泽市定陶区南），自号"陶朱公"。范蠡是我国早期商业理论家，亦是楚学开拓者之一，后人尊称其为"商圣"。

白圭，名丹，字圭，战国时期著名的政治家、商人。司马迁在《史记·货殖列传》中说"天下言治生祖白圭"。白圭主张商人应该善于观察市场变化，把握商机，提出"犹伊尹、吕尚之谋，孙吴用兵，商鞅行法是也"。他主张减轻田税，提出贸易致富的理论；主张经商应根据丰收歉收的具体情况来实行"人弃我取，人取我与"的方法，谷物成熟时，进收粮食，蚕茧出产时收进絮帛、出售粮食；提出农业经济循环说，认为农业的一个周期为12年。

吕不韦，相传为姜子牙二十三世孙，吕氏，名不韦，卫国濮阳人，战国末年商人、政治家、思想家，秦国丞相。吕不韦早年从事贸易，通过贱买贵卖的手段累积了丰厚的家财。后在邯郸结识子楚，并资助其成为秦国王，同时献上赵姬，生下秦王嬴政。庄襄王元年，吕不韦被任命为丞相，封为文信侯，享有河南洛阳十万户的食邑。担任丞相后，吕不韦借鉴战国四公子的做法，广招天下英才，其门下食客多达三千人。他鼓励食客将自己的学识和见闻记录成书，最终汇集成为《吕氏春秋》。约秦王嬴政十二年，吕不韦因被疑叛变，被罢相流放，后饮鸩自杀。

商家在发展过程中，总结了深刻的商业智慧和丰富的经营管理策略，如：

取予之道。商家学派着重经营活动中取予之道的探讨，主张在经营过程中必须先有所予，方能有所取。他们深知，资金等物化资本的投入是实现经营效益的前提，但更为关键的是非物化资本的投入，如技术知识与文化素养的提升。此外，商家学派在处理取予之道矛盾时，展现出辩证统一的思维特质。他们认识到，取与予是一对互相关联、互相转化的辩证统一体，并在实践中巧妙地化解了这一矛盾。例如，通过准确预测和应对市场行情的变化，实现取与予的有机结合，从而获取丰厚的经营效益。

智勇仁强。商家学派注重经营者的素质，如白圭认为成功的经营者必须具备智、勇、仁、强等各种素质，所谓"智足与权变，勇足以决断，仁能以取予，强能有所守"，善于观测行情、看准时机、迅速制定经营决策并果敢行动，同时关心下属、讲究服务质量。

在《史记·货殖列传》中可以体会商家智慧：

第四章 王官学术与诸子百家的智慧

▎原文

老子曰:"至治之极,邻国相望,鸡狗之声相闻,民各甘其食,美其服,安其俗,乐其业,至老死不相往来。"必用此为务,挽近世涂民耳目,则几无行矣。

太史公曰:"夫神农以前,吾不知已。至若《诗》《书》所述虞夏以来,耳目欲极声色之好,口欲穷刍豢之味,身安逸乐,而心夸矜势能之荣。使俗之渐民久矣,虽户说以眇论,终不能化。故善者因之,其次利道之,其次教诲之,其次整齐之,最下者与之争。"

▎纳百川·成智慧

老子说:"治理达到极致的时候,邻国可以相互望见,鸡狗的叫声可以相互听见,人们各自享受他们的食物,欣赏他们的服饰,安于他们的习俗,乐于他们的职业,直到老死也不相互往来。"如果一定要用这样的标准来要求,那么在近世,要使人民的耳目不受外界影响,几乎是不可能的。

司马迁说:"在神农之前,我不知道。至于《诗经》和《书经》所记载的虞夏以来,人们的欲望想要尽情享受声音和色彩的美好,口腹之欲想要穷尽各种美味,身体安逸享乐,内心夸耀权力和能力的荣耀。这种风气已经影响人民很长时间了,即使家家户户用微妙的论点来劝说,最终也无法改变。所以,最好的治理方式是顺应民心,其次是引导利益,再次是教化,然后是规范,最差的是与民争利。"

在这段文字中,司马迁引用了老子的话,表达了一种理想化的治理境界,即"至治之极"。老子认为,当社会治理达到极致时,邻国之间可以相互望见,鸡犬之声可以相互听见,但人民各自满足于自己的食物、衣着、习俗和职业,以至于他们直到老死都不会相互往来。这种描述反映了老子提倡的无为而治的思想，即通过最少的干预来实现社会的和谐与秩序。司马迁在文中接着表达了自己的观点，他认为，神农以前的情况他不了解，但从《诗经》和《书经》所记载的虞夏以来的情况，人们追求的是声色之美、口腹之欲、身体的安逸和心灵的骄傲。这些欲望和追求已经深深影响了人们的习俗，即使用最微妙的论点去说服他们，也难以改变。因此，他认为，最好的治理方法是顺应人们的这些欲望，其次是通过利益引导他们，再次是通过教育来教化他们，再次是通过制度来规范他们，最糟糕的方法是与他们争斗。

这段文字不仅反映了古代中国的经济和社会状况，也体现了司马迁对于治理国家和引导人民的深刻见解。通过引用老子的话，司马迁提出了一种理想的治理状态，并通过自己的分析，指出了实现这种状态的困难和可能的实现途径。这表明司马迁不仅是一位历史学家，也是一位具有深刻政治洞察力的思想家。

■ 原文

夫山西饶材、竹、谷、纑、旄、玉石，山东多鱼、盐、漆、丝、声色，江南出楠、梓、姜、桂、金、锡、连、丹沙、犀、玳瑁、珠玑、齿革，龙门、碣石北多马、牛、羊、旃裘、筋角，铜、铁则千里往往山出棋置：此其大较也。皆中国人民所喜好，谣俗被服饮食奉生送死之具也。故待农而食之，虞而出之，工而成之，商而通之。此宁有政教发征期会哉？人各任其能，竭其力以得所欲。故物贱之征贵，贵之征贱，各劝其业，乐其事，若水之趋下，日夜无休时，不召而自来，不求而民出之。岂非道之所符，而自然之验邪？

第四章　王官学术与诸子百家的智慧

> **纳百川·成智慧**

　　山西地区富产木材、竹子、粮食、麻布、牦牛毛、玉石，山东地区盛产鱼、盐、漆、丝绸以及歌舞音乐等供享乐之物，江南地区出产樟木、梓木、姜、肉桂、金、锡、铅、丹砂、犀牛角、玳瑁、珍珠、象牙、皮革，龙门、碣石以北地区多有马、牛、羊、毡裘、筋角，铜、铁则在千里之外的山中开采并放置：这是各地的大致情况。所有这些，都是中国人民所喜爱的，也是他们的日常和丧葬用品。因此，人们依赖农业来获取食物，依赖林业来获取原料，依赖工艺来制作成品，依赖商业来流通商品。这难道需要政府的命令和教育来推动吗？每个人都根据自己的能力，尽自己的力，来获取想要的东西。因此，当物品价格低廉时，人们会寻求提高其价值；当物品价格高昂时，人们会寻求降低其成本。每个人都鼓励自己，享受自己的工作，就像水自然而然地流向低处，无论是白天还是夜晚，无须召唤，人们就会自发地去做，无须要求，民众就会提供。这难道不是符合自然法则的体现吗？

　　这段文字详细描述了中国古代不同地区的特产和资源，以及人们如何利用这些资源来满足生活需要。司马迁强调了自然资源的丰富性以及人们通过各自的努力来获取所需，体现了市场经济的自然发展。这段描述展现了没有政府强制干预，人们根据市场需求和个人能力自发组织生产和交易的社会景象。这种经济活动是自然发生的，人们根据自己的利益和欲望来行动，而不是依赖政府的命令或教育，这反映了司马迁对市场经济和自然法则的深刻理解，以及对人类行为和社会秩序的自然规律的洞察。

　　此外，这段文字也体现了司马迁对经济活动和社会秩序的自然法则的尊重，他认为经济活动和社会秩序应该遵循自然法则，而不是人为的强制和干预。这种思想在当时是非常先进的，对后世的经济思想和政策制定有着深远的影响。

▎**原文**

《周书》曰:"农不出则乏其食,工不出则乏其事,商不出则三宝绝,虞不出则财匮少。"财匮少而山泽不辟矣。此四者,民所衣食之原也。原大则饶,原小则鲜。上则富国,下则富家。贫富之道,莫之夺予,而巧者有余,拙者不足。故太公望封于营丘,地潟卤,人民寡,于是太公劝其女功,极技巧,通鱼盐,则人物归之,繦至而辐凑。故齐冠带衣履天下,海岱之间敛袂而往朝焉。其后齐中衰,管子修之,设轻重九府,则桓公以霸,九合诸侯,一匡天下;而管氏亦有三归,位在陪臣,富于列国之君。是以齐富强至于威、宣也。

▎**纳百川·成智慧**

《周书》说:"如果农民不耕作,就会缺乏食物;如果工匠不工作,就会缺乏工艺品;如果商人不交易,就会断绝三种宝物(指粮食、布帛、财宝);如果虞人(指负责山林的官员)不开发山林资源,就会使国家的财富减少。"当国家的财富减少时,山泽也就不会得到开发。这四个方面是人民衣食的来源。来源广泛则富裕,来源狭窄则贫困。在上位者可以使国家富裕,在下位者可以使家庭富裕。贫富的道路,没有人能够剥夺或赋予,而聪明的人会有剩余,笨拙的人则不足。太公望被封在营丘,那里土地贫瘠,人口稀少,于是太公鼓励妇女发展手工艺,提高技艺,开放鱼盐贸易,因此人和物资都向那里聚集,使得齐国的冠带衣履风靡天下,海岱之间的人都前来朝拜。后来齐国中衰,管子进行改革,设立了"轻重九府",因此桓公得以称霸,联合诸侯,一举匡正天下秩序;而管氏也因此有了"三归"(指三种收入来源),地位虽在陪臣之列,却比列国的君主还要富有。因此,齐国的富裕和强大一直持续到威王和宣王时期。

司马迁在这里引用《周书》的话，强调了农业、手工业、商业和山林资源开发对国家经济的重要性。这四个方面是人民生活的基础，也是国家财富的来源。太公望和管子的例子，展示了如何通过智慧和改革来促进经济的发展和国家的繁荣。太公望通过鼓励妇女发展手工业和开放鱼盐贸易，吸引了人和物资的聚集，使齐国成为天下的楷模。管子通过改革设立轻重九府，帮助桓公称霸，同时也使管氏家族变得非常富有。

这段文字体现了司马迁对经济活动和社会管理的深刻理解。他认为，经济的发展和国家的繁荣需要智慧和改革，需要根据实际情况采取适当的政策和措施。同时，他也强调了个人的智慧和能力在经济发展中的作用，聪明的人可以通过自己的努力获得成功和财富。此外，这段文字也反映了司马迁对历史事件的深刻洞察。他通过对太公望和管子的事迹的描述，展示了历史人物如何通过自己的智慧和努力，对国家和社会的发展产生深远的影响。这种历史观体现了司马迁作为一位历史学家的责任感和使命感，也为我们提供了宝贵的历史经验和启示。

原文

昔者越王勾践困于会稽之上，乃用范蠡、计然。计然曰："知斗则修备，时用则知物，二者形则万货之情可得而观已。故岁在金，穰；水，毁；木，饥；火，旱。旱则资舟，水则资车，物之理也。六岁穰，六岁旱，十二岁一大饥。夫粜，二十病农，九十病末。末病则财不出，农病则草不辟矣。上不过八十，下不减三十，则农末俱利，平粜齐物，关市不乏，治国之道也。积著之理，务完物，无息币。以物相贸易，腐败而食之货勿留，无敢居贵。论其有余不足，则知贵贱。贵上极则反贱，贱下极则反贵。贵出如粪土，贱取如珠玉。财币欲其行如流水。"

修之十年，国富，厚赂战士，士赴矢石，如渴得饮，遂报强吴，观兵中国，称号"五霸"。

范蠡既雪会稽之耻，乃喟然而叹曰："计然之策七，越用其五而得意。既已施于国，吾欲用之家。"乃乘扁舟浮于江湖，变名易姓，适齐为鸱夷子皮，之陶为朱公。朱公以为陶天下之中，诸侯四通，货物所交易也。乃治产积居，与时逐而不责于人。故善治生者，能择人而任时。十九年之中三致千金，再分散与贫交疏昆弟。此所谓富好行其德者也。后年衰老而听子孙，子孙修业而息之，遂至巨万。故言富者皆称陶朱公。

纳百川·成智慧

从前，越王勾践在会稽山被吴国围困，于是他任用了范蠡和计然。计然说："了解战争就要准备武器，了解时机就要了解物品，这两者明白了，就可以观察到所有货物的情况。因此，金年丰收，水年歉收，木年饥荒，火年干旱。干旱时购买船只，洪水时购买车辆，这是物品的自然规律。六年丰收，六年干旱，十二年一次大饥荒。卖粮价格二十倍时，农民受损；九十倍时，商人受损。商人受损则财富不流通，农民受损则土地荒废。价格不超过八十倍，不低于三十倍，那么农民和商人都能得利，粮价平稳，货物充足，市场不缺乏，这是治理国家的方法。积累财富的原则是，要完善物品，不要让货币闲置。用物品进行贸易，不要保留容易腐烂和变质的货物，不要囤积居奇。分析物品的剩余和短缺，就能知道价格的高低。价格高到极点就会回落，低到极点就会上升。价格高时卖出如粪土，价格低时买入如珍珠。希望财富像流水一样流动。"按照这个原则治理了十年，国家富裕了，给战士丰厚的奖励，战士面对箭石如同口渴时想要饮水，于是报复强大的吴国，展示军力于中原，号称"五霸"。

范蠡洗雪了会稽的耻辱后,感慨地说:"计然的策略有七条,越国用了五条就成功了。既然已经用于国家,我想把它用于家庭。"于是他乘小船在江湖上漂泊,改名换姓,到齐国成为鸱夷子皮,在陶地成为朱公。朱公认为陶地是天下的中心,诸侯四通八达,是货物交易的地方。于是他经营产业,积累财富,与时代同步而不责备他人。因此,善于经营生活的人,能够选择人和时机。在十九年里三次积累了巨额财富,又两次分散给了贫穷的朋友和远亲。这就是所谓的富有且乐于行善的人。晚年衰老后,将家业交给子孙打理,子孙继续发展他的事业,最终积累了数以万计的财富。因此,谈到富有的人都称颂陶朱公。

这段文字通过叙述越王勾践的故事,展示了经济策略和智慧在国家兴衰中的重要性。计然的经济理论强调了对市场规律的理解和应用,以及在不同情况下的应变策略。他提出的"旱则资舟,水则资车"等原则,体现了一种逆向思维和对未来变化的预见。范蠡不仅帮助越国在经济上恢复和增强,还通过经济手段实现了对吴国的复仇。这个故事强调了经济基础对于国家军事和政治实力的支持作用。范蠡在国家成功后,选择将这些经济原则应用于个人生活,改名换姓,通过智慧和勤劳再次积累了财富。这反映了古代中国对于个人奋斗和自我实现的重视,同时也体现了司马迁对于个人智慧和能力的认可。

整体而言,这段文字不仅讲述了一个关于智慧、策略和经济复苏的故事,也反映了司马迁对于经济活动、个人奋斗和社会治理的深刻见解。通过这些历史人物和事件,司马迁传达了一种积极向上、勤劳智慧的价值观,以及对于经济和社会秩序的深刻洞察。

原文

子赣既学于仲尼,退而仕于卫,废著鬻财于曹、鲁之间,七十子之徒，赐最为饶益。原宪不厌糟糠，匿于穷巷。子贡结驷连骑，束帛之币以聘享诸侯，所至，国君无不分庭与之抗礼。夫使孔子名布扬于天下者，子贡先后之也。此所谓得势而益彰者乎？

纳百川·成智慧

子贡（子赣）在孔子那里学习后，回到卫国做官，又在曹国和鲁国之间从事贸易，积累财富。在孔子的七十名弟子中，子贡是最富有的一个。原宪（原思）却满足于简朴的生活，隐居在贫穷的小巷中。子贡拥有豪华的车马，用精美的丝帛作为礼物去访问和宴请各国的诸侯，无论他到哪个国家，国君们都会以平等的礼节对待他。孔子的名声在天下广泛传播，子贡在其中起了很大作用。这是不是就是所谓的得到权势后更显得突出呢？

通过对比孔子的两位弟子——子贡和原宪的生活和成就，司马迁展示了不同的人生选择和价值观。

子贡在孔子门下学习后，不仅在政治上有所作为，还在商业上取得了巨大成功，成为孔子弟子中最富有的人。他不仅拥有豪华的车马，还能与各国诸侯平等地交往，这显示了他在社会上的地位和影响力。子贡的成功不仅为自己带来了财富和名声，也使孔子的名声在天下广泛传播，这体现了他对社会的贡献和影响力。相比之下，原宪则选择了一种简朴的生活方式，隐居在贫穷的小巷中，满足于最基本的生活需求。这种生活态度体现了一种淡泊名利、注重精神追求的价值观。

司马迁通过这段文字，展示了不同的人生选择和价值观，以及这些选择和价值观对社会的影响。子贡的成功和原宪的淡泊，都是值得尊重的人生态度，但他们对社会的贡献和影响是不同的。子贡通过自己的智慧和努力，实现了个人的成就，并对社会产生了积极的影响；而原宪则通过自己的淡泊和简朴，体现了一种精神追求和道德情操。

这段文字也反映了司马迁对于人生价值和社会贡献的深刻思考。他认为，无论是通过智慧和努力取得成功，还是通过淡泊和简朴追求精神价值，都是值得尊重的人生选择。同时，他也强调了个人对社会的贡献和影响，认为这是衡量人生价值的重要标准。通过这些历史人物和事件，司马迁传达了一种多元、包容的价值观，以及对于人生和社会的深刻洞察。

■原文

白圭，周人也。当魏文侯时，李克务尽地力，而白圭乐观时变，故人弃我取，人取我与。夫岁孰取谷，予之丝漆；茧出取帛絮，予之食。太阴在卯，穰，明岁衰恶；至午，旱，明岁美；至酉，穰，明岁衰恶；至子，大旱，明岁美，有水。至卯，积著率岁倍。欲长钱，取下谷；长石斗，取上种。能薄饮食，忍嗜欲，节衣服，与用事僮仆同苦乐，趋时若猛兽挚鸟之发。故曰："吾治生产，犹伊尹、吕尚之谋，孙吴用兵，商鞅行法是也。是故其智不足与权变，勇不足以决断，仁不能以取予，强不能有所守，虽欲学吾术，终不告之矣。"盖天下言治生祖白圭。白圭其有所试矣，能试有所长，非苟而已也。

■纳百川·成智慧

白圭是周朝的人。在魏文侯的时代，李克致力于充分利用土地资源，而白圭则善于观察时机的变化，采取与众不同的策略：当别人放弃时他选择获取，当别人获取时他选择给予。在丰收的年份，他收购粮食，而用丝和漆交换；当蚕茧产出时，他收购丝织品和棉絮，而用食物交换。根据太阴（指月亮）的位置，白圭预测了不同年份的收成情况。

月亮在卯时,是丰收年,第二年则收成不好;到了午时,会有干旱,第二年则收成好;到了酉时,又是丰收年,第二年则收成不好;到了子时,会有大旱,第二年则收成好,并且有水。到了卯时,他积累的财富每年翻番。如果想要增加钱财,就收购低价的粮食;如果想要增加粮食的产量,就收购优质的种子。他能够节制饮食、抑制欲望、节约衣着,与他的工人和仆人共享苦乐,抓住时机就像猛兽和猛禽一样迅速。因此他说:"我管理生产的方式,就像伊尹、吕尚策划,孙武用兵,商鞅执行法律一样。所以,如果一个人的智慧不足以应对变化,勇气不足以做出决定,仁爱不足以给予和获取,力量不足以守护,即使他想学习我的方法,我最终也不会告诉他。"天下谈论管理生计的都尊崇白圭。白圭确实有所尝试,他的尝试是有成效的,不是随便尝试的。

不同于李克的"尽地力",白圭更注重"观时变",采取与众不同的策略,在市场供需关系中寻找机会。他的商业哲学是"人弃我取,人取我与",即在他人放弃时他选择获取,在他人获取时他选择给予,这种逆向思维使他能够在市场中获得优势。他还根据天文现象预测农业收成,这种对自然规律的理解和应用,显示了他超前的商业智慧。他通过节约和节制来积累财富,并与他的工人和仆人共享苦乐,这种人文关怀和领导力也是他成功的重要因素。白圭自比伊尹、吕尚、孙武和商鞅,表明他认为商业管理也需要智慧、勇气、仁爱和力量。他强调,只有具备这些品质的人,才配得上学习他的商业策略。

司马迁通过白圭的故事,不仅展示了一个成功商人的形象,也传达了对商业智慧和策略的重视。这段文字体现了司马迁对经济活动的深刻理解,以及对个人智慧和努力的认可。同时,它也反映了古代中国社会对商业和经济活动的重视,以及商人在社会经济发展中的作用。

第四章　王官学术与诸子百家的智慧

▎原文

猗顿用盬盐起；而邯郸郭纵以铁冶成业，与王者埒富。乌氏倮畜牧，及众，斥卖，求奇缯物，间献遗戎王。戎王什倍其偿，与之畜，畜至用谷量马牛。秦始皇帝令倮比封君，以时与列臣朝请。而巴寡妇清，其先得丹穴，而擅其利数世，家亦不訾。清，寡妇也，能守其业，用财自卫，不见侵犯。秦皇帝以为贞妇而客之，为筑女怀清台。夫倮鄙人牧长，清穷乡寡妇，礼抗万乘，名显天下，岂非以富邪？

▎纳百川·成智慧

猗顿利用盐池的资源发家致富；而邯郸的郭纵则通过铁矿冶炼成为富商，他的财富可以与帝王相媲美。乌氏倮从事畜牧业，等到牲畜数量众多时，他将它们卖出，寻求稀有的丝织品，偶尔将这些珍贵物品作为礼物献给边疆的戎王。戎王以十倍的价格回报他，并给他更多的牲畜，马和牛的数量不可胜数。秦始皇帝让乌氏倮拥有与封君相等的地位，并定期与朝廷大臣一同朝见。而巴地的寡妇清，她的祖先发现了丹砂矿，并且几代人独占这个利益，家庭的财富也是不可估量的。清作为一个寡妇，能够守护她的产业，用财富来自卫，没有受到侵犯。秦皇帝认为她是一个贞洁的妇人，并且以客人的礼遇对待她，为她建造了女怀清台。乌氏倮原本是一个边远地区的牧人，清原本是一个贫穷乡村的寡妇，他们的礼遇能与万乘之尊相比，名声显赫于天下，这难道不是因为他们富有吗？

这段文字通过叙述猗顿、郭纵、乌氏倮和巴寡妇清的故事，展示了财富如何影响一个人的社会地位和影响力。猗顿和郭纵分别通过盐业和铁矿冶炼积累了巨大的财富，他们的成功说明了自然资源的利用和工业的发展是古代积累财富的重要途径。乌氏倮通过畜牧业和与边疆戎王的贸易获得了巨额回报，体现了贸易和外交策略在财富积累中的作用。巴寡妇清则通过守护家族产业和富有智慧的管理，保持了家族的财富和地位，显示了女性在古代经济活动中也能发挥重要作用。

司马迁通过这些故事强调了财富的力量，即使是出身低微或处境不利的人，通过财富的积累也能获得与帝王相媲美的地位和尊重。这反映了古代社会对财富的重视以及财富在社会阶层中的作用。

同时，这些故事也传达了一种价值观，即通过勤劳、智慧和策略，任何人都有可能改变自己的命运，获得成功和尊重。司马迁通过这些历史人物的事迹，鼓励人们追求财富和成功，同时也提醒人们财富带来的责任和社会义务。

原文

汉兴，海内为一，开关梁，弛山泽之禁，是以富商大贾周流天下，交易之物莫不通，得其所欲，而徙豪杰诸侯强族于京师。

关中自汧、雍以东至河、华，膏壤沃野千里，自虞夏之贡以为上田，而公刘适邠，大王、王季在岐，文王作丰，武王治镐，故其民犹有先王之遗风，好稼穑，殖五谷，地重，重为邪。及秦文、缪居雍，隙陇蜀之货物而多贾。献公徙栎邑，栎邑北却戎翟，东通三晋，亦多大贾。昭治咸阳，因以汉都，长安诸陵，四方辐凑并至而会，地小人众，故其民益玩巧而事末也。南则巴蜀。巴蜀亦沃野，地饶卮、姜、丹沙、石、铜、铁、竹、木之器。南御滇僰，僰僮。西近邛笮，笮马、旄牛。然四塞，栈道千里，无所不通，唯褒斜绾毂其口，以所多易所鲜。天水、陇西、北地、上郡与关中同俗，然西有羌中之利，北有戎翟之畜，畜牧为天下饶。然地亦穷险，唯京师要其道。故关中之地，于天下三分之一，而人众不过什三；然量其富，什居其六。

纳百川·成智慧

汉朝建立后，统一了国内，开放了关隘和桥梁，放宽了对山泽资源的限制，因此富商大贾得以周游天下，交易的物品没有不流通的，能够获得他们所想要的，同时将豪杰、诸侯和强大的家族迁移到京城。

关中地区从汧、雍向东到河、华，肥沃的土地绵延千里，自古以来虞夏时期就作为上等的贡品，公刘迁徙到邠地，大王、王季在岐山，文王在丰地建都，武王治理镐京，所以那里的人民还保留着先王的遗风，喜欢耕种，重视农业。秦文公、缪公居住在雍地，利用陇蜀之间的货物而有很多商人。献公迁徙到栎邑，栎邑北面可以抵御戎翟，东面与三晋相通，也有很多商人。昭王治理咸阳，因此成为汉朝的都城，长安和诸陵，四方的人们汇聚而来，土地狭小而人口众多，所以那里的人民更加喜欢巧妙的技艺而从事商业。南方则是巴蜀地区。巴蜀也是肥沃的土地，盛产卮、姜、丹沙、石、铜、铁、竹、木等器物。南方可以抵御滇僰，僰地有奴隶。西方靠近邛笮，笮地有马、牦牛。然而此地四面环山，幸好有栈道千里，没有不通达的地方，只有褒斜是交通要道，用当地盛产的物品换取稀缺的物品。天水、陇西、北地、上郡与关中的风俗相同，但西方有羌中的资源，北方有戎翟的牲畜，畜牧业是天下最丰富的。然而这些地方地势险峻，只有京城控制着交通要道。因此，关中地区虽然只占天下的三分之一，人口也不到十分之三，但如果比较财富，却占据了十分之六。

通过这段文字，司马迁展示了汉朝初期经济政策的开明和各地经济特色，反映了他对经济活动的深刻理解和洞察。他认为，开放的政策和各地的经济特色，共同促进了汉朝经济的繁荣和发展。同时，他也强调了交通要道的重要性，认为这是连接各地、促进经济交流的关键。这些见解对于我们理解古代经济有着重要的启示作用。

▎原文

昔唐人都河东，殷人都河内，周人都河南。夫三河在天下之中，若鼎足，王者所更居也，建国各数百千岁，土地小狭，民人众，都国诸侯所聚会，故其俗纤俭习事。杨、平阳陈西贾秦、翟，北贾种、代。种、代，石北也，地边胡，数被寇。人民矜懻忮，好气，任侠为奸，不事农商。然迫近北夷，师旅亟往，中国委输时有奇羡。其民羯羠不均，自全晋之时固已患其僄悍，而武灵王益厉之，其谣俗犹有赵之风也。故杨、平阳陈掾其间，得所欲。温、轵西贾上党，北贾赵、中山。中山地薄人众，犹有沙丘纣淫地余民，民俗懁急，仰机利而食。丈夫相聚游戏，悲歌慷慨，起则相随椎剽，休则掘冢作巧奸冶，多美物，为倡优。女子则鼓鸣瑟，跕屣，游媚贵富，入后宫，遍诸侯。

▎纳百川·成智慧

古代唐人的都城在河东，殷人的都城在河内，周人的都城在河南。这三条河流位于天下的中心，像鼎的三足一样，是帝王更替居住的地方，各个朝代都建立了数百千年，土地虽小但人口众多，是各国诸侯聚集之地，因此那里的风俗习惯是节俭而勤劳。杨、平阳、陈等地的商人向西到秦、翟地区贸易，向北到种、代地区贸易。种、代地区在石邑的北部，靠近胡人的边境，经常受到侵扰。那里的人民自负、刚强、好斗，喜欢行侠仗义，不从事农业和商业。但由于靠近北方的异族，军队经常调动，中原地区有时会有意外的财富输入。那里的人从晋国时期开始就因剽悍民风而使统治者忧虑，赵武灵王更加强化了这种尚武风气，他们的风俗习惯还保留着赵国的风格。因此，杨、平阳、陈等地的官员在其中得到了他们所想要的。

温、轵等地的商人向西到上党地区贸易，向北到赵、中山地区贸易。中山地区的土壤贫瘠而人口众多，还有纣王淫乐之地的余民，那里的民风急躁，以投机取巧为生。成年男子聚集在一起玩耍，悲伤地歌唱，慷慨激昂，行动时相互跟随进行抢劫，空闲时挖掘坟墓，制作各种精美器物，供给歌舞艺人以牟利。女性则弹奏乐器、跳舞，诱惑权贵和富人，进入后宫，遍布诸侯之中。

▎原文

然邯郸亦漳、河之间一都会也，北通燕、涿，南有郑、卫。郑、卫俗与赵相类，然近梁、鲁，微重而矜节。濮上之邑徙野王，野王好气任侠，卫之风也。

夫燕亦勃、碣之间一都会也。南通齐、赵，东北边胡。上谷至辽东，地踔远，人民希，数被寇，大与赵、代俗相类，而民雕捍少虑，有鱼盐枣栗之饶。北邻乌桓、夫馀，东绾秽貉、朝鲜、真番之利。

洛阳东贾齐、鲁，南贾梁、楚。故泰山之阳则鲁，其阴则齐。

齐带山海，膏壤千里，宜桑麻，人民多文采布帛鱼盐。临菑亦海岱之间一都会也。其俗宽缓阔达，而足智，好议论，地重，难动摇，怯于众斗，勇于持刺，故多劫人者，大国之风也。其中具五民。

而邹、鲁滨洙、泗，犹有周公遗风，俗好儒，备于礼，故其民龊龊。颇有桑麻之业，无林泽之饶。地小人众，俭啬，畏罪远邪。及其衰，好贾趋利，甚于周人。

▎纳百川·成智慧

邯郸是漳河和黄河之间的一个大城市，北面通向燕国和涿郡，南面有郑国和卫国。郑国和卫国的风俗习惯与赵国相似，但由于靠近魏国和鲁国，他们稍微重视礼节，自尊心较强。濮上的城镇迁移到了野王，野王人好斗，行侠仗义，这是卫国的风气。

燕国也是渤海和碣石之间的一个大城市。南面通向齐国和赵国，东北方向与胡人接壤。从上谷到辽东，地域辽阔，人口稀少，经常遭受侵扰，与赵国和代国的风俗习惯相似，但人民较为粗犷，考虑较少，有丰富的鱼、盐、枣和栗子。北面邻近乌桓和夫馀，东面与秽貉、朝鲜、真番有贸易往来。

洛阳向东贸易到齐国和鲁国，向南贸易到梁国和楚国。因此，泰山的南面是鲁国，北面是齐国。

齐国背靠山海，肥沃的土地绵延千里，适宜种植桑麻，人民多从事纺织、染色、渔业和盐业。临淄也是位于海岱之间的一个大城市。那里的风俗习惯宽松、开放，人民足智多谋，喜欢讨论问题，土地重要，难以动摇，害怕群体战斗，但在个人决斗中表现出勇气，因此有很多强盗，有大国的风范。齐国有五种不同的民众。

邹国和鲁国靠近洙水和泗水，还保留着周公的遗风，风俗习惯倾向于儒家，礼仪周全，因此人民比较保守。有一些桑麻产业，但没有森林和沼泽的丰富资源。土地狭小，人口众多，人们节俭，害怕犯罪，远离邪恶。到了衰落时期，他们热衷于经商，追求利润，比周人还要热衷。

原文

夫自鸿沟以东，芒、砀以北，属巨野，此梁、宋也。陶、睢阳亦一都会也。昔尧作成阳，舜渔于雷泽，汤止于亳。其俗犹有先王遗风，重厚多君子，好稼穑，虽无山川之饶，能恶衣食，致其蓄藏。

越、楚则有三俗。夫自淮北沛、陈、汝南、南郡，此西楚也。其俗剽轻，易发怒，地薄，寡于积聚。江陵故郢都，西通巫、巴，东有云梦之饶。陈在楚夏之交，通鱼盐之货，其民多贾。徐、僮、取虑，则清刻，矜已诺。

彭城以东，东海、吴、广陵，此东楚也。其俗类徐、僮。朐、缯以北，俗则齐。浙江南则越。夫吴自阖庐、春申、王濞三人招致天下之喜游子弟，东有海盐之饶，章山之铜，三江、五湖之利，亦江东一都会也。

衡山、九江、江南、豫章、长沙，是南楚也，其俗大类西楚。郢之后徙寿春，亦一都会也。而合肥受南北潮，皮革、鲍、木输会也。与闽中、干越杂俗，故南楚好辞，巧说少信。江南卑湿，丈夫早夭。多竹木。豫章出黄金，长沙出连、锡，然堇堇物之所有，取之不足以更费。九疑、苍梧以南至儋耳者，与江南大同俗，而杨越多焉。番禺亦其一都会也，珠玑、犀、玳瑁、果、布之凑。

纳百川·成智慧

从鸿沟往东，芒山、砀山以北，一直到巨野，这属于梁国和宋国。陶地和睢阳也是一座大城市。古代尧帝在成阳建都，舜帝在雷泽捕鱼，商汤在亳地停留。这些地方还保留着先王的遗风，民风淳朴，多出君子，喜欢农耕，尽管没有山川的丰富资源，但能够节俭饮食，积累储藏。

越国和楚国则有三种不同的风俗。淮北的沛县、陈县、汝南、南郡，这是西楚地区。那里的风俗轻佻，人们容易发怒，土地贫瘠，积蓄不多。江陵是楚国的旧都郢，西边通向巫山和巴郡，东边有云梦泽的富饶。陈县位于楚国和夏国的交界处，有鱼盐贸易，当地居民多从事商业。徐州、僮县、取虑县的人民讲究信誉，自重其诺。

彭城以东，东海、吴县、广陵，这是东楚地区。那里的风俗与徐州、僮县相似。朐县、缯县以北，风俗则与齐国相似。浙江以南则是越国。吴国阖庐、春申君、王濞三人招揽了天下喜欢游玩的子弟，东边有海盐的富饶、章山的铜矿、三江五湖的利益，也是江东的一座大城市。

衡山、九江、江南、豫章、长沙，这些地方属于南楚，风俗大体上与西楚相似。郢都迁徙到寿春后，也成为一座大城市。合肥地处南北交通要冲，是皮革、鲍鱼、木材的集散地。与闽中、干越的风俗混杂，因此南楚人善于言辞，巧言令色而少诚信。江南地势低洼潮湿，男子早逝。多有竹木。豫章出产黄金，长沙出产铅和锡，但资源有限，开采成本高于其价值。九疑山、苍梧山以南直到儋耳，风俗与江南相似，但杨越人口多一些。番禺也是一座大城市，是珍珠、犀牛角、玳瑁、水果、布料的集散地。

原文

颍川、南阳，夏人之居也。夏人政尚忠朴，犹有先王之遗风。颍川敦愿。秦末世，迁不轨之民于南阳。南阳西通武关、郧关，东南受汉、江、淮。宛亦一都会也。俗杂好事，业多贾。其任侠，交通颍川，故至今谓之"夏人"。

夫天下物所鲜所多，人民谣俗，山东食海盐，山西食盐卤，领南、沙北固往往出盐，大体如此矣。

总之，楚越之地，地广人希，饭稻羹鱼，或火耕而水耨，果隋蠃蛤，不待贾而足，地埶饶食，无饥馑之患，以故呰窳偷生，无积聚而多贫。是故江淮以南，无冻饿之人，亦无千金之家。沂、泗水以北，宜五谷桑麻六畜，地小人众，数被水旱之害，民好畜藏，故秦、夏、梁、鲁好农而重民。三河、宛、陈亦然，加以商贾。齐、赵设智巧，仰机利。燕、代田畜而事蚕。

第四章　王官学术与诸子百家的智慧

■ 纳百川·成智慧

　　颍川和南阳是夏朝人的居住地。夏朝人的政治推崇忠诚和朴实,还保留着先王的遗风。颍川的民风淳厚朴实。秦朝末年,将行为不端的人民迁移到南阳。南阳西面通过武关、郧关与外界相通,东南面则有汉水、长江、淮河的滋养。宛城也是一座大城市。当地民风多样,人们热衷于各种事务,职业多以经商为主。他们中有行侠仗义之人,与颍川有交流往来,因此至今还被称为"夏人"。

　　天下的物资有稀缺和丰富之分,各地的风俗习惯也各不相同。山东地区的人吃海盐,山西地区的人吃岩盐,岭南和沙北地区也经常出产盐,大体情况就是这样。

　　总的来说,楚国和越国的土地广阔而人口稀少,人们以稻米为主食,以鱼类为副食,有的采用刀耕火种的耕作方式,有的在水田中除草,盛产水果、螺类和蛤蜊等,不需要依赖贸易就能自给自足,土地肥沃,食物丰富,没有饥饿的担忧,因此人们懒散偷安,不注重积累,导致多数贫穷。因此,在长江和淮河以南,没有受冻挨饿的人,也没有极其富有的家庭。沂水和泗水以北的地区,适合种植五谷、桑麻和养殖六畜,土地狭小而人口众多,经常遭受水旱灾害,人民喜欢储蓄,因此秦、夏、梁、鲁等地重视农业并注重民生。三河、宛、陈等地也是如此,还加上了商业贸易。齐国和赵国则注重智谋和技巧,依赖机遇和利益。燕国和代国则以农业和畜牧业为主,并从事养蚕业。

■ 原文

　　由此观之,贤人深谋于廊庙,论议朝廷,守信死节隐居岩穴之士设为名高者安归乎?归于富厚也。是以廉吏久,久更富,廉贾归富。富者,人之情性,所不学而俱欲者也。故壮士在军,攻城先登,陷阵却

333

敌，斩将搴旗，前蒙矢石，不避汤火之难者，为重赏使也。其在闾巷少年，攻剽椎埋，劫人作奸，掘冢铸币，任侠并兼，借交报仇，篡逐幽隐，不避法禁，走死地如骛者，其实皆为财用耳。今夫赵女郑姬，设形容，揳鸣琴，揄长袂，蹑利屣，目挑心招，出不远千里，不择老少者，奔富厚也。游闲公子，饰冠剑，连车骑，亦为富贵容也。弋射渔猎，犯晨夜，冒霜雪，驰阬谷，不避猛兽之害，为得味也。博戏驰逐，斗鸡走狗，作色相矜，必争胜者，重失负也。医方诸食技术之人，焦神极能，为重糈也。吏士舞文弄法，刻章伪书，不避刀锯之诛者，没于赂遗也。农工商贾畜长，固求富益货也。此有知尽能索耳，终不余力而让财矣。

▍纳百川·成智慧

　　从这些情况来看，贤人深思熟虑于朝廷之中，议论朝政，那些坚守诚信、宁死不屈、隐居山林的高洁之士，他们追求的名声最终归于何处呢？归结于富贵。因此，清廉的官员长久任职，长久任职后更加富有；正直的商人最终也会变得富有。富贵是人的本性，是人们不用学习就共有的欲望。所以，壮士在军中，攻城时率先登城，冲锋陷阵，击退敌人，斩杀敌将，夺取敌旗，面对飞箭和投石，不顾如沸水和烈火般的危险，是被丰厚的奖赏所驱动。那些在街头巷尾的少年，攻击抢劫，偷窃埋伏，绑架勒索，挖掘坟墓，私铸货币……不顾法律禁令，冒险赴死，其实都是为了财物。现在的赵国女子、郑国女子，打扮自己，弹奏乐器，挥舞长袖，穿着漂亮的鞋子，用眼神和心思吸引他人，不远千里而来，不论老少，都是为了追求富贵。游手好闲的公子，装饰自己的冠带和剑，连接车骑，也是为了显示富贵的外表。射箭、打猎、捕鱼，熬夜，冒着霜雪，穿越山谷，不顾猛兽的危险，是为了获得美味。赌博、赛马、斗鸡、赛狗,面红耳赤,相互夸耀,一定要争胜,是因为害怕失败而损失。医生和各种技术工人,竭尽心力,发挥自己的能力,是为了获得丰厚的报酬。官员和士兵舞文弄墨,伪造文书,不顾被处以极刑的风险,是因为深陷贿赂。农民、工人、商人、畜牧业者,根本目的都是寻求财富、增加货物。这些都是人们尽其所能去追求的,最终不会留下余力而放弃财富。

这段文字探讨了人们对财富的追求及其对个人行为和社会活动的影响。司马迁认为,无论是朝廷中的贤人,还是隐居的高洁之士,他们追求的最终目标都是富贵。他强调追求富贵是人之常情,是人们天生共有的欲望。接着,他通过描述不同社会角色和群体追求财富的行为,揭示了财富对人们行为的驱动作用。无论是战场上的壮士,还是街头的少年,无论是追求爱情的女子,还是游手好闲的公子,他们的行为背后都是追求财富和地位。他还提到了医生、技术工人、官员和士兵,以及农民、工人、商人和畜牧业者,他们都在各自的领域内努力工作,以增加财富。

通过这段文字,司马迁展示了财富对古代社会的深远影响,以及人们为了追求财富所表现出的各种行为。他认为,对财富的追求是人类的本能,这种追求推动了社会的发展和进步,但同时也可能导致一些负面的社会现象。司马迁的这段论述,不仅深刻揭示了财富对个人和社会的影响,也反映了他对人性和社会现象的深刻洞察。他的观点提醒我们,虽然追求财富是人之常情,但也应该注重道德和法律的约束,以确保社会的和谐与稳定。

原文

凡编户之民,富相什则卑下之,伯则畏惮之,千则役,万则仆,物之理也。夫用贫求富,农不如工,工不如商,刺绣文不如倚市门,此言

335

末业，贫者之资也。通邑大都，酤一岁千酿，醯酱千瓨、浆千甔，屠牛羊彘千皮，贩谷粜千钟、薪稾千车，船长千丈、木千章、竹竿万个、其轺车百乘、牛车千两、木器髹者千枚、铜器千钧、素木铁器若卮茜千石、马蹄躈千、牛千足、羊彘千双、僮手指千、筋角丹沙千斤、其帛絮细布千钧、文采千匹、榻布皮革千石、漆千斗、糵麹盐豉千荅、鲐千斤、鲰千石、鲍千钧、枣栗千石者三之、狐鼦裘千皮、羔羊裘千石、旃席千具、佗果菜千钟、子贷金钱千贯。节驵会，贪贾三之，廉贾五之，此亦比千乘之家，其大率也。佗杂业不中什二，则非吾财也。

纳百川·成智慧

一般来说，编入户籍的普通百姓，如果财富与人相差十倍就会卑躬屈膝，百倍就会心生敬畏，千倍就会被人驱使，万倍就会成为仆人，这是事物的常理。以贫穷去追求富裕，务农不如做工，做工不如经商，刺绣和纹饰不如在市场门口做买卖，这说的是商业，是贫穷人谋生的手段。在大城市里，一年可以酿造千坛酒，制作千瓨醋和酱、千甔浆液，屠宰千张牛羊猪皮，贩运千钟谷物、千车柴草，船只长达千丈，千章木材、万根竹竿、百辆轻型马车、千辆牛车、千枚木器、千钧铜器、成千石的未加工木材和铁器、千个马蹄、千只牛脚、千对羊和猪、千名仆人、千斤筋角和丹沙、千钧细丝和棉布、千匹彩色丝绸、千石榻布和皮革、千斗漆、千荅酒曲和盐豉、千斤鲐鱼、千石鲰鱼、千钧鲍鱼、三倍的枣栗千石、千皮狐皮大衣、千石羔羊皮大衣、千套毡席、千钟其他水果和蔬菜、千贯借贷的金钱。调节市场交易的中间人，贪婪的获得三倍利润，清廉的获得五倍利润，这也是相当于拥有千辆马车家庭的一般情况。其他杂项业务如果利润不到十分之二，那就不是我所追求的财富。

随着财富的增加，个人的社会地位和影响力也会相应提升。司马迁提到，财富是衡量人们社会地位的一种"物之理"，即自然规律或社会常识。然后，司马迁比较了不同职业在财富积累方面的效率，认为务农不如做工，做工不如经商，而在市场门口做买卖又比刺绣和纹饰更有利可图，这表明商业是贫穷人改变经济状况的有效途径。司马迁进一步描述了大城市中各种商品的生产和交易情况，从酒、醋、酱到谷物、柴草、木材、竹竿，再到各种车辆、铜铁器、丝绸等，展示了古代市场经济的繁荣和多样性。他通过列举大量的商品和交易量，说明了商业活动的规模和财富积累的潜力。此外，司马迁还提到了不同商人的利润情况，贪婪的商人和清廉的商人的利润率有所不同，这反映了他对社会道德和商业行为的考量。

通过这段文字，司马迁不仅展示了古代中国的经济活动和社会结构，也反映了他对财富、社会地位和商业道德的深刻见解。他认为，虽然财富是人们追求的目标，但在追求财富的过程中，也应该注重商业道德和社会责任感，这些观点对于我们理解古代经济和社会具有重要的启示作用。

原文

请略道当世千里之中，贤人所以富者，令后世得以观择焉。

蜀卓氏之先，赵人也，用铁冶富。秦破赵，迁卓氏。卓氏见虏略，独夫妻推辇，行诣迁处。诸迁虏少有余财，争与吏，求近处，处葭萌。唯卓氏曰："此地狭薄。吾闻汶山之下，沃野，下有蹲鸱，至死不饥。民工于市，易贾。"乃求远迁。致之临邛，大喜，即铁山鼓铸，运筹策，倾滇蜀之民，富至僮千人。田池射猎之乐，拟于人君。

程郑，山东迁虏也，亦冶铸，贾椎髻之民，富埒卓氏，俱居临邛。

宛孔氏之先，梁人也，用铁冶为业。秦伐魏，迁孔氏南阳。大鼓铸，规陂池，连车骑，游诸侯，因通商贾之利，有游闲公子之赐与名。然其赢得过当，愈于纤啬，家致富数千金，故南阳行贾尽法孔氏之雍容。

鲁人俗俭啬，而曹邴氏尤甚，以铁冶起，富至巨万。然家自父兄子孙约，俯有拾，仰有取，贳贷行贾遍郡国。邹、鲁以其故多去文学而趋利者，以曹邴氏也。

齐俗贱奴虏，而刀间独爱贵之。桀黠奴，人之所患也，唯刀间收取，使之逐渔盐商贾之利，或连车骑，交守相，然愈益任之。终得其力，起富数千万。故曰"宁爵毋刀"，言其能使豪奴自饶而尽其力。

周人既纤，而师史尤甚，转毂以百数，贾郡国，无所不至。洛阳街居在齐秦楚赵之中，贫人学事富家，相矜以久贾，数过邑不入门，设任此等，故师史能致七千万。

宣曲任氏之先，为督道仓吏。秦之败也，豪杰皆争取金玉，而任氏独窖仓粟。楚汉相距荥阳也，民不得耕种，米石至万，而豪杰金玉尽归任氏，任氏以此起富。富人争奢侈，而任氏折节为俭，力田畜。田畜人争取贱贾，任氏独取贵善。富者数世。然任公家约，非田畜所出弗衣食，公事不毕则身不得饮酒食肉。以此为闾里率，故富而主上重之。

塞之斥也，唯桥姚已致马千匹，牛倍之，羊万头，粟以万钟计。吴楚七国兵起时，长安中列侯封君行从军旅，赍贷子钱，子钱家以为侯邑国在关东，关东成败未决，莫肯与。唯无盐氏出捐千金贷，其息什之。三月，吴楚平，一岁之中，则无盐氏之息什倍，用此富埒关中。

关中富商大贾，大抵尽诸田，田啬、田兰。韦家栗氏，安陵、杜杜氏，亦巨万。

此其章章尤异者也。皆非有爵邑奉禄弄法犯奸而富，尽椎埋去就，与时俯仰，获其赢利，以末致财，用本守之，以武一切，用文持之，变化有概，故足术也。若至力农畜，工虞商贾，为权利以成富，大者倾郡，中者倾县，下者倾乡里者，不可胜数。

纳百川·成智慧

请允许我简略地谈谈当代千里之内，贤人之所以能够致富的原因，让后世之人可以观察和选择。

蜀地的卓氏家族原本是赵人，依靠冶铁发家致富。秦国攻破赵国后，卓氏被迫迁移。卓氏看到其他被迁徙的人很少有剩余的财产，他们争着给官员贿赂，希望能被安置在近处，最终被安置在葭萌。只有卓氏说："这里土地贫瘠。我听说汶山下有肥沃的土地，那里的人即使不工作也不会饿死。人们在市场上工作，容易做买卖。"于是他请求迁徙到更远的地方。最终他被安置在临邛，非常高兴，立即开始在铁山冶铁铸造，精心策划，吸引了滇蜀的人民，最终富裕到拥有上千奴仆。他享受的田猎乐趣，堪比君主。

程郑是山东迁来的奴隶，也从事冶铸，与椎髻的人民交易，财富与卓氏相等，都居住在临邛。

宛地的孔氏家族原本是梁人，以冶铁为业。秦国攻打魏国时，孔氏被迫迁移到南阳。他们大规模地冶铸，修建水利设施，车辆络绎不绝，与诸侯交往，利用商业贸易的利益，拥有赏赐和名声。然而他们赚取的利润超过了应有的限度，却比那些斤斤计较者更显从容，家中积累了数千斤黄金，因此南阳的商人都效仿孔氏的宽宏大量。

鲁人通常节俭，而曹邴氏更是如此，依靠冶铁起家，财富达到数万。然而家中从父兄到子孙都有约定，低头有拾取，抬头有获取，借贷和贸易遍布各个郡国。因为曹邴氏的原因，邹、鲁两地许多人放弃学术而追求利益。

齐地的风俗是轻视奴隶，但刀间却特别尊重他们。狡猾的奴隶是人们所痛恨的，只有刀间愿意收留他们，让他们去追求渔盐贸易的利益，有时车辆络绎不绝，与官员交往，然而他更加信任他们。最终他获得了他们的力量，积累了数千万的财富。所以说"宁爵毋刀"，意思是他能让豪奴自给自足并发挥他们的力量。

周地的人很节俭，而师史更是如此，拥有成百辆货车，与各个郡国交易，无所不至。洛阳位于齐、秦、楚、赵的中心，穷人学习富人，以长期贸易为荣，多次经过城邑而不回家，正是因为任用这样专注的人，师史能够积累巨大的财富。

宣曲的任氏家族原本是督道仓的官员。秦朝败亡时，豪杰都争抢金玉，只有任氏独自储存粮食。楚汉在荥阳对峙时，人民无法耕种，米价涨到一万钱一石，而豪杰的金玉都归任氏所有，任氏因此发家致富。富人争相比奢侈，而任氏却降低身份，力求节俭，努力耕种和养殖。当人们争抢低价购买田畜时，任氏却选择高价购买质量好的。财富传承了好几代。然而任公家有规定，不是自家田地畜牧所产，不穿不吃，公事未完成就不能喝酒吃肉。他成为邻里的榜样，因此虽然富有，但受到上级的尊重。

边塞地区开放时，只有桥姚已经拥有上千匹马，牛是马的两倍，羊上万头，粮食以万钟计算。吴楚七国叛乱时，长安的列侯封君跟随军队，想要借贷，放贷者认为这些贵族的封邑在关东，关东的成败尚未确定，没有人愿意借出。只有无盐氏愿意借出千金，利率是本金的十倍。三个月后，吴楚平定，一年之内，无盐氏的利息增加了十倍，因此他的财富与关中相等。

关中的富商大贾，大多是田姓家族，如田啬、田兰。韦家的栗氏，安陵、杜杜氏，也都是巨富。

这些都是特别突出的例子。他们都没有依靠爵位封地、俸禄、玩弄法律或犯罪来致富,而是通过勤奋、抓住时机、灵活应对来获得利润,以商业积累财富,用农业来保持,用武力来统一,用文化来维持,变化有度,因此值得学习。至于那些通过努力从事耕种、养殖、工业、渔业、商业来获得权力和利益从而致富的人,大的可以影响郡,中的可以影响县,小的可以影响乡村,这样的人数不胜数。

司马迁在这里通过举例说明,古代不同地域的贤人如何通过各自的方式致富。首先提到了蜀地的卓氏家族,他们原本是赵人,依靠冶铁发家致富,后因战乱被迫迁移到临邛,继续从事冶铁业,最终积累了巨额财富。他强调了卓氏家族的远见和策略,他们选择了资源丰富的地方重新开始,并通过精心策划和经营,最终成为富有的商人。接着提到了程郑、孔氏家族、曹邴氏、刀间、师史、任氏家族、桥姚和无盐氏等人,他们通过冶铸、商业贸易、借贷、储存粮食或经营马匹等多种方式积累了财富。这些例子展示了古代人们通过勤劳、智慧和抓住时机来致富的多种途径。司马迁还提到了关中的富商大贾,如田啬、田兰、韦家栗氏、安陵杜杜氏等,他们也是通过商业活动积累了大量财富。

通过这些例子,司马迁展示了古代中国的经济多样性和商业活动的繁荣。他强调了财富积累的合法性和道德性,认为这些贤人是通过勤奋、智慧和合法的商业手段致富,而不是依靠权力或犯罪。这些致富的故事不仅为后世提供了观察和选择的参考,也反映了司马迁对经济活动和社会现象的深刻洞察。他的观点提醒我们,追求财富是人之常情,但应该通过合法和道德的方式来实现。

原文

夫纤啬筋力,治生之正道也,而富者必用奇胜。田农,掘业,而秦扬以盖一州。……行贾,丈夫贱行也,而雍乐成以饶。贩脂,辱处也，而雍伯千金。卖浆，小业也，而张氏千万。洒削，薄技也，而郅氏鼎食。胃脯，简微耳，浊氏连骑。马医，浅方，张里击钟。此皆诚一之所致。

由是观之，富无经业，则货无常主，能者辐凑，不肖者瓦解。千金之家比一都之君，巨万者乃与王者同乐。岂所谓"素封"者邪？非也？

货殖之利，工商是营。废居善积，倚市邪赢。白圭富国，计然强兵，倮参朝请，女筑怀清，素封千户，卓郑齐名。

纳百川·成智慧

节俭和勤劳是谋生的正确途径，但富人一定有非凡的制胜之道。种田务农是辛苦的工作，但秦扬以此成为一州之冠。……经商是男人不屑的职业，但雍乐成因此变得富有。卖油脂是低贱的职业，但雍伯因此得到千金。卖浆水是微不足道的生意，但张氏因此得到千万财富。磨刀是小技艺，但郅氏因此享受鼎食。卖胃脯是不起眼的小事，但浊氏因此拥有骑兵。马医是简单的行业，但张里因此击钟庆祝。这些都是专心一志的结果。

由此可见，致富没有固定不变的行业，财富也没有永远的主人，有能力的人能够聚集财富，无能的人则会失去财富。拥有千金的家庭可以与一城之主相比，拥有巨万财富的人可以与国王共享乐趣。这难道不就是所谓的"素封"吗？

商业的利益，是工业和商业所追求的。抛售囤货与合理储积相结合，依靠市场波动获得超额利润。白圭使国家富裕，计然使军队强大，倮参朝请，女筑怀清，拥有千户的素封，卓郑与齐国同名。

通过这段文字，司马迁展示了古代中国的经济多样性和商业活动的繁荣。他强调了财富积累的无常性和商业活动的重要性，认为无论行业如何，关键在于个人的努力和智慧。同时，他也提醒我们，财富没有永远的主人，只有不断努力和适应变化，才能保持财富的积累。

第六节　医家

医家的源起可追溯至远古时期。彼时巫医合一，智者集团或天师集团（巫）能够贯通天地，将万事万物统摄于五行嵌套的结构之中，以宇宙变幻之大五行洞察人体变幻之小五行。后以阴阳五行理论为基础的医家理论体系由此形成。该理论正是将自然界的变化与人体内在生理、病理变化相联系，为医家的发展奠定了基础。在医家实践中，"望闻问切""天人合一""辨证施治"等是医家智慧的具体体现。

春秋战国时期，诸子百家争鸣，医家在此背景下逐渐形成独立的学术流派。《黄帝内经》《伤寒杂病论》等是医学经典著作，这些著作不仅总结了前人的医学经验，还为后世医学的发展指明了方向。明清时期，随着科技的进步和医学的深入发展，医家理论逐步完善，形成了独特的医学体系。在这个时期，医学家们开始运用实证医学的方法，对疾病进行深入研究和探讨，使得医家理论更加系统和科学。

医家发展历程中，涌现出了一批杰出的医学家，如扁鹊、张仲景、华佗、李时珍等人，他们的思想和成就共同构成了医家理论的基石。

扁鹊（约前401年—约前310年），战国时期医学家，系统性应用切脉诊断的创始人。扁鹊年轻时，师从长桑君研习医学，全面继承其学术体系，擅长诊断，尤其在望诊和脉诊方面造诣深厚。史书记载，他通过望诊深入分析齐桓侯的病情，并逐步揭示其预后不良，然而，齐侯因拒绝接受治疗最终病情恶化。据传，扁鹊在当时游历各国，因地制宜，或专攻妇科，或擅长儿科，或精通五官科。

淳于意（约前205年—约前150年），西汉临淄（今山东淄博东北）人，姓淳于，名意。淳于意曾担任齐国太仓令，精通医术，擅长辨证审脉，治疗疾病成效显著。他师从公孙光学习医学，并向公乘阳庆请教黄帝、扁鹊的脉学经典。后来，因事受刑，其女缇萦上书给文帝，愿意以身代父受罚，因而得以免罪。《史记》记载了他的二十五例医案，称为"诊籍"，这是我国首例系统医案汇编。

张仲景（约150年—约215年），名机，字仲景，南阳涅阳县（今河南省邓州市穰东镇张寨村）人。东汉末年医学家，建安三神医之一，被后人尊称为"医圣"。张仲景广泛搜集医方，创作了流芳百世的经典之作《伤寒杂病论》。该书所确立的"辨证论治"原则，成为中医临床的基本准则，乃至中医灵魂。在方剂学领域，《伤寒杂病论》亦贡献卓越，创新多种剂型，收录大量高效方剂。其所建立的六经辨证治疗原则备受历代医家赞誉。

华佗（约145年—208年），字元化，一名旉，沛国谯县（今安徽亳州）人，东汉末年著名的医学家。华佗与董奉、张仲景并称为"建安三神医"。华佗少年时期曾游学各地，医学实践覆盖安徽、河南、山东、江苏等地，专注于医术研究而无意于官场仕途。他的医术全面，尤其在外科领域造诣深厚，手术技巧精湛。同时，华佗精通内科、妇科、儿科以及针灸等医学领域。然而，晚年的华佗却因曹操的疑忌而被捕入狱，遭受严刑逼供，最终不幸离世。后世对华佗的评价极高，尊称其为"外科圣手"和"外科鼻祖"。人们常用"神医华佗"来形容他，并以"华佗再世"和"元化重生"赞誉具有杰出医术的医师。

李时珍（约1518年—1593年），字东璧，晚年自号濒湖山人，湖广黄州府蕲州（今湖北省蕲春县）人，明代著名医药学家。与万密斋齐名,古有"万密斋的方,李时珍的药"之说。李时珍出身于医学世家,自幼对医药充满热情,立志以医术造福世人。经过多年的勤奋学习和实践,他在三十岁时已崭露头角,成为当地知名的医生。后来,楚王聘请李时珍担任王府良医所的负责人。三年后,他又被推荐至京城,担任太医院判。约一年后,他辞去职务,返回故乡。在此期间,李时珍广泛阅读了王府和太医院的大量医书,医学造诣得以大幅提升。从1565年起,李时珍踏上了漫长的药物标本和处方收集之旅,他前往武当山、庐山、茅山、牛首山等地,同时向渔夫、樵夫、农民、车夫、药工、捕蛇者等人请教,记录下大量笔记。经过二十多年的艰辛努力,三易其稿,李时珍终于完成了巨著《本草纲目》。《本草纲目》被誉为当时最系统、最完整、最科学的医药学著作,不仅为我国药物学的发展做出了重大贡献,还对世界医药学、植物学、动物学、矿物学、化学等领域产生了深远影响。这部著作被誉为"东方医药巨典",英国著名生物学家达尔文称它为"中国古代百科全书"。李时珍因此被尊奉为"药圣"。此外,他还撰写了《奇经八脉考》《濒湖脉学》《五脏图论》等医学著作。

医家思想可以在医家典籍中得到体现:

原文

黄帝内经·素问·四气调神大论

春三月,此谓发陈。天地俱生,万物以荣。夜卧早起,广步于庭,被发缓形,以使志生。生而勿杀,予而勿夺,赏而勿罚,此春气之应,养生之道也。逆之则伤肝,夏为寒变。奉长者少。夏三月,此谓蕃秀。天地气交,万物华实。夜卧早起,无厌于日。使志无怒,使华英成秀。使气得泄,若所爱在外。此夏气之应,养长之道也。逆之则伤心,秋为痎疟。奉收者少。秋三月,此谓容平。天气以急,地气以明。早卧早起，与鸡俱兴。使志安宁，以缓秋刑。收敛神气，使秋气平。无外其志，使肺气清。此秋气之应，养收之道也。逆之则伤肺，冬为飧泄。奉藏者少。冬三月，此谓闭藏。水冰地坼，无扰乎阳。早卧晚起，必待日光。使志若伏若匿，若有私意。若已有得，去寒就温。无泄皮肤，使气亟夺。此冬气之应，养藏之道也。逆之则伤肾，春为痿厥。奉生者少。

纳百川·成智慧

春季的三个月，是万物复苏的时候。天地间充满了生机，万物开始生长。应该夜卧早起，在庭院中悠闲地散步，披散头发，放松身体，以促进意志的生发。要顺应春天的气息，多给予而少夺取，多奖励而少惩罚。这是适应春季气候、保养生命的方法。如果违背这些原则，会伤肝，到了夏天可能会发生寒变。

夏季的三个月，是万物繁盛的时候。天地间阴阳之气相交，万物开花结果。应该晚些睡觉，早些起床，不厌恶阳光，保持心情愉悦，让体内的能量得到释放，如同珍爱之物存于外界（需要主动外求）。这是适应夏季气候、促进生长的方法。如果违背这些原则，会损伤心气，到了秋天可能会患疟疾。

秋季的三个月，是万物成熟的时候。天气变得清朗，大地明亮。应该早些睡觉，早些起床，和鸡鸣同步，保持心情平静，减轻秋天的肃杀之气，收敛精神和气息，使秋天的气候平和，不要过多地向外扩张意志，使肺气清爽。这是适应秋季气候、保养收获的方法。如果违背这些原则，会损伤肺气，到了冬天可能会腹泻。

冬季的三个月，是万物闭藏的时候。水面结冰，大地冻裂，不要扰乱身体的阳气。应该早些睡觉，晚些起床，必须等到阳光出现。保持意志的内敛，就像隐藏私心，或像已经得到满足一样。避免寒冷，寻求温暖，不要使皮肤出汗，以免阳气散失。这是适应冬季气候、保养和储藏的方法。如果违背这些原则，会损伤肾气，到了春天可能会感到虚弱。

这段文字体现了中医理论中的天人合一思想，即人应顺应自然规律，根据四季变化调整生活习惯，以达到身心健康的目的。春季要顺应生长之气，夏季要顺应长盛之气，秋季要顺应收敛之气，冬季要顺应闭藏之气。《黄帝内经》强调了情志调养与四季变化的关系，指出人的精神状态和行为习惯应与自然界的变化保持一致。春季要放松身心，夏季要保持心情愉悦，秋季要保持心态平和，冬季则要内敛意志。此外，这段文字还提出了逆季节调养可能导致的疾病，强调了顺应四季变化的重要性。这是中医养生学的重要组成部分，至今仍对人们的日常生活和健康有着重要的指导意义。通过顺应自然规律，人们可以达到预防疾病、延年益寿的目的。

▌原文

天气，清净光明者也，藏德不止，故不下也。天明则日月不明，邪害空窍。阳气者闭塞，地气者冒明，云雾不精，则上应白露不下。交通不表，万物命故不施，不施则名木多死。恶气不发，风雨不节，白露不下，则菀槁不荣。贼风数至，暴雨数起，天地四时不相保，与道相失，则未央绝灭。唯圣人从之，故身无苛病，万物不失，生气不竭。

▌纳百川·成智慧

天气本身是清澈明亮的，它不断地积累生生之德，所以它不会衰减。如果天空本身很明亮，那么日月就不会显得特别明亮，如同邪气侵害有孔的地方。当阳气被阻塞，地气会掩盖光明，如果云雾不纯净，那么上天之应就是白露不会降落。天地之间的交流不顺畅，万物的生命就不会得到延续，如果生命得不到延续，那么名贵的树木就会大量死亡。恶劣的气息不散发，风雨不按季节发生，白露不降落，植物就不会茂盛。邪风频繁地吹来，暴雨频繁地出现，天地间的四季不能相互协调，与自然规律相违背，那么生命将会突然中断和消失。只有圣人能够遵循自然规律，因此他们的身体不会受到疾病的困扰，万物各得其所，生命永不枯竭。

通过这段文字，我们可以理解古代中医对自然界和人体健康关系的看法，以及如何通过顺应自然规律来达到身心和谐和健康长寿的目标。这些观点至今仍对人们选择生活方式有着重要的启示作用。

■原文

逆春气则少阳不生，肝气内变；逆夏气则太阳不长，心气内洞；逆秋气则太阴不收，肺气焦满；逆冬气则少阴不藏，肾气浊沉。夫四时阴阳者，万物之根本也。所以圣人春夏养阳，秋冬养阴，以从其根，故与万物沉浮于生长之门。逆其根则伐其本，坏其真矣。故阴阳四时者，万物之终始也，死生之本也，逆之则灾害生，从之则苛疾不起，是谓得道。道者，圣人行之，愚者佩之。从阴阳则生，逆之则死；从之则治，逆之则乱。反顺为逆，是谓内格。是故圣人不治已病，治未病，不治已乱，治未乱，此之谓也。夫病已成而后药之，乱已成而后治之，譬犹渴而穿井，斗而铸锥，不亦晚乎？

■纳百川·成智慧

如果违背春季的气候，少阳就不会生长，肝气内郁；如果违背夏季的气候，太阳就不会旺盛，心气会在体内耗弱；如果违背秋季的气候，太阴就不会收敛,肺气会变得燥热而壅滞;如果违背冬季的气候,少阴就不会闭藏,肾气会衰弱。四季的阴阳变化是万物生长的根本。因此,圣人在春夏两季培养阳气,在秋冬两季培养阴气,以顺应万物生长的根本,所以他们与万物一起经历生长和变化的过程。违背了这个根本,就相当于破坏了生命的基础,损害了生命的本真。因此,阴阳和四季的变化是万物生死循环的根源,违背它就会导致灾害,遵循它就可以避免疾病,这就是所说的得道。道是圣人所行走的、愚人所忽视的。遵循阴阳则生命得以延续,违背它则可能死亡;遵循它则社会得以治理,违背它则社会陷入混乱。如果把顺从当作违背,这就形成内部矛盾。因此,圣人不治疗已经出现的疾病,而是预防疾病的发生,不等到混乱发生才去治理,而是在混乱发生之前就进行治理,就是这个意思。如果疾病已经形成才去治疗,混乱已经形成才去治理,就好比口渴了才去挖井,战斗开始了才去铸造武器,那不是太晚了吗?

通过这段文字,我们可以理解中医理论中关于四季养生、阴阳平衡以及预防胜于治疗的深刻见解,这些理念至今仍对人们的生活有着重要的指导意义。

原文

黄帝内经·素问·五藏生成

心之合脉也,其荣色也,其主肾也;肺之合皮也,其荣毛也,其主心也;肝之合筋也,其荣在爪,其主肺也;脾之合肉也,其荣唇也,其主肝也;肾之合骨也,其荣发也,其主脾也。是故多食咸,则脉凝泣而变色;多食苦,则皮槁而毛拔;多食辛,则筋急而爪枯;多食酸,肉胝䐢而唇揭;多食甘,则骨痛而发落。此五味之所伤也。故心欲苦,肺欲辛,肝欲酸,脾欲甘,肾欲咸,此五味之所合也。

纳百川·成智慧

心脏与脉相应,它的荣华表现在面色上,肾水可以制约心火;肺脏与皮肤相应,它的荣华表现在毫毛上,心火制约肺金;肝脏与筋相应,它的荣华表现在爪甲上,肺金制约肝木;脾脏与肌肉相应,它的荣华表现在口唇上,肝木制约脾土;肾与骨骼相应,它的荣华表现在头发上,脾土制约肾水。

所以说,饮食过咸,脉搏就会凝滞而不畅通,人的气色就会衰落;饮食过苦,皮肤失去光泽,体毛脱落;饮食过辣,筋就容易收缩,指、甲就会枯槁;饮食过酸,就会肌肉粗厚而嘴唇外翻;饮食过甜,就会骨头疼,头发掉。这就是过食五味造成的伤害。所以心喜欢苦味,肺喜欢辣味,肝喜欢酸味,脾喜欢甜味,肾喜欢咸味,这就是五味和五脏的关系。

原文

五脏之气,故色见青如草兹者死,黄如枳实者死,黑如炲者死,赤如衃血者死,白如枯骨者死,此五色之见死也。青如翠羽者生,赤如鸡冠者生,黄如蟹腹者生,白如豕膏者生,黑如乌羽者生。此五色之见生也。生于心,如以缟裹朱;生于肺,如以缟裹红;生于肝,如以缟裹绀;生于脾,如以缟裹栝楼实;生于肾,如以缟裹紫。此五脏所生之外荣业。

纳百川·成智慧

从五脏之气判死,如果青色青得像枯死的草,这是死气;黄色如果黄得像枳实的颜色,这是死气;如果黑色黑得像烟煤的颜色,这是死气;红色红得像凝固的血块,这是死气;白色白得像死人的枯骨,这是死气。这就是通过五色来判别死症的方法。如果青色青得像翠鸟的羽毛,这是生色;如果红色红得像公鸡的鸡冠,这是生色;如果黄色黄得像蟹黄,这是生色;白色白得像猪油,这是生色;黑色黑得像乌鸦的羽毛,这是生色。这是通过五色来判别生色的方法。心有生气,就像用白绢裹着朱砂的感觉一样;肺有生气,就像用白绢裹着红色的东西一样;肝有生气,就像用白绢裹着绀色的东西;脾有生气,就像用白绢裹着栝蒌实;肾有生气,就像用白绢裹着紫色的东西。这就是五脏有生气在外部的气色表现。

■原文

色味当五脏:白当肺,辛;赤当心,苦;青当肝,酸;黄当脾,甘;黑当肾,咸。故白当皮,赤当脉,青当筋,黄当肉,黑当骨。诸脉皆属于目,诸髓皆属于脑,诸筋皆属于节,诸血皆属于心,诸气皆属于肺,此四支八谿之朝夕也。故人卧血归于肝,目受血而能视,足受血而能步,掌受血而能握,指受血而能摄。卧出而风吹之,血凝于肤者为痹,血凝于脉者为泣,凝于足者为厥,此三者,血行而不得反其空,故为痹厥也。人有大谷十二分,小谿三百五十四名,少十二俞,此皆卫气所留止,邪气之所客也,针石缘而去之。

■纳百川·成智慧

以颜色、味道对应五脏,白色、辛辣对应肺脏,红色、苦味对应心脏,青色、酸味对应肝脏,黄色、甜味对应脾脏,黑色、咸味对应肾脏。所以皮肤对应白色,脉络对应红色,筋对应青色,肉对应黄色,骨头对应黑色。所有经脉都上注于眼睛,所有的骨髓都上注于脑,所有的筋都归拢于关节,所有的血都进出于心脏,所有的气都归肺脏调度,它们周而往复于四肢、关节之间，就像潮汐一样不停歇。所以，人躺卧下来，血就向肝脏归拢。眼睛受到血气的滋养就能看东西，腰受了血就可以走路，手掌血脉畅通就可紧握东西，手指血脉充盈就可以捏拿东西。睡醒了出来，被凉风吹了，血凝滞于皮肤就容易得痹症，血凝滞于脉络就容易血流缓滞，血液在足部凝滞就容易得厥证。这三种病就是因为血液运行不能自由往返的缘故。人有大的骨关节十二处，穴位三百五十四个，还有少十二关，这些地方都是卫气驻留通行的地方，也是邪气容易入侵的地方。如果这些地方有了毛病可以用针、砭石治疗。

原文

诊脉之始，五决为纪。……所为五决者，五脉也。是以头痛巅疾，下虚上实，过在足少阴、巨阳，甚则入肾；徇蒙招尤，目冥耳聋，过在足少阳、厥阴，甚则入肝；腹满䐜胀，支鬲胠胁，下厥上冒，过在足太阴、阳明；咳嗽上气，厥在胸中，过在手阳明、太阴，甚则入肺；心烦头痛，病在鬲中，过在手巨阳、少阴，甚则入心。

纳百川·成智慧

开始诊脉治病时，要把五决作为纲纪，……所谓五决就是五脏之脉。所以，如果是头顶疼痛，是下虚上实的病症，根源在于足少阴、太阳两条经脉，如果病情恶化就会传入肾脏；视物不清，耳朵听不清楚，病在足少阳和厥阴两条经脉，进一步发展就会传入肝脏；腹胀饱满，两肋之间如同撑住，下体厥冷，上体眩晕，毛病出在足太阳、阳明两经；咳嗽逆气，胸中烦闷，毛病出在手阳明、太阴两经，病情进一步恶化就会传入肺脏；内心烦躁头痛，胸膈不适，病在手太阳、少阴两经，如果病情进一步恶化，就会传入心脏。

第七节　兵家

兵家的起源可以追溯到春秋战国时期，这一时期战争频繁，军事思想得到了极大的发展。兵家的经典著作《孙子兵法》就是在这一时期成书的。随着时间的推移，兵家思想不断发展，逐渐形成了不同的流派。

兵权谋家：这一流派强调权谋在战争中的作用，主张以智取胜；主要代表人物是孙武，其著作《孙子兵法》是这一流派的经典之作。

形势家：这一流派强调地理和形势在战争中的作用，主张以势压人；主要代表人物是吴起，他的军事思想强调地理因素对战争的影响。

阴阳家：这一流派强调天时地利人和在战争中的作用，主张运用天地之力来辅助战争。小说《三国演义》中"草船借箭"和"借东风"等故事都反映了这一思想。

兵家除战争谋略外，还具有独特的义利观与人文精神。兵家主张正义战争，强调战争应以正义为原则。同时，兵家充分认识到战争利益驱动的本质，追求战争中利益最大化。这种义利观彰显了兵家实用主义与现实主义立场。尽管兵家强调战争策略与实际作战的重要性，但其具有思想内涵丰富的人文精神。如孙武注重士兵关爱与人性的尊重，主张战争应以最小化伤亡为代价，这种人文关怀揭示了兵家思想的温情一面。

在兵家的发展过程中，涌现出许多著名的兵家代表人物，如孙武、吴起、孙膑，他们的军事思想各有特色。

孙武（约前545年—约前470年），字长卿，齐国乐安（今属山东）人，中国春秋时期著名的军事家、政治家，被尊称为"孙子"，又称"兵圣""兵家至圣"，有"百世兵家之师""东方兵学的鼻祖"之誉，是中国古代军事思想兵权谋家的代表人物。周景王时期，齐国发生内乱，孙武因避难而奔至吴国。抵达吴国后，他长期深居简出，专注于兵学的研究。在吴王阖闾登基后，孙武凭借伍子胥的屡次推荐，将所著兵法十三篇献给阖闾，从而被任命为将军。周敬王十四年，孙武协助伍子胥等将领统率大军进攻楚国，在柏举之战中大败楚军，并顺势占领楚国都城郢。孙武后来逐渐淡出吴国的对外战争，转而隐居乡间，致力于修订兵法著作，他继承并发展了前人的军事理论，提出了"知己知彼，百战不殆"和"因形而错胜于众，众不能知"等著名军事思想，所著的《孙子兵法》成为中国现存最早的兵书。

吴起（约前440—前381年），卫国左氏（今山东省曹县北，一说定陶西）人，中国战国时期著名的军事家、政治家、改革家，被誉为"战国第一名将"，兵家代表人物之一。吴起早年师从曾申，研习儒术，后舍弃儒学，转而投入军事领域。在鲁国时期，他受命统率鲁军，成功击败齐国。随后，吴起去了魏国，得到魏文侯的高度重视。他率领魏军多次战胜秦国，夺取河西之地，成为首任西河郡守。在任内，吴起推行军事制度改革，创立魏武卒，"与诸侯大战七十六，全胜六十四"。吴起曾因魏武侯的疑忌而转投楚国，初任宛守，一年后被楚悼王任命为令尹。他致力于推行变法，旨在削弱旧贵族势力，强化军队建设。经过果断有力的改革，吴起在短时间内提升了楚国国力，使得楚国呈现"南平百越，北并陈蔡，却三晋，西伐秦"的繁荣景象，一度大败魏国，达到"马饮于大河"的辉煌。吴起历任鲁、魏、楚三国，精通兵、法、儒三家思想，在内政和军事领域取得了卓越成就，与孙武并称为"孙吴"。他提倡"以法治军""治必取信"等理念，强调实战为首要任务，善于运用兵法，引领军队迅速、准确地完成使命。

孙膑，孙武后裔，齐国阿（今山东阳谷东北）、鄄（今鄄城北）一带人,中国战国时期著名的军事家,被誉为"兵家神算"。孙膑早年与庞涓一道学兵法。庞涓担任魏国将领后,嫉妒孙膑的才能,将其诱骗至魏,并施以膑刑。得益于齐国使者的援助,孙膑得以潜逃至齐,成为田忌的门客。他在田忌赛马一事中献计,从而获得齐威王的赏识。齐威王曾拟任命孙膑为将,但孙膑以"刑余之人"为由,予以推辞。后来,魏将庞涓领兵进攻韩国,韩国向齐国求援,孙膑再次以军师身份,与将军田忌、田婴等共同领军,援救韩国。孙膑提出的"以正合,以奇胜""围魏救赵""批亢捣虚"等战术思想,对我国古代军事思想的发展产生了深远影响。

兵家思想也体现在兵家典籍中:

《孙子兵法》(节选)

原文

孙子兵法·始计篇

孙子曰:兵者,国之大事,死生之地,存亡之道,不可不察也。

故经之以五事,校之以计而索其情:一曰道,二曰天,三曰地,四曰将,五曰法。道者,令民与上同意也,故可以与之死,可以与之生,而不畏危也。天者,阴阳、寒暑、时制也。地者,远近、险易、广狭、死生也。将者,智、信、仁、勇、严也。法者,曲制、官道、主用也。凡此五者,将莫不闻,知之者胜,不知者不胜。故校之以计,而索其情,曰:主孰有道?将孰有能?天地孰得?法令孰行?兵众孰强?士卒孰练?赏罚孰明?吾以此知胜负矣。

将听吾计,用之必胜,留之;将不听吾计,用之必败,去之。

计利以听,乃为之势,以佐其外。势者,因利而制权也。

兵者，诡道也。故能而示之不能，用而示之不用，近而示之远，远而示之近。利而诱之，乱而取之，实而备之，强而避之，怒而挠之，卑而骄之，佚而劳之，亲而离之。攻其无备，出其不意。此兵家之胜，不可先传也。夫未战而庙算胜者，得算多也；未战而庙算不胜者，得算少也。多算胜，少算不胜，而况于无算乎！吾以此观之，胜负见矣。

纳百川·成智慧

孙子说：战争是国家的重大事务，关乎生死存亡，是决定国家命运的关键，不可不认真对待和深入研究。

因此，要通过五个基本方面来考察战争，通过计算来探求战争的情势：一是道，二是天，三是地，四是将，五是法。道，是指让民众和君主有共同的目标和意志，这样人民可以与国家共患难，不畏惧任何危险。天，是指阴阳变化、寒暑气候和时机的把握。地，是指战场的远近、地形的险要或平坦、地域的宽广或狭窄、地势的生死。将，是指统帅的智慧、诚信、仁慈、勇敢和严格。法，是指军队的组织编制、人事管理和物资供应。这五个方面，任何一个将领都应该了解，只有真正了解这些，才能在战争中取得胜利，否则就不能。

通过比较计算，探求实际情况，比如，哪一方的君主更得民心？哪一方的将领更有才能？哪一方更能利用天时地利？哪一方法令执行更为有效？哪一方的军队更强大？哪一方的士兵训练更有素？哪一方的赏罚更明确？我根据这些来预测战争的胜负。

如果将领听从我的计策，那么战争必胜，就留用他；如果将领不听从我的计策，那么战争必败，就撤换他。

只有当计划周密并且得到执行，才能创造出有利的态势，以此来辅助战争。所谓态势，就是根据有利条件来采取相应的策略。

战争是充满欺骗和变化的，所以，能够战斗却要装作不能战斗，打算用兵却要装作不用兵，想要攻打近处却要装作攻打远处，想要攻打远处却要装作攻打近处。用小利去引诱敌人，乘敌人混乱之机进攻，对实力充实的敌人要严加防备，对强大的敌人要避开，用挑逗的方法去激怒敌人，使敌人轻视我们而变得骄傲，对于休整充分的敌人要设法使其变得疲劳，对于团结一致的敌人要进行离间，攻打敌人没有防备的地方，出乎敌人的意料。这些都是兵家取胜的策略，是不可泄露的秘密。在战斗之前，如果通过庙算（古代战争前在宗庙里进行的战略筹划）预计能够取胜，是因为筹划周密；如果预计不能取胜，是因为筹划不充分。筹划周密就能胜利，筹划不充分就不能胜利，更何况没有筹划呢？我根据这些来观察，胜负就显而易见了。

《始计篇》作为《孙子兵法》的开篇，提出了战争筹划的重要性，强调了战争是关乎国家生死存亡的大事，必须谨慎对待。孙子提出了五个基本方面的考察点，即道、天、地、将、法，这五个方面决定了战争的胜负。其中，道强调民心和国家意志的一致性，天和地分别强调自然环境和地理条件对战争的影响，将提出对统帅素质的要求，"法"则关注军队的管理和运作。孙子还强调计谋在战争中的作用，指出战争是充满变化的，需要通过各种手段迷惑敌人，取得战略上的主动。此外，孙子提出"未战而庙算胜者"的概念，强调了战前筹划的重要性，他认为只有通过周密的筹划和准备才能在战争中取得胜利。

《始计篇》的核心思想是：战争不仅仅是武力的较量，更是智谋和策略的比拼。孙子的军事思想至今仍对军事战略和领导决策有着深远的影响。

《六韬》（节选）

原文

文韬·文师

文王将田，史编布卜，曰："田于渭阳，将大得焉。非龙非螭，非虎非罴，兆得公侯。天遗汝师，以之佐昌，施及三王。"

文王曰："兆致是乎？"

史编曰："编之太祖史畴，为禹占，得皋陶，兆比于此。"

文王乃斋三日，乘田车，驾田马，田于渭阳，卒见太公，坐茅以渔。

文王劳而问之曰："子乐渔邪？"

太公曰："臣闻君子乐得其志，小人乐得其事。今吾渔，甚有似也。殆非乐之也。"

文王曰："何谓其有似也？"

太公曰："钓有三权：禄等以权，死等以权，官等以权。夫钓以求得也，其情深，可以观大矣。"

文王曰："愿闻其情。"

太公曰："源深而水流，水流而鱼生之，情也。根深而木长，木长而实生之，情也。君子情同而亲合，亲合而事生之，情也。言语应对者，情之饰也；言至情者，事之极也。今臣言至情不讳，君其恶之乎？"

文王曰："唯仁人能受至谏，不恶至情，何为其然？"

太公曰："缗微饵明，小鱼食之；缗调饵香，中鱼食之；缗隆饵丰，大鱼食之。夫鱼食其饵，乃牵于缗；人食其禄，乃服于君。故以饵取鱼，鱼可杀；以禄取人，人可竭；以家取国，国可拔；以国取天下，天下可毕。

"呜呼！曼曼绵绵，其聚必散；嘿嘿昧昧，其光必远。微哉！圣人之德，诱乎独见；乐哉！圣人之虑，各归其次，而树敛焉。"

文王曰："树敛何若而天下归之？"

太公曰："天下非一人之天下，乃天下之天下也。同天下之利者，则得天下；擅天下之利者，则失天下。天有时，地有财，能与人共之者，仁也；仁之所在，天下归之。免人之死、解人之难、救人之患、济人之急者，德也；德之所在，天下归之。与人同忧同乐、同好同恶者，义也；义之所在，天下赴之。凡人恶死而乐生，好德而归利，能生利者，道也；道之所在，天下归之。"

文王再拜曰："允哉！敢不受天之诏命乎？"乃载与俱归，立为师。

纳百川·成智慧

文王准备去打猎，史官编卜卦，说："在渭水的北岸打猎，将会有巨大的收获。不是龙不是螭，不是虎不是熊，卦象显示会遇到公侯。这是天赐给你的一位老师，用来辅助你的昌盛，影响将会延续三代君王。"

文王说："卦象真的如此吗？"

史官编说："我的太祖史畴，为大禹占卜时，得到了皋陶，这个卦象和那个相似。"

于是文王斋戒了三天，乘坐打猎的车辆，驾着打猎的马，在渭水的北岸打猎，最终遇到了太公，他正坐在茅草上钓鱼。

文王感到好奇，便问他："你喜欢钓鱼吗？"

太公回答说："我听说君子乐于实现自己的志向，小人乐于完成自己的事务。现在我钓鱼，看起来似乎很相似。但这不是真正的快乐。"

文王问："为什么说看起来相似呢？"

太公说:"钓鱼有三个权衡:用禄来权衡,用死亡来权衡,用官职来权衡。钓鱼是为了得到,它的意义深远,可以观察到大道理。"

文王说:"我想听你说说这个道理。"

太公说:"水源深,水流就大,水流大鱼就生长,这是道理。根深,树木就高大,树木高大果实就生长,这是道理。君子心意相通,心意相通事情就发生,这是道理。言语应对,是情感的装饰;言语达到情感,是事务的极致。现在我说话达到极致,不避讳,您会讨厌吗?"

文王说:"只有仁人能接受最直率的劝谏,不讨厌极致的情感,为什么会这样呢?"

太公说:"细线和明亮的鱼饵,小鱼会吃;调整鱼饵的香味,中等大小的鱼会吃;粗线和丰富的鱼饵,大鱼会吃。鱼吃了鱼饵,就会被线牵引;人得到俸禄,就会为君主服务。所以用鱼饵捕鱼,鱼可以被杀;用俸禄得到人,人可以被竭尽;用家得到国家,国家可以被夺取;用国家得到天下,天下可以被统一。

"唉!看似绵延不绝的事物,聚集的必然分散;看似微弱幽暗的光芒,它的光必然远大。精妙啊!圣人的德行,通过独到的见解引导众生;快乐啊!圣人的思考,使万物各安其位,从而建立自然收敛的秩序。"

文王说:"如何建立自然收敛的秩序,使天下归向呢?"

太公说:"天下不是一个人的天下,而是所有人的天下。与天下共享利益的,就能得到天下;独占天下利益的,就会失去天下。天有时节,地有财富,能够与人共享这些的,是仁;仁所在的地方,天下就会归向。免除人的死亡,解决人的困难,救助人的灾难,帮助人的紧急,是德;德所在的地方,天下就会归向。与人共享忧乐、好恶的人,是义;义所在的地方,人们就会前往。所有的人都厌恶死亡而喜欢生活,喜欢德行而追求利益,能够创造利益的,是道;道所在的地方,天下就会归向。"

在最后这段话中,太公向文王阐述了治理国家和赢得天下的哲学。太公认为,天下不属于个人,而是属于所有人,只有那些能够与天下人共享利益的人,才能够得到天下的支持和拥护。他强调了仁、德、义、道的重要性,这些都是赢得人心和治理国家的关键因素。

太公通过钓鱼的比喻,说明了如何以小见大,通过简单的行为来观察和理解更深层次的道理。他认为,正如钓鱼需要合适的鱼饵来吸引鱼,治理国家也需要适当的政策和德行来吸引和留住人民。他进一步指出,圣人的德行能够引导人们,圣人的思考能够使人们各得其所,从而实现社会的和谐与秩序。

这段话体现了中国古代的治国理念,即通过仁政、德治、义行和道法来实现国家的稳定和繁荣。它强调了领导者的道德责任和智慧,以及与人民共享利益的重要性,这些思想对后世的统治者和政治哲学产生了深远的影响,是中国传统文化中的重要组成部分。

第八节 农家

农家学派可追溯至春秋战国时期,其主要研究领域为农业生产与技术,重视实践与应用,与儒家、墨家、道家等学派并列为当时显学。在我国古代社会,农业为国家经济基础,因此农家观点及实践对农业生产发展及农村社会稳定具有深远影响。农家的核心理念在于强调农业生产的重要性,倡导以农为本,提倡勤劳、节俭及互助的价值观。农家同时强调尊重农民劳动成果,倡导节俭与储蓄,反对奢侈浪费。与之对应,农家提倡农民间的互助合作,认为此举有助于提高生产效率、减轻负担及增强凝聚力。至秦汉时期，农家学派逐渐形成体系，涌现出众多农学家及著作。这些著作对我国古代农业生产及农村社会发展产生了重要推动作用。

许行，战国时期楚国人，中国先秦农家学派代表人物。许行曾在滕国与弟子共耕田地，过着清贫的生活，秉持着团结共生的生活方式。他的思想核心可概括为"君民并耕"与"市贾不二"。他主张君臣皆应平等参与农耕，实现自给自足，同时，他强烈反对商人通过市场操纵价格，以高价盘剥百姓，提倡物价稳定。在这样的理念下，他主张对市场上各类商品的价格实行统一规范，以杜绝虚假欺诈行为。

赵过，汉武帝时人，西汉时期农学家。汉武帝晚年，任搜粟都尉一职。他系统总结并推广适用于旱地耕作的代田法，并在关中地区及西北边郡广泛推广，旨在降低人力投入，提高谷物产量。此外，赵过还改良了农具，创新制作了三脚耧。鉴于耕牛资源的短缺，他推荐平都令光担任副手，教导民众挽犁耕作。赵过汇集民间耕作经验，推广耦犁、推行代田法等，为我国早期农业生产做出了重大贡献。

氾胜之，西汉著名农学家。氾胜之曾以轻车使者的身份，在三辅地区（现位于我国陕西省平原）指导农业生产，从而使该地区迎来丰收之景。《汉书·艺文志》颜师古注引刘向《别录》时提及，汉成帝时期，氾胜之被派遣至三辅地区，以优良农田为示范，推广农业技术。他编撰了《氾胜之书》，系统梳理了当时的农业技术与管理经验。此书与北魏贾思勰的《齐民要术》、元代王祯的《农书》、明代徐光启的《农政全书》并称为"中国古代四大农书"。

贾思勰，青州益都（今山东省寿光市）人，北魏末年农学家。贾思勰出身于世代务农的书香门第。成年后，他投身仕途，曾任高阳郡太守等职务，足迹遍布山东、河北、河南等地。在各地任职期间，他深入实地，认真调研当地农业生产技术，向经验丰富的老农虚心请教，从而积累了丰富的农业知识。步入中年，贾思勰返回故乡，投身农牧业经营，掌握了多种农业生产技艺。在北魏永熙二年至东魏武定二年间，他悉心分析、整理、总结，创作了农业科技巨著《齐民要术》，该书全面阐述了北方旱作农业技术，是我国现存最古老的农学经典。

农家智慧可在农家著作中窥见一斑：

■ 原文

　　盖神农为耒耜以利天下；尧命四子，敬授民时；舜命后稷，食为政首；禹制土田，万国作乂。殷周之盛，诗书所述——要在安民，富而教之。

■ 纳百川·成智慧

　　神农氏创造了犁和耙，以此来造福世人；尧帝命令他的四个儿子恭敬地向人民传授农时；舜帝命令后稷，处理好吃饭问题是首要任务；大禹规划土地，众多的国家因此建立了道义。商朝和周朝的繁荣，在《诗经》和《书经》中有所描述——关键在于使民众安定、富裕并教育他们。

■ 原文

　　管子曰："一农不耕，民有饥者；一女不织，民有寒者。仓廪实，知礼节；衣食足，知荣辱。"丈人曰："四体不勤，五谷不分，孰为夫子！"传曰："人生在勤，勤则不匮。"语曰："力能胜贫，谨能胜祸。"盖言勤力可以不贫，谨身可以避祸。故李悝为魏文侯作尽地利之教，国以富强；秦孝公用商君急耕战之赏，倾夺邻国而雄诸侯。

纳百川·成智慧

《齐民要术》中引用了《管子》中的话："如果一个农民不耕作，就会有民众挨饿；如果一个妇女不织布，就会有民众受寒。仓库充实，人们才知道礼节；衣食充足，人们才知道荣辱。"老丈说："四肢不勤劳，五谷不分清，怎么能成为先生！"古书上说："人生贵在勤劳，勤劳就不会缺乏。"俗话说："勤劳能够战胜贫穷，谨慎能够战胜灾难。"这是说勤劳可以使人不贫穷，谨慎可以使人避免灾难。因此，李悝为魏文侯制定了充分利用土地资源的政策，国家因此富强；秦孝公采用商君的重农战政策，通过增加对农业和战争的奖赏，使国家从邻国夺取领土，从而在诸侯中称霸。

原文

《淮南子》曰："圣人不耻身之贱也，愧道之不行也；不忧命之长短，而忧百姓之穷。是故禹为治水，以身解于阳盱之河；汤由苦旱，以身祷于桑林之祭……神农憔悴，尧瘦癯，舜黎黑，禹胼胝。由此观之，则圣人之忧劳百姓亦甚矣。故自天子以下至于庶人，四肢不勤，思虑不用，而事治求赡者，未之闻也……故田者不强，囷仓不盈……将相不强，功烈不成。"

纳百川·成智慧

《齐民要术》引用了《淮南子》中的话："圣人不以自己的地位低下为耻，而以自己的道不能实行为耻；不担忧自己生命的长短，而担忧百姓的贫穷。因此，大禹治理洪水时，亲自投身于阳盱河的治理中；商汤因百姓苦于旱灾，亲自在桑林进行祭祀祈祷……神农憔悴，尧帝瘦弱，舜帝皮肤黝黑，大禹手脚生茧。由此看来，圣人为百姓的忧虑

第四章　王官学术与诸子百家的智慧

和劳累也是非常深重的。所以，从天子到普通百姓，如果四肢不勤劳，不用心思虑，却想要事务治理得好，生活需要得到满足，这是从未听说过的……因此，如果农民不勤劳，仓库就不会充实……如果将领和宰相不坚强，伟大的功业就无法建立。"

■ 原文

《仲长子》曰："天为之时而我不农，谷亦不可得而取之。青春至焉，时雨降焉，始之耕田，终之簠簋。惰者釜之，勤者钟之，矧夫不为，而尚乎食也哉！"《谯子》曰："朝发而夕异宿，勤则菜盈倾筐。且苟有羽毛，不织不衣，不能茹草饮水，不耕不食，安可以不自力哉！"

■ 纳百川·成智慧

《齐民要术》中引用了《仲长子》和《谯子》中的话，如下。

仲长子说："上天创造了农时，如果我不从事农业，谷物也是不可能得到的。春天来临，适时的雨水降落，开始耕种田地，最终所获装满容器。懒惰的人只有少量的食物，勤奋的人则有丰富的食物，那些不劳作的人还指望得到粮食吗！"

谯子说："清晨劳作至日暮，勤者方能收获满筐。人非鸟兽，如果不织布就不会有衣服穿，如果不能自己找草吃和饮水，不耕作就不会有食物，怎么能不自力更生呢！"

■ 原文

晁错曰："圣王在上而民不冻不饥者，非能耕而食之，织而衣之，为开其资财之道也……夫寒之于衣，不待轻暖；饥之于食，不待甘旨；饥寒至身，不顾廉耻。一日不再食则饥，终岁不制衣则寒，夫腹饥不得

365

食，体寒不得衣，慈母不能保其子，君亦安能以有民！……夫珠玉金银，饥不可食，寒不可衣……粟米布帛一日不得而饥寒至，是故明君贵五谷而贱金玉。"

刘陶曰："民可百年无货，不可一朝有饥，故食为至急。"

陈思王曰："寒者不贪尺玉而思裋褐，饥者不愿千金而美一食，千金尺玉至贵而不若一食裋褐之恶者，物时有所急也。"诚哉言乎！

纳百川·成智慧

《齐民要术》中引用了晁错、刘陶和陈思王的话，如下。

晁错说："圣明的君主在位时，民众不受冻不挨饿，并不是因为君主亲自耕种供养他们，亲自制衣给他们穿，而是为他们开辟了生财之道……受冻的人对于衣服不要求轻暖；挨饿的人对于食物不要求甘甜肥美；当饥寒迫在眉睫，人们就不会顾及廉耻。一天不吃饭就会感到饥饿，整年不制作衣服就会感到寒冷，如果饿了没有食物，冷了没有衣服，即使是慈爱的母亲也不能保护她的孩子，君主又怎能拥有人民呢……珍珠、玉石、金银，饿了不能吃，冷了不能穿……谷物和布匹一旦缺乏，饥寒就会到来，因此明智的君主重视五谷而轻视金玉。"

刘陶说："民众可能长时间没有财物，但不能一时没有食物，所以食物是最紧要的。"

陈思王说："感到寒冷的人不会贪图一尺长的美玉，而会想念一件粗布短衣；饥饿的人不会渴望千金，而会渴望一顿美食。千金和一尺长的美玉虽然非常宝贵，但不如一顿粗劣的食物或一件短衣，因为物品在不同的时刻有其紧要性。"这真是至理名言啊！

第五章
易文化：两仪四象与时间规律的把握

第一节　易文化中的万物发展变化规律

在中国易文化中，天地万物的发展都存在着有内在共通性的发展规律，这样一个规律被表述如下：

"是故，易有太极，是生两仪，两仪生四象，四象生八卦，八卦定吉凶。吉凶生大业。"

——《易·系辞传上》

这样一段话所表述的是：天地万物发展变化，从无到有始于太极，即"易始于太极"；由太极而衍生两仪，两仪生四象；根据四象，圣人作八卦，后世根据八卦来判断吉凶，成就事业。

因此，只要理解了"太极——两仪——四象"这样一个天地万物都遵循的发展规律，就可以对事物的发展进行评估和预测，即所谓"易与天地准，故能弥纶天地之道"。

第二节　易有太极

"生生之谓易"（《易·系辞传上》）说的是，万物生发变化的规律就是"易"。而万物生发变化的起点在于从无到有这样一个开端，即太极。何谓太极？太极与无极相对，无极就是道，老子《道德经》中"知其白，守其黑，为天下式。为天下式，恒德不忒，复归于无极"说的就是这个意思。关于"道"，《道德经》中多次提及，就统分（统论分说）而言，大约涵盖了几层意思。首先是"道可道也，非恒道也"。其言所要表达的是可道之道，终非恒道，即人类通俗语言所能表达的道理一定不是天道本身。关于这一点，老子又进一步描述如下："道冲，而用之有弗盈也。渊呵！似万物之宗。锉其兑，解其纷，和其光，同其尘。湛呵！似或存。吾不知其谁之子，象帝之先。"其次，道虽难以认知和表述，却规制着自然之物乃至社会万象的发展之路。关于这一点，老子这样描述："孔德之容，惟道是从。道之物，为望为惚。惚呵，望呵，中有象呵！望呵，惚呵，中有物呵！幽呵，冥呵，中有精呵！其精甚真，其中有信。自今及古，其名不去，以顺众父。吾何以知众父之然？为此。"在这里，道的本质被解释得十分透彻。首先，道为万物的本真，即"其精甚真，其中有信"；其次，道亘古不变，即"自今及古，其名不去"；最后，道规制万物发展，即"吾何以知众父之然？为此"。正是因为道的这种属性，天地万物生发演变莫不循道运行。而这样一个循道运行过程的开端就是太极，由无极而太极反映的是一个从无到有的过程。而太极所表达的就是在道的统摄下天地万物生发演变过程的起点及状态，即郑玄所说"太易（即无极），无也；太极，有也""易始于太极，气象未分之时，天地之始也"。[1]这样一个过程也与当代科学关于宇宙的起源的研究成果相吻合。

第三节　是生两仪

从无极到太极，是一个从无到有的过程。不过万物的开端状态却是一个阴阳未分的混沌状态，即"夫有形生于无形，乾坤安从生？故曰有

---

[1] 郑玄注《易纬·乾凿度》。

太易，有太初，有太始，有太素也。太易者，未见气也；太初者，气之始也；太始者，形之始也；太素者，质之始也。气形质具而未离，故曰浑沦"。[1]在这里，"太易"就是无极，所谓"太初、太始、太素"，都不过是太极因地制宜的别称。郑玄《周易注》解释"太极"为"极中之道，淳和未分之气也"也是这个意思。换言之，无论是宇宙的起源还是世间万物的源头，都是或阴或阳、不阴不阳的阴阳混沌状态，即《河图括地象》中所说"易有太极，是生两仪，两仪未分，其气混沌"。这样的描述和当下西方科学界的奇点理论居然不谋而合。该理论的研究者认为宇宙的起源是一个奇点，奇点是一个密度无限大、时空曲率无限高、热量无限高、体积无限小的"点"，一切已知物理定律均在奇点失效，这个时候，时间空间未分，物质能量未分，因而奇点也是一个既存在又不存在的东西。

最初的混沌状态继续发生变化，下一个阶段就是"太极生两仪"。这个阶段，推动宇宙万物深化发展的两种基本力量从不分彼此的状态中分化出来，呈现出两种相对独立的状态，所以称为"两仪"。孔颖达《周易正义》里记载"故曰两仪，谓两体容仪也"，即混沌中未曾显现的两种基本力量开始分化并显露仪容。对于这个过程，周敦颐在《太极图说》中描述为："太极动而生阳，动极而静，静而生阴，静极复动，一动一静，互为其根，分阴分阳，两仪立焉。"因此，太极生两仪的过程就是蕴含、混杂在源初态中的能够激发万物生发变化的两种基本力量——阴和阳逐步分化和显像的过程。但阴阳并非由太极所生，即"太极之中，不昧阴阳之象"（《正蒙注·参两》）。阴阳为道本身所固有，统一于道，即所谓"一阴一阳谓之道"（《易·系辞传上》），因此，

---

[1]郑玄注《易纬·乾凿度》。

"黄帝曰：阴阳者，天地之道也，万物之纲纪，变化之父母，生杀之本始……"(《黄帝内经》)。阴阳是道的本质，可以指代宇宙中一切相互对立而又相互依存的事物、力量等，即"万物负阴而抱阳，冲气以为和"。因此《素问·阴阳离合论》中说："天为阳，地为阴。日为阳，月为阴。阴阳者，数之可十，推之可百……不可胜数，然其要一也。"换言之，阴阳显像就是"两仪生焉"。

所以"是生两仪"指代万物生发从混沌一统的状态向阴阳互立、对立统一的初级系统转变的阶段。

第四节　两仪生四象

所谓四象，就静态概念而言是指少阳、太阳、少阴、太阴四个概念，就动态过程而言指的是从少阳到太阳，再从少阴到太阴这样一个周而复始的历程。

如前所述，两仪出自太极，为相互对立而又相互依存的两种力量、事物的统称。与此同时，它也指代万物共通的一个发展阶段，即从混沌一统到阴阳互立且对立统一的初级系统阶段。这样一个阶段继续向前发展，事物发展、进化到另一个层面——四象层面。如果说太极反映的是万物从无到有这样一个阶段，而两仪反映的是万物从最初的混沌走向分化的阶段的话，四象则是分化出来的两种基本力量构成的初级系统在相互作用下完成一个基本、共通的发展历程的层次。这样一个历程就是"太阴—少阳—太阳—少阴"的演变过程，也是天地万物共通的发展历程。

所谓少阳，易文化中的符号为 ⚎。[1]它表示构成万物的两种基本力量处在阳长阴消的状态，而事物处于一种蓬勃生长的阶段。就季节变换而言，它对应的是春季。《朱子语类》就曾说："《易》中只有阴阳奇耦，便有四象，如春为少阳……"

所谓太阳，易文化中的符号为 ⚌。它表示构成万物的两种力量在对比中，阳处于绝对的优势，而事物处于一种壮盛的态势。就一天中的时间而言，它所对应的是正午以前的白天。所以《素问·金匮真言》中说："平旦至日中，天之阳，阳中之阳也。"

所谓少阴，易文化中的符号为 ⚍。它表示构成天地万物的两种基本力量处于阳消阴长的阶段，通常事物在这个时候处于衰退的状态。就像一天之中的午后，阳消阴长，白昼逐步失去其灿烂和辉煌。

所谓太阴，易文化中的符号为 ⚏。它表示构成天地万物的两种基本力量在对比态势中，阴占据了完全的主导地位，而事物则处于上一个循环的终结和下一个循环的酝酿状态。就如朔日的月相，月亮面对地球的一面处于太阳的阴影当中，我们完全看不见它，所以也称太阴。它既是上一个月相周期的结束，也是下一个月相周期的酝酿，因为从此之后，新一轮的上弦、下弦、望、朔又开始轮回。

第五节　四象生八卦，八卦定吉凶，吉凶生大业

"四象生八卦"是一个将事物发展的宏观变化规律具体化、细化的过程。

---

[1] ▬ 代表阳，▬ ▬ 代表阴。

四象（太阴、少阳、太阳、少阴）的周而复始表示的是宇宙万物从发生、发展到壮大再到消亡的一个完整过程。当然，四象所表示的是一个超越具象的抽象后的普遍、宏观规律或过程，将这样一个规律普遍运用到具体的实践过程中还需要一个具象的过程，即把抽象理论变为能够指导实践的具体说明，这样一个过程就是"四象生八卦"。和"太极生两仪""两仪生四象"有所不同的是，"四象生八卦"首先表示的是四象内部各自的生发过程，也就是说它不是像"太极生两仪"那样表示世间万物从一个层次发展到另外一个层次的质变，而是每个"象"内部的量变。"太极生两仪"表示事物从无序状态发展到有序状态这样一个质变过程，"两仪生四象"表示进入有序状态的事物在内部两种基本力量的作用下完成一个生命历程的质变过程，而"四象生八卦"则首先是表示上述生命历程的每一个阶段内部的量变过程，如图5-1所示。

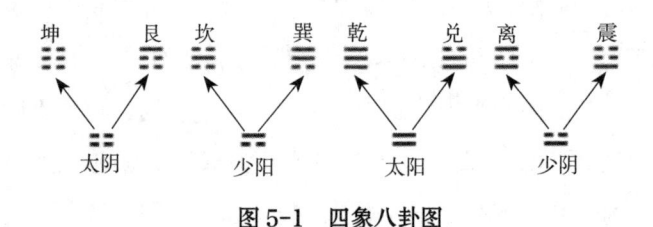

图5-1　四象八卦图

阴极而阳生（☷→☳），万物发展从太阴步入少阳；紧接着在少阳阶段，阴消而阳长（☳→☱），万物发展又从少阳步入太阳；在太阳阶段，伴随着阳盛阴起（☰→☴），万物发展开始进入少阴阶段；少阴阶段，开始阳消而阴长（☴→☷），万物发展逐步走向下一个轮回（如图5-2所示）。

第五章 易文化：两仪四象与时间规律的把握

图 5-2 先天八卦图

从"艮"到"乾"完成的是一个阴消阳长的过程，而从"兑"到"坤"则完成了阳消阴长的过程，世间万物便在这样一个如阴阳鱼（如图 5-3 所示）般的此消彼长过程中走完自己的历程。

图 5-3 阴阳鱼

而先天八卦的顺序也是按照这种近乎艺术的方式排列的，而不是以一种数学、逻辑的方式排列，这种排序本身就包含了量变到质变，再由质变到量变的阴阳鱼式的发展历程。

所以，四象向八卦转变的过程首先可以看作把每一个"象"内的量变具体展现的过程，如太阴之内的"坤"到"艮"。通过四象到八卦的进一步细化，人类就能更容易地理解事物的发展变化过程。在此基础上，又衍生了后天八卦以及六十四卦，进一步将这个过程具体化，就更容易理解和应用，避免了"大象希形"而无从捉摸的局面。

第六节　四象生八卦是一个变量引入和重新赋值、建模的过程

四象本身的符号表征为阴阳两爻，两爻重叠构成四象。而先天八卦的符号表征为三爻，虽然从图形中看似乎仍然是阴爻或阳爻的增加，但符号表征的逻辑已经开始发生质变。首先是原本表示阴阳的两爻符号的意义开始累加赋值，即符号除了继承原本的含义外还增加了新的意义，三才概念的引入就是这样一个意义累加赋值的过程。在先天八卦中，自下而上的三爻除了本身应有的阴阳含义，而分别被赋予了地、人、天的含义。通过对三爻的继续意义赋值，八卦就转变成为模拟天地宇宙运行的模型系统而完成了一个建模过程，这样，根据这个模型就可以推演世间万物变化而指导实践。这也是"四象生八卦，八卦定吉凶，吉凶生大业"的意义所在。

"易有太极，是生两仪，两仪生四象，四象生八卦，八卦定吉凶，吉凶生大业"即"恒中生生"与"通神明之德，类万物之情"。

如上所述，易文化探讨的是事物发展的永恒变化规律以及把这种规律付诸实践、指导生活的知识体系。

就本质而言，"易有太极，是生两仪，两仪生四象"所描述的是万物纷繁复杂的衍生变化之后的本质规律，换言之，就是本质规律规制下的万物发展变迁历程，也即"恒中生生"。这样一个本质规律可以用图5-4来表示。

但就具体事物的发展变迁而言，则是"太阴→少阳→太阳→少阴"这样一个周而复始的过程，可以用图5-5来表示。

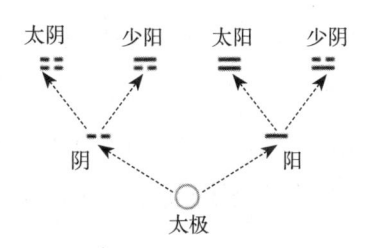

图 5-4　太极演变

图 5-5　四象迁衍

从太阴复归于太阴，四象迁衍显示的是天地万物发展内涵的一个基本、完整的变化过程，即"易有四象，所以示也"。万物发展变化在本质上没有超越这样一个基本历程，也即"法象莫大乎天地，变通莫大乎四时"。天地万物就是在这样一个基本过程中发展变化，即《易·系辞传下》中所说："天下何思何虑！天下同归而殊途，一致而百虑。天下何思何虑！日往则月来，月往则日来，日月相推而明生焉。寒往则暑来，暑往则寒来，寒暑相推而岁成焉。往者屈也，来者信也，屈信相感而利生焉。尺蠖之屈，以求信也；龙蛇之蛰，以存身也；精义入神，以致用也；利用安身，以崇德也。过此以往，未之或知也；穷神知化，德之盛也。"

所以说，"易有太极，是生两仪，两仪生四象"完成了一个探究宇宙万物发展变化规律（恒中生生）的过程，而"四象生八卦"则完成了将一个"生生之恒"建构为人类社会可以理解的过程、可以实践操作的模型，进而指导实践，这也就是孔子所说"《易》之为书也，原始要终，以为质也"。

第六章
易文化：阴阳五行与空间规律的把握

第一节　流行的五行起源说

对五行观念的完整记载，最早见于《尚书》中的《甘誓》和《洪范》两篇。《尚书·甘誓》："予誓告汝：有扈氏威侮五行，怠弃三正，天用剿绝其命，今予惟恭行天之罚。"《尚书·洪范》："五行，一曰水，二曰火，三曰木，四曰金，五曰土。水曰润下，火曰炎上，木曰曲直，金曰从革，土爰稼穑。"作为中国古代五行学说的源头，《洪范》五行观的思想史意义就在于，它确立了水、火、木、金、土在众多资源中的特殊地位，确立了用"五"这一数字形式概括事物的思想方法，从而为后人探讨和说明更具普遍意义的世界构成问题提供了一种现成方便的思维模式和表述术语，为五行观念最终发展成为一种高度抽象的世界观和方法论铺平了道路。[1]然而，五行思想内涵的真正起源可能并非《尚书》，《尚书》只是明确了"五行"这一词，其包括"水、火、木、金、土"。如刘宗迪等学者认为对于五行来源于《尚书》这一观点大可质疑，其理由是《洪范》一文的来历是否足够早，其文是否确凿可据，就连它说的是不是五行还是大成问题的。而且，为何是"五行"而不是"四行"或其他，为何是"水、火、木、金、土"而非其他，想必还有更深层的渊源，需要进一步探究。对此，学者们提出了不同的看法，有"五材说""五星说""五气说""五方说"等，具体如下：

（一）五行源自构成世界的五种基本材料

五行的原始意义，是指原始社会后期与先民生产及生活有密切关系的五种自然物质，即水、金、火、土、木。土、水生长万物，金、木可

---

[1]胡新生. 政治意识笼罩下的原始五行观——对《洪范》"五行"概念的性质及其思想史意义的再认识[J]. 山东大学学报（哲学社会科学版），1998（02）：8-13.

制作劳动工具,火以供生产及生活之需。此五种物质,关系到先民的生死存亡,故能最早引起先民的重视。[1]《尚书·大禹谟》说:"禹曰……水、火、金、木、土、谷,惟修……帝曰:俞!地平天成,六府三事允治……"此时五种物质与谷统称为"六府"。《左传·襄公二十七年》就有"天生五材,民并用之,废一不可"的说法,木、火、土、金、水这五种物质是人类生产或生活实践中最为常见和不可缺少的基本物质,《尚书大传》也有"水火者,百姓之所饮食也;金木者,百姓之所兴作也;土者,万物之所资生,是为人用"的记载,指的就是"五材",即五种具体的物质和材料。

(二)五行源自五种基本生产活动

奴隶社会初期,农业与手工业中出现了五种基本生产活动,即攻金、攻木、治土、治水、治火,称为"五工"。出于管理需要,国家设置了"五工正",《左传·昭公十七年》称为"五行之官","行"有工作、行为之义,可见五行最初的含义指五种工作、五种行为。[2]

(三)五行源自五个地理方位

"行"的甲骨文 指示东、南、西、北、中五个方位。所以,有人认为五行的原始含义是指"五方"。时间和空间是人类领会世界、认识万物的基本形式,按东、南、西、北、中五方划分空间的观念至少可以追溯到殷墟卜辞,在甲骨文中就有关于"四方"的记载。另外,我国所处地域,春东温,夏南热,秋西燥,冬北寒,年年如此,呈现多样性与单一性的统一、变动性与周期性的统一,从而决定了五行的内容。

---

[1] 刘玉建. 五行说与京房易学[J]. 周易研究, 1996(04): 1-11+56.
[2] 刘艳丽, 韩金祥. 阴阳五行的科学内涵[J]. 中华中医药学刊, 2014(03): 468-471.

（四）五行源自手指的计数

郭沫若先生认为，五行之"五"与人身的手足之数相关，因此，他提出五行源自古人对人体的观察，所谓"远取诸物，近取诸身"。他曾指出："数生于手，古文一、二、三、四作……，此手指之象形也。手指何以横书？曰，请以手作数，于无心之间，必先出右掌，倒其拇指为一，次指为二，中指为三，无名指为四，一拳为五，六则伸其拇指，轮次至小指，即以一掌为十。"[1]

（五）五行源自星历考定

《史记·历书》说："黄帝考定星历，建立五行，起消息。"这表明太史公相信五行起源于黄帝时代，是通过考定星历而建立的。

顾颉刚认为，五行的最初含义是指"五星"的运行。行者，运行也；五行，就是五个行星的运动变化，是人们对天空中呈现的不断变化的五大行星的描述。"五星"即九大行星中肉眼可观测到的水、金、火、木、土五大行星。由于五大行星在天体中有规律地运行，所以古人又把"五星"称作"五行"。当时的劳动人民根据天象来定季节、律历，总结探讨四季时令气候变化的规律，为生活和生产实践服务，五行应为星历考定的产物。《素问·天元纪大论》中曰"七曜周旋，曰阴曰阳，曰柔曰刚""天有五行，御五位，以生寒、暑、燥、湿、风。人有五脏，化五气，以生喜、怒、思、忧、恐"，这或可说明古代医家已大体知道阴阳、五行来源于七曜之周旋。[2]

（六）五行源自五时气候特点和生化特点的抽象

当代学者高思华认为五行源自古人对中原地带"五时"气候特点和

---

[1]贺娟.论五行学说的起源和形成[J].北京中医药大学学报，2011（07）：437-440+447.
[2]靳九成，彭再全，赵亚丽.运气学理论的天文学背景探讨[J].中国医药学报，2004（19）：200-204.

生化特点的抽象，即认为古人是以木、火、土、金、水这五种概念来取象比类，以木的升发条达的特性来代言春天的气候、物候特点；以火的炎热向上的特性来代言夏天的气候、物候特点；以土的孕育万物的特性来代言长夏的气候、物候特点；以金的沉降清肃的特性来代言秋天的气候、物候特点；以水流于何处必然会渗藏于地下的特性来代言冬天的气候、物候特点。这里的木、火、土、金、水并不是什么物质的名称，而只是春、夏、长夏、秋、冬的气候特点和生化特点的一个抽象用语。[1]

（七）五行是指气的五种运动方式

五行的"行"字，《说文解字》说"人之步趋也"，也就是迈步行走的意思，进而可引申为行动、运行、运动。汉代的《白虎通·五行篇》说"言行者，欲言为天行气之义也"，意思是说，"行"字，是用来表述大自然之中气的运动、运行方式的。汉代董仲舒说得更清楚："天地之气，合而为一，分为阴阳，判为四时，列为五行""行者，行也，其行不同，故谓之五行""比相生而间相胜也"。《素问·阴阳应象大论》："天有四时五行，以生长收藏，以生寒暑燥湿风。"《黄帝内经》里又把五行叫作"五运"，如《素问·天元纪大论》说："天有五行御五位，以生寒、暑、燥、湿、风；人有五脏化五气，以生喜、怒、思、忧、恐""论言五运相袭而皆治之；终期之日，周而复始""夫五运阴阳者，天地之道也……可不通乎！"。[2]

（八）五行起源于占卜

赵翼《陔余丛考》中有："窃意伏羲画卦专推阴阳对待变化之理，

---

[1] 高思华.五行学说之我见［J］中医杂志，1994, 35（8）：24-26.

[2] 郝万山.关于五行的讨论［J］.北京中医药大学学报，2009（01）：8-11.

第六章　易文化：阴阳五行与空间规律的把握

言阴阳而五行自在其中。其五行之理，则另出于图、书。唐虞以前，图、书自图、书，易卦自易卦，不相混也。后儒以阴阳五行理本相通，故牵连入于《易》中，而不知《易》初未尝论及此也。观此则余所谓画卦不本图、书者，盖非好为创论矣。"

庞朴把阴阳归本于八卦或《易》，把五行归本于河图、洛书，认为唐虞以前，二者本不相混，只因后儒专注于理，才把它们牵连于一源，[1]也就是说五行源于河图、洛书（见图6-1）。

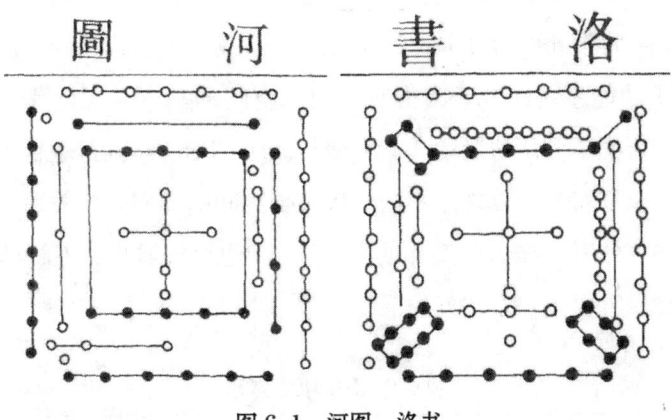

图 6-1　河图、洛书

河图以十数合五方，五行，阴阳，天地之象。白圈为阳，为天，为奇数；黑点为阴，为地，为偶数。以天地合五方，以阴阳合五行。

北方：一个白点在内，六个黑点在外，表示玄武星象，五行为水。
东方：三个白点在内，八个黑点在外，表示青龙星象，五行为木。
南方：二个黑点在内，七个白点在外，表示朱雀星象，五行为火。

---

[1] 庞朴.阴阳五行探源[J].中国社会科学，1984（03）：75-98.

西方：四个黑点在内，九个白点在外，表示白虎星象，五行为金。
中央：五个白点在内，十个黑点在外，五行为土。

相传大禹时，洛阳西洛宁县洛河中浮出神龟，龟长九尺，背驮"洛书"，献给大禹。大禹依此治水成功，遂划天下为九州，又依此定九章大法，治理天下，流传下来收入《尚书》中，名"洪范"。由此可见，五行源于河图、洛书有一定道理。

（九）五行源自以"五"数为准的分类体系

五行说是一个深植于古代时空观的系统，其核心在于内在的分类和动力机制，而非五种物质本身。刘宗迪[1]认为，五行体系的形态学分类和动力学功能系统，源于人类对时间和空间的基本认识，其文化源头在于原始天文学和历法制度。徐克谦[2]进一步指出，五行超越了具体物质，成为象征符号，体现了不同层次和事物间的异质同构关系。从贾冬梅（2015）的五行概念体系（见表6-1）中也可以看出，五行已不单纯指五种物质，更是一个"五的系统"。

表6-1 五行概念体系

概念		所指				
五行		木	火	土	金	水
自然界	五材	木	火	土	金	水
	五色	青	赤	黄	白	黑
	五方	东	南	中	西	北
	五时	春	夏	长夏	秋	冬
	五气	风	热	湿	燥	寒

---

[1] 刘宗迪.五行说考源[J].哲学研究，2004（04）：35-41+95.
[2] 徐克谦.阴阳五行学说：中国古代的宇宙解释系统[J].南京理工大学学报（社会科学版），1999（04）：1-6.

第六章　易文化：阴阳五行与空间规律的把握

续表

概念		所指				
自然界	五化	生	长	化	收	藏
	五畜	犬	羊	牛	鸡	猪
	五谷	麦	黍	禾	米	豆
	生数	三	二	五	四	一
	成数	八	七	十	九	六
	五果	李	杏	枣	桃	栗
	五菜	韭	薤	葵	葱	藿
	五味	酸	苦	甘	辛	咸
	五臭	臊	焦	香	腥	腐
	五音	角	徵	宫	商	羽
	五木	榆柳	枣杏	桑柘	柞楢	槐檀
	五虫	鳞虫	羽虫	倮虫	毛虫	介虫
	五星	岁星	荧惑星	填星	太白星	辰星
	天干	甲乙	丙丁	戊己	庚辛	壬癸
	地支	寅卯	巳午	辰未戌丑	申酉	亥子
	五运	丁壬	戊癸	甲己	乙庚	丙辛
	五兽	青龙	朱雀	黄龙	白虎	玄武
人	五脏	肝	心	脾	肺	肾
	五腑	胆	小肠	胃	大肠	膀胱
	五体	筋	血脉	肉	皮	骨
	五窍	目	舌	口	鼻	耳
	五指	食指	中指	大拇指	无名指	小指
	五荣	爪	面	唇	毛	发
	五声	呼	笑	歌	哭	呻
	五觉	色	触	味	香	声
	五液	泣	汗	涎	涕	唾
	五志	怒	喜	思	悲	恐

387

续表

概念		所指				
社会	五帝	太皞	炎帝	黄帝	少皞	颛顼
	五正	句芒	祝融	后土	蓐收	玄冥
	五政	宽	明	恭	力	静
	五常	仁	礼	信	义	智

从对五行起源的探究可以发现，五行是古人"仰观天文，俯察地理，中知人事"而提出来的，在此不得不感叹大自然的奥妙与鬼斧神工。而对其起源的探讨众说纷纭，却也从侧面反映五行的广泛适用性。

第二节 流行的五行演变说

五行如何起源仍是迷雾重重，但不可否认，依循五行流变而一脉相承的文化基因经过西周、春秋战国及秦汉的发展，与阴阳思想一起成为中国千年文化观念的大本营。中国文化的政治、伦理、史学、天文、历法、音律、医药、兵法、术数，无一不依托阴阳五行思想。[1]

（一）五行的提出——原始五行观

如前文所述，五行最早记载于《尚书》的《洪范》，但人们对其中五行的思想内涵产生了争论。中华人民共和国成立以来，哲学史研究者大都倾向于把《洪范》五行观理解成与古代希腊、古代印度的世界原质说相类似的朴素唯物主义世界观，认为《洪范》列举五行意在说明"五

---

[1] 刘道超. 秦简《日书》五行观念研究 [J]. 周易研究，2007（04）：16-22.

种最基本的物质是构成世界不可缺少的元素。"[1]胡新生则认为《洪范》代表的原始五行观只是一种政治观念而不是自然观或世界观，它强调的是统治者应当着力控制五种立国资源，而无意说明世界由哪些元素所构成。

《尚书·洪范》里，五行说已初步形成一个贯通天、地、人的解释体系。《洪范》中的"五行"乃是天帝所赐的"洪范九畴"之一。《洪范》中除了水、火、木、金、土"五行"外，还有"五味"（咸、苦、酸、辛、甘）、"五征"（雨、旸、燠、寒、风）、"五纪"（岁、月、日、星辰、历数）。《洪范》还用"五"来附会人事，如"五事"（貌、言、视、听、思）、"五福"（寿、富、康宁、攸好德、考终命）。虽然《洪范》中还没有明确将这些"五"与金、木、水、火、土"五行"一一对应，但是一个"五"的系统已经初具规模。后来这个"五"的系统所包括的内容不断扩展，于是有了"五色"（黑、赤、青、白、黄）、"五音"（宫、商、角、徵、羽）、"五方"（东、西、南、北、中）、"五德"（仁、义、礼、智、信，或仁、义、礼、智、圣），等等，形成了一个包罗万象、贯穿天地人的五行系统，用来从不同的角度对自然界和人类社会现象的构成进行解释。

中国古代五行学说的发展大致经历了三个阶段：以《洪范》为代表的原始五行观只是要求统治者着力控制五种立国资源；西周末年到春秋时期，五行构成万物的朴素唯物主义世界观宣告形成；战国时代是神学化的五行学说逐步定型的时期。[2]

---

[1] 任继愈. 中国哲学史：第一册[M]. 北京：人民出版社，1979：21.

[2] 胡新生. 政治意识笼罩下的原始五行观——对《洪范》"五行"概念的性质及其思想史意义的再认识[J]. 山东大学学报（哲学社会科学版），1998（02）：8-13.

(二)五行相生相克的提出

有学者认为《尚书·洪范》中就已经初步萌发了五行相生相克的思想，但是五行还没有与阴阳结合起来，而且五行并不仅仅是作为自然系统的构成因素提出来的，也是作为某种功能属性提出来的。[1]李约瑟的看法是："五行的概念倒不是一系列五种基本物质的概念，而是五种基本过程的概念。中国人的思想在这里独特地避开本体而抓住了关系。"[2]贺娟（2011）认为五行的概念与五行的生克观有不同的起源，五行的概念源自对构成世界的五种基本物质的概括，形成于夏商之际；而五行的相生相胜源自古人对中原地区五时气象特征的抽象，形成于春秋末期。[3]

从现存文献来看，最早记载完整的五行相生文献的是春秋后期由稷下学宫学者们整理成的《管子》，《管子》中《幼官》《四时》《五行》和《轻重己》诸篇集中表述了阴阳五行的内容，在这些篇章中，虽然未见到关于五行相生内容的明确记载，但其多处呈现的木、火、土、金、水的排列次序显示出其已有五行相生的思想，而这些篇章对五行相生的描述，则是与五季的时令联系在一起的。

最早提出五行相胜概念的是《逸周书·周祝》，其上有"陈彼五行必有胜"的记载，虽然一般认为《逸周书》成书于战国时期，但其中部分篇章记录的是周初的事件，《逸周书·周祝》就是这样一篇文章，但关于五行相胜的具体内容并无呈现。最早记载完整的五行相胜顺序的是春秋末期的《左传》，在《左传·文公七年》中记载有"水、火、金、

---

[1] 魏宏森，曾国屏. 系统论——系统科学哲学 [M]. 北京：清华大学出版社，1995.
[2] 刘君灿《生克消长——阴阳五行与中国传统科技》. 见：刘岱. 格物与成器 [M]. 北京：生活·读书·新知三联书店，1992：66-67.
[3] 贺娟. 论五行学说的起源和形成 [J]. 北京中医药大学学报，2011（07）：437-440+447.

木、土、谷，谓之六府"，尽管并未直接提到"五行相胜"，但其以水、火、金、木、土排序，呈现的五行相胜的顺序，说明当时对五行相胜关系已有了明确而完整的认识。春秋末年《孙子兵法》里则有"故五行无常胜"的记载。

关于五行相生相克思想，有一点值得特别注意，就是五行的秩序。历史上关于五行秩序的认识有一定的分歧。李约瑟也注意到了这个问题，他认为："当我们考虑在汉代被固定下来以及为各代所沿用的五行理论时，有两个方面是值得注意的，这就是：①排列的顺序，②象征的相互联系。"

按照李约瑟引用的他人的研究，可以区分出四种最重要的排列顺序。① 生序：水、火、木、金、土。这是一种演化顺序，也是《洪范》中的顺序。② 相生序：木、火、土、金、水。董仲舒采取的就是这种顺序。③ 相胜序：木、金、火、水、土。邹衍采取的就是这种顺序。④ 近代序：金、木、水、火、土。在古代的典籍中虽然并不罕见，其意义却并不明显，但又成为现代中国语言中的通俗说法。李约瑟指出，从顺序②和③可以推出来两个原理——相制原理和相化原理。相制原理中，特定毁灭（相胜）过程被某种元素所"控制"，例如：木灭（胜）土，但金控制其过程；金灭（胜）木，但火控制其过程；火灭（胜）金，但水控制其过程；土灭（胜）水，但木控制其过程。相化原理同时依赖相灭（胜）序和相生序，指的是由另一种过程来相化一种变化过程，而"另一种过程"产生了更多的基质，或者所产生的基质比被初级过程所能毁灭的基质更快，即有木灭（胜）土，但火相化这一过程；火灭（胜）金，但土相化这一过程；土灭（胜）水，但金相化这一过程；金灭（胜）木，但水相化这一过程；水灭（胜）火，但木相化这一过程。李约瑟指出，这两条原理在现代科学中也是具有意义的,在生物学的酶动力学中、生态中,都有极好的例证。

(三)五行与阴阳结合

到了春秋战国时期,五行学说明确起来,并逐渐与阴阳学说结合为一体。战国末年的邹衍被认为是把阴阳与五行结合起来的一个重要人物。邹衍的著述已经失传,但据后人的记载,我们仍然可以了解到他的一些贡献。《史记·孟子荀卿列传》中说他"乃深观阴阳消息,而作怪迂之变,终始、大圣之篇十余万言""称引天地剖判以来,五德转移,治各有宜,而符应若兹"。这里,一是他开始把阴阳与五行结合,因为他既观阴阳消息,又谈五德转移;二是他作怪迂之变,大概是将星相方术等纳入阴阳五行的观念之中;三是影响最大的"五德转移,治各有宜","五德始终说"认为每一个朝代可配以一种五行之德,而以五行生克来表朝代之兴替,即木克土,金克木,火克金,水克火,这里,天人都统一以五德相胜的法则来解释。

景红(2000)则认为大约在战国中期,阴阳说与五行说开始合流,现存《管子》书中的《五行》《四时》《幼官图》诸篇,即反映了它们的融合。[1] 潘俊杰(2009)认为阴阳、五行观念的产生是与观察自然以及与社会生产、生活实践相联系的;在商、周的后期,阴阳、五行观念发展成为有哲学抽象含义的思想和思维方式;阴阳、五行的合流是以《周易》的"两仪""八卦"和中国古老的"气"论为载体、为媒介的,其融合不会晚于春秋晚期。[2]

西汉的董仲舒使阴阳五行学说形成一个完整体系,他在《春秋繁

---

[1] 景红.阴阳五行思想与《黄帝内经》[J].周易研究,2000(03):86-91+96.
[2] 潘俊杰.阴阳五行合流新探[J].西北大学学报(哲学社会科学版),2009(05):15-18.

露》中写道："天地之气，合而为一，分为阴阳，判为四时，列为五行。"他还通过阴阳五行把天与人的关系更加具体化，用以强调天人感应、人副天数。总之，到了汉代，阴阳五行说已经得到了很大的发展，以此为基础的各种各样的具有五行统一性的自然系统和人事系统被构造出来。

关于阴阳五行学说对于中国古代科技的影响，我们可以特别提及它对于中医理论的影响。奠定中医理论基础的是《黄帝内经》，很多人认为该书是从周秦经历几百年到西汉才完成的。从那时起，阴阳五行学说就成为中医的主要理论，并渐渐成为中医中最高的、总体性的理论。[1]

庞朴（1984）提出五行、八卦、阴阳本是三种不同的思想体系，它们分别起源于三种不同的占卜方法：钻龟、陈卦、枚占。他认为，正如马克思所指出的"哲学最初在意识的宗教形式中形成"，从三种卜法生发出的三种不同文化，本有希望成长为三种不同的类型，即五行偏于宗教、八卦偏于人伦、阴阳偏于自然，有如世界三大古老文明之不同那样，只是由于三种文化在地理上距离密迩，以致在臻于成熟之前，便过早地接触、交流，及至战国后期，乃发生了一次萧墙之内的大融合，形成了一种以阴阳五行为骨架、以中庸思想为内容、以伦理道德为特色的文化。[2]

（四）五行与《周易》

胡渭指出，春秋战国时期的阴阳五行之说还是一套独立的系统，它的五行生成之数说与《周易》中的天地之数说还是相矛盾的。此时的五行还没涉及《易》中的天地之数，也没和八卦发生任何关系。胡渭认为

---

[1] 魏宏森. 系统论——系统科学哲学 [M]. 北京：清华大学出版社，1995.
[2] 庞朴. 阴阳五行探源 [J]. 中国社会科学，1984（03）：75-98.

至西汉后期的刘歆，就开始用《周易》的天地之数来解释五行的生成之数，并用八卦来证明。[1]

孙熙国（2006）从思想自身发展的角度来看，认为阴阳五行家与《易经》有着重要的渊源关系。《易经》的阴阳变化观念和带有浓厚原始思维特性的宇宙观，是阴阳五行家思想的理论基石，阴阳五行家的宇宙发生图式和序列便滥觞于此。《易经》的以"因果联想"为重要特征的认知方式对阴阳五行家认识和把握世界的基本方式产生了重要的影响。《易经》的时空观念也与阴阳五行家以阴阳五行配四时、四方，以阴阳五行说明宇宙之大化、社会之变迁、人事之行止的思想紧密联系在一起。[2]

第三节　五行基本的思想内涵

单从五行现有流行的起源说、演变说来看，五行思想已然是中国文化对这个世界的独有贡献。具体而言，它是以人自身的、客观的综合感受性对事物的感受作为对世间万物定性、分类的思想。五行配伍以"五"为基数，以概括化的五种物理性和功能性特征作为始源域，广泛取象比类于自然界和人类社会的各个方面，从而将五行特征延伸至各个子系统中，形成了一个庞大的五X系统，五行配伍的意义因此大大超出了一般的范畴化分类模式，而上升为存在巨链隐喻思

---

[1] 刘保贞. 五行、九宫与八卦——胡渭《易图明辨》"五行、九宫"说述评 [J]. 周易研究，2005（02）：46-51.

[2] 孙熙国.《易经》的宇宙观与阴阳五行家思想之渊源 [J]. 周易研究，2006（01）：56-62.

第六章　易文化：阴阳五行与空间规律的把握

维模式，它包容和通联时空万物，描绘了一幅纷繁有序的宇宙构成图像。[1]

五行的思想内涵至少包含三个方面：

① 五种功能属性的符号，具有运演、解释、感知等功能。五行已不再只是指"金、木、水、火、土"五种物质，更是指"金、木、水、火、土"所指代的五种物质所具有的特性、功能、能力等。五行者，阴阳二气整个升浮降沉中的五种物质。行，即运动也。金水木火土，大气圆运动之物质也。行，运动也。此中医五行二字之来源也。五行物质，各有能力。木气有疏泄能力，火气有宣通能力，金气有收敛能力，水气有封藏能力，土气有运化能力，能力亦称势力，亦称作用。[2]

② "五"的系统，根据事物的功能属性进行分类与整合。五行说认为，一切事物的内在结构，在发生学上有着共同的根源，因而存在着普遍的逻辑上的相似，具有统一的结构形式（"五"）与功能属性，故而可依"取象比类"的方法，来推知其他事物的某些相应特性及关系。凡进入认知世界的客体，均可依功能属性进行五行归类，从而形成了以"五"为母题的"天-人"两极庞大的同构系统，如"五味""五色""五声""五道""五言""五服""五长""五祀""五刑""五典""五礼""五周""五官""五众"，等等。总之，它是以五种功能属性为根据，对万事万物的动态之象进行整合，从而达到分类与综合的目的。[3]

③ "五"的系统的动态平衡。五行系统中存在着相生相克、制化、

---

[1] 石勇，刘宇红. 基于五行理论的多元化隐喻系统研究——以《黄帝内经》为例[J]. 重庆师范大学学报（哲学社会科学版），2015（3）：61-67.

[2] 彭子益. 圆运动的古中医学[M]. 北京：中国中医药出版社，2007.

[3] 黎康. 略论"阴阳——五行"思维模式的形成及其特征[J]. 江西社会科学，1996（06）：53-56.

395

胜复、相乘相侮和母子相及，还有反生、反克、自生、自克、生变克、克变生、生中有克、克中有生等关系。用五行相生相克理论（又称"五行相生相胜理论"）解释事物之间的关系，应该说是中国传统哲学最古老、最基本的内容之一。任海燕（2014）认为生克五行理论以其生克模式为基础，主要用来阐释事物之间的关系及事物间维持平衡稳定的机理，包括五行相生相克、制化、胜复、相乘相侮和母子相及等内容。[1]

周立升先生指出："春秋时期五行思想的发展，从内容上看，大致经历了'五行相生说'和'五行相胜说'两个阶段，并在此基础上，有逻辑地导出了战国中期的'五行生胜说'；从形式看，则是由《洪范》的五行定序，到史伯和春秋初年的各种五行变序，再到'相生说'和'相胜说'的五行循环序；从辩证思维的角度看，则是由差异到对立，再到矛盾的层次展开。"[2] 所谓五行相生，乃指五行相互依赖、相互肯定、相互促进的一种关系或趋势，其顺序为"木——火——土——金——水"，以至循环无穷。所谓五行相克，则是指五行相互排斥、相互否定、相互对立的一种关系或趋势，其顺序为"水——火——金——木——土"，以至循环无穷。五行之间相生与相克的关系如同阴阳间对立与统一的关系一样，既相互依赖又彼此制约，没有"生"就没有"克"，没有"克"就没有"生"，只有二者相济相补、相互作用，才能保持事物的正常理序，从而维持整体的平衡。[3]

---

[1] 任海燕.五行五时说中的生克五行与中土五行比较[J].北京中医药大学学报，2014（12）：805-807+824.

[2] 周立升.春秋哲学[M].济南：山东大学出版社，1989：49.

[3] 景红.阴阳五行思想与《黄帝内经》[J].周易研究，2000（03）：86-91+96.

第四节　重探五行：万物可证的阴阳交合

总体而言，从起源到演变再至具体的思想内涵，流行的五行说百花齐放，从不同视角、维度洞悉五行奥秘，然而正如从枝丫寻根何其困难，从分化的视角和维度分析五行，可以得出具体视角和维度投影之下的五行，但此五行去之真正的五行已然渐行渐远。只有真正以五行本质探寻五行，才更易具有高屋建瓴的研究眼界，由此实现对不同具体领域的五行溯源的真正统率。

重探五行，首先应触达五行的真正含义。关于五行的真正含义，历来众说纷纭，莫衷一是，已有学者在流行的五行说中另辟蹊径，从"五"入手，试图追根溯源以探明五行的奥秘。徐克谦（1999）曾提出，五行大系统中的五行已不仅仅指五种具体的自然物质，而是五类象征符号。世界在不同层次上，万事万物在不同现象中都呈现为五个不同类的相互联系和作用形成的结构，而不同层次、不同事物之间又有着异质同构的对应关系。可以说，五行是一个"五"的系统。

正本还须清源，要想理解五行的真正意旨，还要从五行概念的造字本义出发。关于五行的内涵，胡伟希与余佳[1]从字源探究，提出"五"即五行。"五"的甲骨文字形本为"X"，两物交叉形，后上下各加一平横，作 X，以设定范围突出纵横交错之义。《说文》中有如下解释："五，五行也。从二，阴阳在天地间交午也。""午"者，纵横交错之状，此乃"五"本义。交叉，或者说运动交织的形象和结果都是——吻合，整体的状态呈现就是一个"结"。交错编制，并不强调结之结点，而看

---

[1] 胡伟希, 余佳. "五"即"五行"——论原始"五"字包含的宗教文化与哲学意蕴[J]. 文史哲, 2011（01）: 38-46.

重的是此种结合状态。也就是说,"五"的本义并不是指数字5,而是指阴阳交合。

另外,甲骨文"行"的字形⚛,与"五"的字形✕不过是角度的区别,一定程度上说,"行"与"五"可视为同形字。象形造字,形承担其义,义附于其形,既然同形,亦可能同义。从原始的"五"到数字"五"的展开,也包括"行"与"五"的同一,"五"已经涵盖了五行由表到里的各个方面,故而,"五"即五行。

那么五行所指向的阴阳交合是怎样的呢?这就有必要对"五"字的原初造字有所了解。

甲骨文　金文　小篆　楷体

为了表达天地交午,"五"字为什么采用这样的一个造字形式呢?通过以下资料,便不难理解这样的造字初衷。在不少天文考古遗迹中,就有"五"字原初字形的类似符号,例如:在距今约9000年的澧县彭头山遗址中,棒形坠饰上刻有⋈或作✕,在陶支座(T3H4:1)上刻有为测日月的阴阳交午的符号⋈ ⋈[1];距今6000年的秭归柳林溪遗址陶器刻画的天文符号,有✕ ✳ ✲ ✲[2]。拍摄者迪希科制作了有史以来第一张太阳8字轨迹图(见图6-2),与"五"字原初字形及天文考古的阴阳交午符号不谋而合。该图是在1978—1979年拍摄于美国新英格兰地区上空,由44张太阳曝光画面和一张房屋照片组成,全部是用同一张

---

[1] 湖南省文物考古研究所. 彭头山与八十垱(上、下)[M]. 北京:科学出版社,2006.
[2] 陈美东. 我国古代天文学的优良传统和独到成就[J]. 文物,1978(1):58-59.

第六章 易文化：阴阳五行与空间规律的把握

胶卷在同一地点拍摄，被认为是世界上极少数不采用合成前景的太阳 8 字轨迹图之一。后来，还有拍摄者采用相似的方法在全球其他地方同样获得了太阳 8 字轨迹照片。

图 6-2 第一张太阳 8 字轨迹图

从这些图片不难发现，一年之内太阳相对于地球观察者的运行轨迹是一个明显的 8 字形。这恰恰也是"午"甲骨文字体的主体部分，而"午"字下端多出来的一竖则代表我国传统的立竿测影的立竿。通过立竿测影获得了阴阳相交一周期的轨迹就是"午"。"午"的汉字演变如下。

甲骨文 → 金文 → 小篆 → 楷体

"交午"一词反映了汉语造词的常用手法，前后两个字从不同的角度表达同一个事物的不同侧面，从而使词语对表达物的表述更为全面，"锋利、美丽、站立"都是这样一种造词逻辑。其实，太阳的 8 字轨迹

399

并不神奇，连候鸟都知道，比如，灰鹱的长途跋涉路线见图6-3。尽管这张地图看上去有点混乱，但是很有价值。它是美国加州大学圣克鲁兹分校的生物学家夏佛在2005年利用19只灰鹱脚上的电子追踪器所记录的飞行路径制作完成的。从这张图可以清晰地分辨出这些鸟类的中途落脚点和目的地，有繁殖季节的飞行路径、北上的征程、冬季的飞行情况，以及它们南下返回新西兰的路径。而且，仔细观察可以发现，不管是飞向哪个觅食目的地，其飞行路径似乎都显示出一种共同特征，即在全球尺度上都呈现一个8字形，因为它们是追随着太阳进行迁徙的。

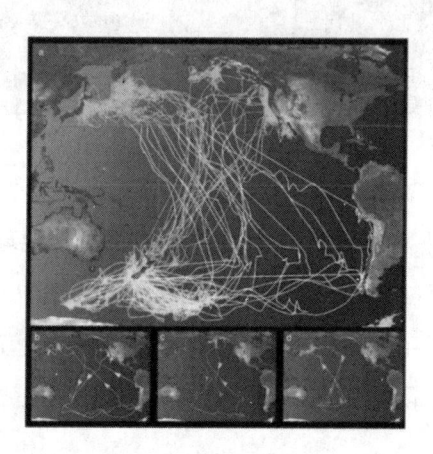

图6-3 灰鹱的长途跋涉路线图[1]

那么，为什么天（阳）地（阴）交午是一个8字形呢？原因也很简单，过往，为了方便传播基础知识，人们所学习的日地轨迹被高度简化成了椭圆平面轨迹图（见图6-4）。

[1] 资料来源：http://www.uux.cn/viewnews-27667.html.

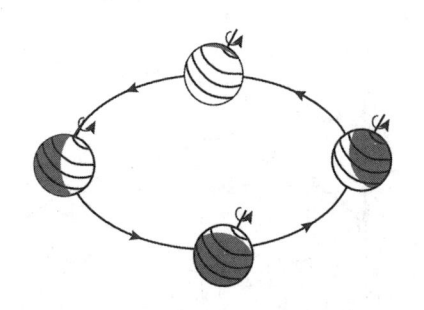

图 6-4　日地运动轨迹（简化模型）

而事实上，在地球围绕太阳旋转的同时，太阳也在围绕着银河系的中心高速运动着。观察日出前和日落后的恒星，人们能够发现太阳每天都在缓慢地改变它相对于恒星的位置。现代物理科学指出："太阳沿一条从西到东穿行于诸恒星间的路径通过'黄道十二宫'，365天后再返回它的出发点。更确切地说，它不是单纯地向东运动，而是还有一个沿南北方向的运动。"[1]我国南京天文台观测发现，真实的日地运动轨迹图应是一个以太阳运行轨迹为轴心的上升螺旋立体图（见图6-5）。然而，从地球观测者的角度来看，太阳运行的具体路径就是8字形轨迹（见图6-6）。

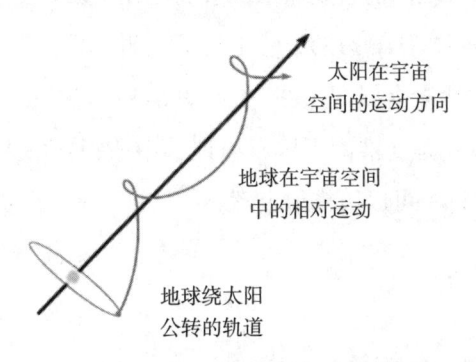

图 6-5　日地运动轨迹（天文观测）[2]

---

[1] 霍尔顿·G. 物理科学的概念和理论导论（下）[M]. 张大卫，译. 北京：高等教育出版社，1983：4.

[2] 资料来源：http://slideplayer.com/slide/7580336/.

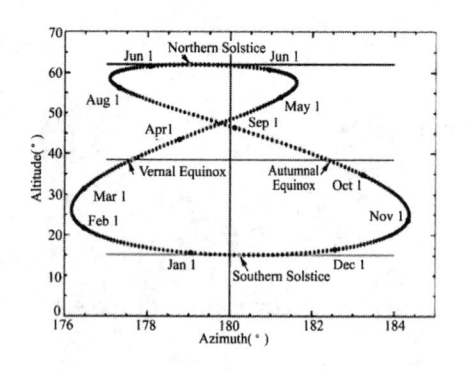

图 6-6　太阳运行的 8 字轨迹图[1]

那么中国古人有这么强大的天文能力吗？伴随着考古发现和先贤典籍的正确解读，这其实已经不是问题。比如，当代社会，有人将《周髀算经》就"日中立竿测影"所记载的数据，转换成八尺表竿在春分和秋分的正午时刻指向太阳的日影长度数据，然后绘制出二十四个节气日晷雷达坐标图，意外发现其日影轨迹居然是 8 字形（见图 6-7）。

考量古今人们对天地交合轨迹的测量，再回顾"五"字的原初造字，不难发现两者之间的直观联系。事实上，中国先贤早就使用规、矩等测量工具，通过立竿测影的方法进行了观测。我国各地先后多次出土的不同材质的"伏羲女娲规矩图"（见图 6-8）就是这样一种远古天文观测的印记，也就是《淮南子·本经训》中所说："天地之大，可以矩表识也；星月之行，可以历推得也。"

---

[1] 此图是英国格林尼治天文台在2006年每天中午12：00 观测太阳位置的结果。

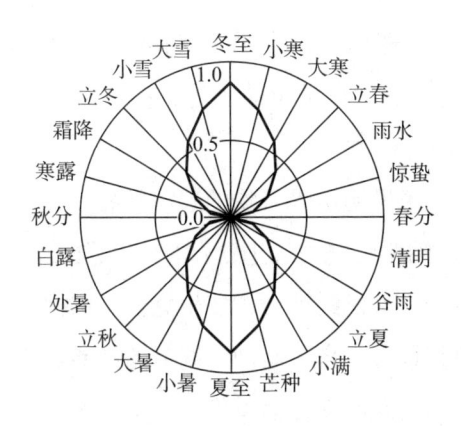

图6-7 二十四节气日晷雷达坐标图[1]　　图6-8 伏羲女娲规矩图

第五节　基于五行的空间规律把握

正如一些学者所言[2][3]，五行说是一个以"五"为基的系统，它不局限于五种物质，而是通过时空分类和象征性相互作用，体现了万物的相互联系和动态变化。在五行说发展过程中，已经出现了承接上述内涵的两种不同的五行分布模式，一是生克五行模式，二是中土五行模式，并分别形成不同的理论，表达不同的意义。生克五行理论，以木、火、土、金、水五行之间递相资生，又间相克的关系为基础，主要阐释事物之间的相互关系及维持平衡的自我调节机制。中土五行理论，以土居中央而木、火、金、水分位东、南、西、北四方的中土五行模式为基础，

---

[1] 参考：田合禄. 论太极图是原始天文图[J]. 晋阳学刊，1992（5）：23-28.

[2] 徐克谦. 阴阳五行学说：中国古代的宇宙解释系统[J]. 南京理工大学学报（社会科学版），1999（04）：1-6.

[3] 刘宗迪. 五行说考源[J]. 哲学研究，2004（04）：35-41+95.

主要强调土居中央、中控四方的理论，是中国古代尚中思想的反映。生克五行理论与中土五行理论均是五行学说的内容，但二者存在一定差异。

生克五行理论以阴阳之五行来说明世界万物的起源及相互关系。世界初始之元气化生阴阳二气，阴阳二气之交感运动产生了在地之木、火、土、金、水五行。阴阳与五行学说的结合，使生克五行结构组织获得了两种内在的动力，从而使其具有了自我运动和调节的性能。五行相生相克，终而复始，循环不止，进而产生万物。可见，生克五行理论的侧重点在五行。

中土五行理论是五行与阴阳学说密切结合的产物。董仲舒《春秋繁露·官制象天》言："春者，少阳之选也；夏者，太阳之选也；秋者，少阴之选也；冬者，太阴之选也。"此为四时与"太少阴阳"之配属。五行与阴阳学说结合后，四时五行阴阳配属结果为"木、少阳、春""火、太阳、夏""金、少阴、秋""水、太阴、冬"，中土无所配属。而五行与阴阳学说的结合，使中土五行理论以五行之阴阳升降来说明中土为枢纽的五行运动变化规律，即木金左右升降、水火上下交济及中土之气升降等五行运动趋势，是对原有中土五行理论内容的进一步扩展。生克五行与中土五行虽有区别，却有非常密切的联系。生克五行理论之五行生克、制化和胜复等关系，是自然界万物存在的最基本的关系，中土五行理论则在此基础上对土行与他行的关系及运动规律做出进一步的阐释。所以，在五行学说中，生克五行为基础，中土五行为补充。

总而言之，生克五行与中土五行为五行五时说发展过程中产生的两种理论。生克五行理论着重阐释事物之间的关系及维持平衡的机制，是五行学说最基本的理论；而中土五行理论在生克五行理论基础上，强调中土之核心作用，并阐释以中土为核心的五行运行规律。[1]

更进一步地，将五行置于其本质即阴阳交合的层次上探讨，将会对五行不同模式的运行交互与彼此之间的勾连有更加深入的理解。正如前文所言，五行向上接应大量的天文观测并进行高度抽象总结，向下兼容万物运转的不同领域并进行具体投射，本质是关于阴阳交合的具有普适意义的"系统论"。这一具有中国文化特色的五行"普适系统论"具有两层基本含义。五行的第一层含义在于其基本构成要素，也就是人们所熟知的木、火、土、金、水。但是必须强调的是，五行的基本构成要素是高度抽象后的本质特征概括，是抽象和具象的高度统一，它们在具体的阴阳交合系统中有着不同的具体指向。五行的第二层含义在于基本构成要素之间的关系，也即人们所熟知的五行生克。但是长期以来，五行生克是被误解最多的概念。以五行相生为例，普遍流传的相生关系通常被表述为：木生火、火生土、土生金、金生水、水生木。这样的表述之所以广为流传并被认同，根本原因在于，它符合人们对阴阳交合往复循环的二维圆环认知，就如同春夏秋冬之后又是春天那样。但事实上，五行是三维双螺旋式的循环往复。所以五行的相生关系不是"木——火——土——金——水——木"的圆环式循环往复，而是"木——火——土——金——水——土——木"的螺旋式循环往复。

之所以产生这样的误解，就在于忽视了五行的基本构成要素中土的特殊性。其他因素都只具有单向调节作用，比如，"木曰曲直""火曰炎上"都是生发向上的维度，"金曰从革""水曰润下"都是收敛归藏的维度。而"土爱稼穑"不同，"稼穑"一词出自《诗经·魏风·伐檀》：

---

[1] 任海燕.五行五时说中的生克五行与中土五行比较[J].北京中医药大学学报，2014，37（12）：805-807.

"不稼不穑，胡取禾三百廛兮？"毛传将"稼穑"解读为："种之曰稼，敛之曰穑。"也就是说，稼是播种，穑是收割。把"稼穑"抽象一下，不难发现其中转换机制的意味。所以说在五行的基本构成要素中，土是一个独特的要素，它具有双向调节作用，换言之，真正的五行相生关系应该是"木、火、土、金、水"和"金、水、土、木、火"的二合一。土同时具备从生发向收敛以及从收敛向生发的转向作用。土的这两种功能在中医里被称为"燥土"和"湿土"，其功能分别由脾和胃承担，所以中医里有"脾胃互为表里"的说法。简言之，五行就是关于由阴阳构成的普适性系统特性的理论。这一理论的正确性已经在华夏天文历法的制定及中医的理论与应用中得到了明证。